Erwin Möde

Der Mann,
der aus dem Begehren schied

Erwin Möde

DER MANN, DER AUS DEM BEGEHREN SCHIED

EINE ANTITHERAPEUTISCHE LANGZEITGESCHICHTE

S. Roderer Verlag, Regensburg 2023

Bibliografische Information Der Deutschen Nationalbibliothek
Die Deutsche Nationalbibliothek verzeichnet diese Publikation in der
Deutschen Nationalbibliografie; detaillierte bibliografische Daten sind
im Internet über http://dnb.d-nb.de abrufbar.

ISBN 978-3-89783-991-5

2023 Roderer Verlag; Regensburg

DER MANN, DER AUS DEM BEGEHREN SCHIED

EINE ANTITHERAPEUTISCHE LANGZEITGESCHICHTE

VON ERWIN MÖDE

Gliederung

DER MANN, DER AUS DEM BEGEHREN SCHIED

EINE ANTITHERAPEUTISCHE LANGZEITGESCHICHTE

VON ERWIN MÖDE

I. Kapitel: Vorbereitung

1. Hinweise für den Leser

Diese Geschichte erzählt von einem Mann, der auf seine diskrete Weise aus dem Leben schied. Er brauchte dazu weder ein Seil noch eine Pistole oder irgendein anderes Hilfsmittel. Es erschien auch keine Todesanzeige, sodass niemand in Erstaunen, Gefühlsregung oder gar Schadenfreude versetzt worden wäre. Oliver Kerschenbaum, so sei der Held unserer Erzählung genannt, fand eine andere Methode, um aus seinem Leben zu scheiden. Diese Methode verfeinerte er über viele Monate hin. Er kultivierte sie wie ein Kellermeister einen guten Champagnerjahrgang, der seine Einzigartigkeit über viele Flaschendrehungen und Handhabungen hin entfaltet. Oliver verabscheute Brutalität. Selbst kleine Blutwunden erschreckten ihn. Der starre Blick aus den aufgerissenen Augen toter Fische versetzte ihm Übelkeit. Nein, er wollte und konnte keinen physischen Selbstmord begehen. Deshalb erfand er eine andere Methode, um aus dem Leben zu scheiden. Welche? Er schied aus dem Begehren.

Der Abschied verlangte all seine Willenskraft, List und Wachsamkeit, um sich nicht zu verraten. Sein Rückzug brauchte eine perfekte Tarnung, ein zweifelsfreies Alibi, eine unanfechtbare Diagnose, um endlich ausgemustert zu werden. So weit er sich zurückerinnern konnte, war das Begehren der Anderen auf ihn gerichtet. Er wurde Gefangener, Profiteur und Betrogener dieses Begehrens, das sein Leben und Lächeln substantiell formte, seine Erfolge, Liebschaften und Handbewegungen bis hin zu der, wie er sein Scheckbuch zog und gut leserlich mit "Dr. Oliver Kerschenbaum" unterschrieb.

Geübt in der Welt des Begehrens wusste er, dass sie ihn keinesfalls aus ihr ausziehen lassen würde. Sie – das waren, der besorgten Meute voran, seine Frau Helena und sein Prokurist Scheible. Beide brauchten ihn, damit es ihnen gut ging. Die Firma und das Finanzamt, die Familie und seine beiden Töchterfrauen, seine Schwiegersöhne und die örtliche Kirchgemeinde, sein Weinlieferant und seine KFZ-Werkstätte, sie alle brauchten ihn, damit es ihnen weiter gut ging. Ihre Erwartungen an ihn und ihre Vorstellungen über ihn empfand Kerschenbaum wie ein unsichtbares Netz, das sich immer dann zusammenzog, wenn er ihm entweichen wollte. Vor allem Helena und Scheible waren seine getreuen Spürhunde, die bei jedem Fluchtversuch Witterung aufnahmen, ihn umkreisten und zum weiteren Dasein bekehrten.

Kerschenbaum wusste, dass er alles auf eine Karte setzen musste, auf einen Fluchtweg, den niemand vermuten und keiner vernünftig nachvollziehen konnte. Er entschied sich also, mit aller Vorsicht aus dem Begehren zu scheiden und seine Identität so zu verlieren, dass niemand Verdacht schöpfen konnte. Fluchtwege führen gewöhnlich nach draußen. Der, der flieht, möchte seinen Verfolgern entfliehen, was in denen wiederum den unersättlichen Wunsch entstehen lässt, den Flüchtigen einzufangen. Wer sich auf dieses Spiel einlässt, der ermüdet und verliert schließlich. Kerschenbaum war zu lebensklug geworden, um mit 72 Jahren diesen seichten Krimi zu spielen. Kein Fluchtort der Welt hätte ihn auf Dauer von Helenas Präsenz befreien können. Hätte er sie zeitweilig abgeschüttelt, sie wäre bald schon in Briefen, Telefonaten, Forderungen erneut zu einer unheimlich aufdringlichen Präsenz auferstanden. Und Scheible hätte sie unterstützt darin, mit Faxen, Flugtickets und Steuererklärungen.

Kerschenbaum ahnte, dass nur der Tod ihn herausretten konnte aus dem unsichtbaren Netz des Begehrens, das ihn seit Jahrzehnten umgab, umlauerte und freundlich umsorgte. Seine Methode, aus dem Begehren zu scheiden, verfolgte also unerbittlich ein Ziel: Totsein für die anderen. Wenn er es dazu brächte, aus dem Freundschaftsspiel des Begehrens als unbrauchbar ausgemustert zu werden, dann wäre er für die anderen wie tot. Die Narrenfreiheit einiger später Lebensjahre jenseits der Bannmeile des Begehrens wollte sich Kerschenbaum unbedingt gönnen. Sein Begehren und seinen Gegenwillen wollte er darauf richten, dieses andere Ufer zu erreichen. Statt Flucht vor den anderen sollte sich seine Persönlichkeit so verflüchtigen, dass er zum wertlosen

Schatten seiner selbst wird. Der eigene Schatten ist die beste Tarnung. Kerschenbaums Fluchtweg und Lebensprogramm wurde es also, sich dort genussreich einzurichten, wo ihn niemand mehr vermuten und verfolgen konnte: in seinem eigenen Schatten.

Dazu brauchte er eine ärztliche Diagnose. Nicht eine der üblichen, die bloße Altersbeschwerden widerspiegelt; auch keine solche, die zur Operation führen könnte. Nein, er brauchte eine Passepartout-Diagnose, die er jederzeit wie eine Tarnkappe und allzeit gültige Erklärung auf all sein Verhalten legen konnte. Solche Diagnosen sind selten wie gute Champagnerjahrgänge auf Auktionen. Kerschenbaum liebte Auktionen, hatte als Verleger gelernt, wie man das Preisprofil mitbestimmt und dass gar nichts seinen Preis hat. Preise werden ausgehandelt, situativ bestimmt und was preiswert ist, bestimmt der Markt. Zahlen aber muss man in harter Währung. Kerschenbaum war bereit dazu. Die Diagnose, die er heimlich begehrte, deren Erhalt er provozieren und auch mit seinem Leben bezahlen wollte, lautete: Alzheimer!

Die Alzheimerische Krankheit, der Passepartout für Vergesslichkeit, krankhaften Egoismus und Schuldunfähigkeit. Sie begehrte Kerschenbaum als Diagnose. Unter ihrem Schatten des progressiven Persönlichkeitsverlustes wollte er sich und seine Ansprüche an das Leben bergen. Endlich wird er seine tiefe Gleichgültigkeit allen Menschen gegenüber offen zeigen dürfen. Endlich wird er seinem Ekel vor Helena, ihren schönen Reden und affektiertem Gehabe im Vergessen einen unüberbietbaren Platz einräumen. Die Bedeutungsfelder seines Lebens wird er wie in einer einfachen mathematischen Operation durch die Diagnose "Alzheimer" in Klammer setzen und mit einem unaufhebbaren Minuszeichen versehen. Geflüchtet unter den Schatten dieses Krankheitsbildes wird er sich durch teilnahmsloses Vergessen und leeren Blick an denen rächen, die bisher davon profitierten, dass sein Begehren auf ihr Begehren abgestimmt war. Dessen also war sich Kerschenbaum lustvoll bewusst: Im Schatten der psychiatrischen Diagnose wird er ein neues Leben beginnen. Niemand wird es ihm neiden, keiner ihm entziehen. Selbst Helena wird ihn dort nicht mehr vermuten.

Kerschenbaums Entschluss, auf dem Weg der Alterspsychiatrie und ihrer Diagnostik aus dem Leben zu scheiden, braute sich über mehrere Jahre hin zusammen. Dass es dann schließlich zur Wandlung des Dr. Oliver Kerschenbaum zu dem alzheimerverdächtigen Kerschenbaum kam, dieses ausschlaggebende Moment war eine abendliche Schrecksituation. Sie zu erzählen bzw. zu lesen heißt, einzusteigen in die hintergründige Geschichte einer ultimativen Selbstbefreiung.

2. Der Schrecken

Während es draußen nieselte und die Scheibenwischer statt klarer Sicht eine Schmierschicht produzierten, fuhr Kerschenbaum Taxi. Den Taxifahrer kannte er nicht, aber obwohl es draußen bereits dunkelte, konnte er die Wegstrecke identifizieren. Er ließ sich vom Flughafen Tempelhof in den Bezirk Charlottenburg bringen. Von Charlottenburg aus sollte es dann einige Stunden später – wieder mit einem Taxi – ins Hilton Hotel gehen. Er hatte alles gut organisiert. Seit Juni 1990 nahm er mit monatlicher Regelmäßigkeit und mit einem braunen Lederkoffer eines der gelben Taxis, die in Reihe vor dem Flughafen warteten.

Die Scheibenwischer hatten jetzt zu quietschen aufgehört, aber die Schmierschicht auf der Scheibe hielt sich immer noch. Gerade nahmen sie die erste Unterführung nach dem Flughafen, da wurde das Quietschen der Scheibenwischer wieder stärker. Es erinnerte ihn an eine festgehakte Schallplatte – und an die letzten Tage des Krieges. „Tarnen und Täuschen", „Achtung, Feind hört mit", „Räder müssen rollen für...", diese Parolen stupider Beharrung fanden sich aufgepinselt auf nassen Mauern. Damit plakatierten Hitlerjungen die Ruinen. Damals war Kerschenbaum gerade 24 geworden und First Lieutenant bei den Fernmeldern, als er im Jeep durch die abgelegenen Kleinstädte des Hunsrücks gefahren wurde. Er kam mit der amerikanischen Invasionsarmee und erlebte seit Oktober 1944 das mit, was man die „Frontbewegung" nennt. Die drehte sich nach Nordwesten, trotz deutscher Riegelstellungen und Sperren unerbittlich nach Nordwesten, nach Rhein und Ruhr. Er selbst wurde der Front im Jeep nachgefahren. Damals bereits hatte er einen Fahrer, saß aber vorne neben ihm und direkt hinter der Windschutzscheibe. Jeffrey war Mormone aus Illinois und wollte sich durch gezielte Fragen beweisen, die Kerschenbaums Kartographie auf die Probe stellten. Jetzt saß er hinten rechts im Taxi und der Fahrer schwieg, während der Tachometer lief. Er ging davon aus, dass dieses Schweigen bestenfalls noch etwa 20 Minuten anhalten wird. Dann werden sie der Zieladresse, einem neurestaurierten Jugendstilhaus, so nahe gekommen sein, dass ihn der Fahrer ansprechen wird. Doch bis dahin war noch Zeit, um unverbindliche Erinnerungen zuzulassen.

Damals im Februar 1945 lag viel kalter, weißer Schnee auf dem Hunsrück. Weiß waren auch die Bettlaken, die regelmäßig von den Kirchtürmen und Speicherfenstern herunterhingen, um Kapitulation statt Gegenwehr zu signalisieren. Es waren wohl Dutzende kalter Dörfer und Kleinstädte, tausende er-schreckte Gesichter, die er damals mit seinem Jeep bereiste. Er galt als Front-offizier, obwohl er doch der Front jetzt nur hinterhergefahren wurde. In Kampf-handlungen wurde er hier nicht mehr verwickelt. Für seine Sicherheit sorgte Sergeant Major Jeffrey, mit dem er der Front folgte und dem Schrecken der Besiegten. Damals lernte er, den Schreck aus den Gesichtern zu lesen und ihn zweckdienlich auszunützen.

Der Schreck versetzt die Menschen in ein anderes Stadium des Menschseins. Wer tief erschreckt ist, kann nicht mehr lügen, weder in Wort noch in Gebär-de. Der Schrecken war sein Verbündeter. Nicht er, First Lieutenant Oliver Ker-schenbaum brachte den Schrecken in die Gesichter. Er fand ihn schon vor. Andere hatten ihn gesät, er durfte ihn ernten. Andere, Panzer-, Infanterie- und Pioniereinheiten brachen die schwachen Sperren, wischten die Panzergräben hinweg und schleuderten den Schrecken in die Gesichter, so wie man Hand-granaten wirft in vermutete Trichterstellungen. Mit dem Schreck ist es wie mit dem Fieber: Wenn es den Menschen, seinen Leib, sein Gehirn, seine Sprache, seine Würde erst einmal erfasst hat, dann hält es ihn im Griff. Die Menschen des Februar 1945 kamen ihm damals alle vor wie unter einem schrecklichen Fieber. Weil er, wie gesagt, der Front im gemessenen Zeitabstand folgte, be-gegneten ihm kaum Feuerbrände und frischer Tod. Pioniere, Sanitäter und Militärpolizei waren darin routiniert, die Todeslandschaften so zu sichern, dass ihm Jeffrey ein warmes Quartier vermitteln konnte. Dieser erste Anflug gewalt-samer Normalität zusammen mit den erschreckten Menschen gab ihm da-mals fast allabendlich ein Gefühl triumphaler Geborgenheit.

Durch eine Baustelle hindurch nahm der Taxifahrer die Abzweigung und brachte Kerschenbaum genau vor den Hauseingang. Während er den Fahr-preis bezahlte, fiel ihm der regenbogenfarbige Poncho ein, den er im Koffer für Eva als Geschenk mitgenommen hatte. Seit zwei Jahren kam er nie ohne Geschenk zu ihr. Es ihr zu übergeben minderte seine Hemmung und brachte Konvention in ihre Begegnungen. Seit zwei Jahren hielt er Eva aus: mit Woh-nung, Geschenken und mit seiner Protektion. Sie ließ sich aushalten. Ließ ihn – den 70-Jährigen – in ihren Haaren spielen, in ihrem Genital als zeitweiligen Un-termieter auf Widerruf wohnen, neben ihr wortlos im Dunkeln liegen, bis mit dem Morgenlicht sein Abgang kam. Evas jungen Leib zu genießen ließ ihn Helena vergessen und seine eigene Vorsicht. Diese Selbstvergessenheit suchte er wie ein Asyl vor den lauernden Ansprüchen seines Lebens.

Mit Koffer und Poncho stand er schließlich pünktlich vor der Wohnungstür und klingelte. Es roch das Bohnerwachs des Korridors nach seiner längst vergangenen Kinderstube. Die Türe wurde ihm geöffnet. Die gewohnte Begrüßungsszene begann. Er gab Eva den Poncho und spürte, dass sie seinen Blick wie seine Berührung mied. Das übliche Begrüßungsritual stockte und brach ab. Keine fünf Minuten später stand er wieder vor derselben Tür – ohne Poncho, mit Koffer und erkaltetem Herzen. Deutlich und ruhig hatte sie ihm gesagt, was ihm noch nie zuvor ein Mensch zu sagen wagte: dass er stinke. Dass jede Pore seiner Haut, sein Mund, seine Nasenlöcher die Aura von parfümiertem altem Fleisch verbreite. Dass er stinke und sein kalter Nachtschweiß für sie bis zum Erbrechen unerträglich sei. Allein schon wenn sie seine Stimme höre, erfasse sie Ekel. Immer wenn er sie berühre, stelle sie sich vor, sie wäre nicht in ihrem Leib, sondern irgendwo. Ruhig und bestimmt sagte sie ihm, er solle jetzt gehen, wie sie selbst diese Wohnung in wenigen Tagen verlassen werde.

Also nahm Kerschenbaum seinen Koffer, ließ den Poncho zurück und ging. So allein und unberührt wie er gerade kam, ging er wortlos bis vor die Tür. Dort roch er wieder das frische Bohnerwachs, begann sich zu schämen und verfiel in Bewegungsstarre. Mit jedem Atemzug schämte er sich mehr, stand starr und verstand plötzlich sein ganzes Leben: Er sah das Paar weißer Handschuhe näher kommen, die er als Fünfjähriger stets anziehen musste, wenn er mit anderen Kindern im Park spielen wollte. Das Urverbot seines Lebens war, sich die Hände schmutzig zu machen, schmutzig zu werden und seiner Mutter zu missfallen. Manchmal stand er reglos und lange Minuten im Park, vergessen von den anderen Kindern und deren Spiel. Niemals weinte er. Der wirklich Einsame weint nicht. Zu wem, vor und für wen könnte er auch weinen. Da war niemand, nur andere Gesichter, Münder und das unendliche Verbot, sich schmutzig zu machen. Damals in Illinois war das so für den kleinen, blonden Jungen. Für das Einzelkind eines schon älteren Ehepaares, für Oliver, wurde das Leben zur Sauberkeitserziehung. Was für die Hände galt, hatte bald schon und erst recht für die moralischen Handlungen, für Olivers Sprechen und Sexualität zu gelten: Sauberkeit.

Kerschenbaum stand immer noch in Starre, sah auf seine Hände und atmete das Bohnerwachs ein und aus. Seine Scham verflüchtigte sich, wie um zum

Ekel verdichtet in ihm wiederzukehren. Er erschrak so sehr vor der Erinnerung an die weißen Handschuhe, vor seinem stinkenden Leib und vor dem Leben, wie er es bisher gelebt hatte, beobachtet von Helena und allen Scheibles dieser Welt. Das Leben, das er alltäglich vor und für die anderen zu leben, als tadellos und „sauber" auszuweisen hatte, war wie sein Leben geworden. Ihm ekelte plötzlich nicht nur vor seinem Leib, sondern vor seinem Leben, das 72 Jahre lang bis zur Verwesung nur gewesen war: ohne Liebe, ohne Identität, ohne Mitleid und Leiden darüber; ohne Wahrnehmung seiner Einsamkeit, die ihn jetzt wie ein Abgrund verschlang. Es gibt stumme und sprechende Abgründe, in denen das Echo des eigenen, ungelebten Lebens wiederhallt. Kein Abgrund ist bodenlos. Kerschenbaum vernahm klar eine ihm fremde Stimme. Eine Stimme wie ein Anruf, ein Befehl ohne Zwang und ohne Chance zur Verweigerung: Du wirst aus dem Begehren scheiden, sprach Oliver Kerschenbaum und hörte mit beiden Ohren, was es aus ihm sagte: einmalig, unwiderruflich.

Der Stimme aus dem Abgrund folgten jetzt Kerschenbaums Gedanken und Gefühle: Vielleicht gibt es für mich noch ein Leben, mein Leben, vor dem Tod? So fragte er sich. Eine Ahnung vom Leben befiel ihn, gefiel ihm, wurde ihm momenthaft zum Lebensgefühl und verließ ihn sogleich. Er hielt auch diese Verlassenheit aus mit dem Koffer in der Hand. Zugleich verstand er: Jede Hoffnung ist stets schon ein Begehren auf etwas und deshalb – einer Fata Morgana gleich – weit entfernt vom Ziel der Sehnsucht, d.h. von ihrer Realisierung. Hoffnung ist Dummheit und Begehren ist Knechtschaft. Diese Formel schoss ihm durch den Kopf. Dann blickte er auf seine rechte Hand, die den Koffer festhalten musste, ihn halten und halten musste, während sein Kopf zu philosophieren begann, seine Nase das Wachs roch und seine Füße erstarrt standen.

Da beschloss er zu handeln. Er beschloss, seine verkrampfte Hand von ihrer Pflicht und Last zu befreien, ebenso seine Füße von der lähmenden Starre und sein Leben vom Schlingpflanzengewächs des Begehrens. Sein eigenes Begehren, das ihm letztlich fremd geblieben war, erlebte er durchwuchert, verschlungen und entstellt durch die unendlichen Begehrnisse der Anderen. Er stellte den Handkoffer zu Boden. Danach fühlte er, wie sich seine rechte Hand langsam entkrampfte. Endlich waren ihre Finger flexibel genug, um nach seiner Brieftasche im Jackett zu greifen. Er entnahm ihr einen 100 DM-Schein, wechselte den Koffer zur linken Hand und ging. Jeder Schritt die Treppe abwärts steigerte sein Bewusstsein, wovon er definitiv wegging: Von einer 28jährigen Frau, die sich Eva nannte. Die daran scheiterte, dass sein Gestank stärker blieb als ihr Egoismus nach einer eigenen Wohnung, die er ebenso wenig mehr betreten würde, wie seine ihm gewohnten Hoffnungen.

Seine Entscheidung war gefallen, sie alle zu enttäuschen und den Preis für seinen Verzicht auf ihre Anerkennung zu bezahlen. Kerschenbaum entschied sich für Ratenzahlung. Nach und nach, scheibchenweise, werde er sich den Erwartungen, Wünschen und Liebesbegehren der Anderen entziehen. Weil er keine(n) von ihnen liebte, sie alle ihn aber ängstigten, deshalb wollte er sie alle heimlich verlassen. Das also sollte seine späte Lebenstat werden, deren Gelingen von ihrer Unbeweisbarkeit abhing.

Angekommen am Hauseingang winkte er nach einem Taxi, das weiterfuhr. Schließlich hielt eines im Regen. Kerschenbaum stieg samt Koffer hinten ein, gab dem Fahrer den 100 DM-Schein und zwei Anweisungen: Erstens dürfte er ihn nicht ansprechen während der Fahrt; zweitens sollte er ziellos so lange innerhalb von Berlin fahren, bis der Tachometer auf 90.- DM stand. Für die restlichen 10 Mark wollte Kerschenbaum in das Hilton zurückgefahren werden. Der Fahrer bejahte, griff nach dem Geldschein und schwieg. Schweigend fuhr Kerschenbaum durch das regennasse Berlin, das er am nächsten Vormittag mit einer Lufthansamaschine nach Frankfurt verließ. Während eben dieser nächtlichen Taxifahrt, gestützt auf seinen Koffer wie auf seine Enttäuschung, entdeckte sich ihm der lebenspraktische Wert der Diagnose „Alzheimer". Langsam wichen Schrecken und Starre aus ihm. Lebensperspektive stellte sich ein.

Nächtens allein im Hilton träumte es ihm von einem schwarzen Pilotenkoffer, der auf einer geteerten Straße verwaist stand. Obwohl er wusste, dass es nicht sein Gepäckstück sei, griff er im Traum danach und trug die schwere Last die einsame Straße entlang. Endlich kam ein Mann, ein Mitschüler, den er schon damals nicht mochte. Unfreundlich fragte er Oliver, warum er ihm seinen Koffer so weit weggetragen hätte. In dem Augenblick, als Oliver den Koffer abstellte, erwachte er aus seinem Traum. Eine Weile noch blieb er unruhig liegen. Dann duschte er, frühstückte und verließ Berlin, den Tatort seiner Entscheidung. Von da an wurde er zum Mann, der aus dem Begehren schied.

3. Das Seniorenstudium

Während Kerschenbaum von Berlin nach Frankfurt zurückflog zu Helena, Prokurist Scheible und Verlagshaus, rechnete er nach: 72 Jahre, 2 Monate und 5 Tage war er jetzt alt. Sein Abschied aus dem Geschäftsleben war längst überfällig. Eigentlich war er ein wohlhabender Mann mit Privatvermögen und einem angesehenen Fachverlag in schwarzen Zahlen. Doch schnell wurde ihm bewusst: Die Verlagsarbeit schützte ihn vor Helenas anhänglicher Präsenz, verlieh ihm eine soziale Rolle und frische Alibis für seine Übernachtungen bei Eva. Genau dieses Dreieck Helena – Verlag – Eva war aber seit gestern Abend zusammengebrochen. Um die nörgelnde Langeweile und theatrale Sprache auszuhalten, die ihm Helena seit 35 Jahren anbot, brauchte er Evas Sexualität im Monatstakt. Die Monatsmiete plus Spesen für Evas Unterhalt beschaffte er sich durch Finanzabzweigungen aus dem operativen Verlagsgeschäft. Scheibles Misstrauen und Spürsinn betäubte er durch großzügige Gesten. Helenas Nachfragen beantwortete er zwar mit Geschick, aber auch mit anhaltenden Schuldgefühlen.

Regelmäßig schämte er sich seiner eigenen Lügen, seiner Feigheit und Ohnmacht gegenüber Helena. Indem er sie gekonnt betrog, gewann sie ohne ihr Zutun Macht über ihn. Ihre Nähe ertrug er kaum und die Intimität mit ihr scheute er. Als betrogene Ehefrau kam ihr wie von selbst Macht über ihn zu. So sicher steigerungsfähig wie fest verzinsliche Wertpapiere wurde ihr Machtzuwachs über ihn. Er fühlte sich ständig verpflichtet für ihr Wohlergehen zu sorgen, um sich entschuldigt zu fühlen. Fatalerweise fühlte sich Helena bei alledem am wohlsten, was er als Schädigung seiner Lebensqualität empfand. Ihre Reden, so unerschöpflich wie ihre Einkäufe und ihre Verliebtheit in ihre eigene Fürsorglichkeit, wurden von ihm schweigend toleriert. Seine regelmäßige Rache war, dass er Helena hinterging in nie ausgesprochenen Gegengedanken, in unterdrückten Gefühlen und in Flügen nach Berlin. Wie sehr dieses Hintergehen ihn spaltete und schwächte konnte er sich erst jetzt eingestehen, nachdem alles vorbei war.

Das Wörtchen „vorbei" faszinierte ihn, wie der Blick in ein umgekehrt gehaltenes Fernglas das „Ferne" erzeugt. Vorbei das labyrinthische Dreieck Helena – Verlag – Eva. Vorbei seine Beihilfe zu seiner Selbstvernichtung und fast vorbei sein angestrengtes Leben zwischen Verdienst, Verleugnung, Schamgefühlen und fremden Begehren. Eine Stewardess mit sanften braunen Augen beugte sich über ihn und fragte, was er trinken wolle. Nicht, ob er überhaupt ein Getränk wolle, sondern welches, sollte er ihr sagen. Kerschenbaum verneinte freundlich. Heimlich triumphierte er, dass er sich wenigstens hier und jetzt nicht verführen ließ. Sofort wandte sich die Braunäugige dienstbeflissen seinem Nachbarn zu. Der nahm mit seinem Getränk ein zweites Mal ihre Zuwendung dankbar entgegen. Weil das Flugzeug bald schon zur Landung ansetzte, hatte er schließlich die Qual, den gepfefferten Tomatensaft möglichst schnell hinunterzutrinken. Jede Zuwendung hat ihren Preis, bisweilen ihren gepfefferten, sinnierte Kerschenbaum. Schon längst war die Stewardess an ihm vorbeigegangen. Aber ihre Augen, die ihn nicht zu einem schnellen Getränk verführen konnten, fühlte er nachglimmen wie Glut vor der Asche.

Kurz vor der Landung in Frankfurt hatte er seinen Plan gefasst, wie er sein Ausscheiden aus dem Begehren absichern und vorbereiten könne: Gleich werde er Helena überraschen mit dem von ihr so sehr herbeigeredeten Entschluss, den Verlag umgehend zu verkaufen. Solide Angebote gab es. Scheible sollte als Prokurist die Abwicklung vornehmen und eine sicherlich siebenstellige Endsumme Kerschenbaums Privatvermögen zuführen. Er, Kerschenbaum, wäre somit schon während des Verkaufs frei für die Vorbereitung seines anderen, heimlichen Abgangs. Der sollte auf Zehenspitzen geschehen und ihn wieder leicht werden lassen wie einen Tänzer, der seine stillen Pirouetten dreht abseits vom Spielfeld, ganz bei sich in schweigender Schwingung.

Ein heimlicher Abgang bedarf am besten der offenen, unverhohlenen Vorbereitung. Going public ist die beste Tarnung. Deshalb werde er sich in das Seniorenstudium der Johann Wolfgang von Goethe-Universität einschreiben lassen, seinen Beitrag zahlen und über Altersdemenz, deren Diagnostik und Pflege Informationen einholen. Sein Interesse wird sich auf die Frühdiagnostik von Alzheimer konzentrieren. Die kunstsinnige Helena wird ihn dorthin sicher nicht begleiten. Niemand wird auf ihn, den stillen Gasthörer, aufmerksam werden. Er wird allein sein, um seinen Abgang in seine Einsamkeit einzuleiten.

„Keiner ist allein: Demenz und Alzheimer" lautete der erste Veranstaltungszyklus, den er wenige Wochen nach seiner Landung in Frankfurt offiziell besuchte. Während die junge Dozentin einfühlsam Fallbeispiele für den schleichenden Beginn der Alzheimer-Erkrankung erläuterte, studierte Kerschenbaum die Schreibgeschwindigkeit seiner Kommilitonen im Ruhestand. Dabei fand er heraus: Je tiefer sie sich mit der Dozentin und ihrer Themenführung identifizierten, desto mehr und schneller schrieben sie möglichst alles auf, was ihnen das Thema „Alzheimer" eingab. Mit jeder Vorlesung wurden sie mehr zu einer Glaubensgemeinschaft, die der längst verstorbene Psychiater Alois Alzheimer wohl dankbar bestaunt hätte. Diese Glaubensgemeinschaft der Hörer im „dritten Alter" war süchtig auf Zeichen, aber nicht auf Wunder. Auf ihren Schreibblocks, in ihren Gehirnen und Herzen sammelten sie konzentriert Anzeichen für Alzheimers Ankunft, für den Advent und bleibenden Einstand einer Demenz, die nicht nur erkennbar irreversibel sein sollte, sondern eine wahre Fundgrube für Nächstenliebe und gekonnte Pflege.

Während sich seine Mithörer emsig die Pflegestufen und -kosten notierten, überkam Kerschenbaum eine stille, alle im Hörsaal umfassende Einsicht: Jede und jeder der eifrig Schreibenden unterstellte Alzheimer nicht sich selbst, sondern anderen, eben den „Alzheimerkranken". Allein er, Oliver Kerschenbaum, lernte für sich selbst und sein eigenes Demenzverhalten. Sein eigentliches Interesse regulierte seine Wahrnehmung der vielfältigen Lehrangebote zur Demenzfrüherkennung und seine Notizen über Symptome von Alzheimer und Diagnosestellung, „Memory-Klinik" und Pflegedienst, Generalvollmacht, Patientenverfügung, Mediation, Selbsthilfegruppen, betreute Wohngemeinschaften, Bestattungsvorsorge, Nachträge im Testament, Entmündigung, Schwerbehindertenausweis... Gastvorträge von Bestattungsunternehmern, Versicherungsvertretern und diplomierten Altenpflegerinnen wurden zu Abrundung der Alzheimer-Studien in das Programm aufgenommen.

Auf ausliegenden Faltprospekten durften Diakonie, ökumenische Altenseelsorge und Caritas auf ihre spirituellen Zusatzangebote für pflegende Angehörige hinweisen. Allein das Verteilen von farbigen Reiseprospekten zur wundertätigen Gottesmutter nach Lourdes wurde von der Hausverwaltung nicht gestattet. Eine Spiritualität des Wunderglaubens wäre zu weit gegangen. Das Verbot stieß bei allen Senioren umso mehr auf freundliches Verständnis, als ein Vortrag über humanes Sterben von einer pensionierten Oberkirchenrätin seitens des Kursleiters angekündigt wurde. Auch Alzheimerpatienten, so wurde der Spezialvortrag dem Seniorenpublikum angesagt, hätten ein Recht auf ein menschenwürdiges Ableben. Dem widersprach niemand.

Überhaupt, so erkannte Kerschenbaum von seinem Stammplatz aus der vorletzten Reihe, griffen alle Vorträge, Fallbeispiele, Versicherungs- und Pflegemodelle auf diagnostisch-medizinischem Hintergrund widerspruchslos ineinander über. Eventuelle Restzweifel und Verständnisfragen wurden spätestens in den Anschlusskolloquien gleich nach den Vorlesungen fachlich aufgegriffen und behoben. Jede hartnäckige Nachfrage mit uneinsichtigem Verhalten seitens des Fragers hätte den Argwohn geweckt, wie es denn um dessen Verständnisfähigkeit bestellt sei. So wurde jede Frage aus dem Auditorium zur vernünftigen Vorlage für folgerichtige Antworten der Fachpersonen. Fragen und Antworten, finale Pflegemodelle und Bestattungsvorsorgeformulare, fachärztliche Informationen und deren therapeutische Resonanz, phasengerechte Vermedikamentierung und Mediation formten einen interdisziplinären Kosmos. Gegen Ende des Wintersemesters wurden alle Senioren eingeladen, an diesem „kosmischen Reigen" emanzipiert teilzunehmen: Ihre Erlebnisse, Fallvignetten aus Familie und Nachbarschaft waren ebenso gefragt, wie berechtigte Wünsche zur Partner- und Familienvorsorge. Wie gelegen kam es, dass eine private Fachklinik für die Früherkennung und -behandlung demenzieller Syndrome ebenso zu den Sponsoren des Seniorenstudiums gehörte wie ein Schweizer Pharmakonzern, der bei „Dementiation" marktführend war.

Dieser Pharmafirma als generösem Drittmittelgeber verdankten die Teilnehmer des Seniorenstudiums schließlich ein ganz besonderes Highlight, nämlich eine Tagesexkursion im Fünfsterne-Bus: Zum nasskalten Semesterende tauschten die Senioren den Hörsaal in eine Art „fahrendes Klassenzimmer". Die Reise ging in den Schwarzwald, in eine „Memory-Klinik". Dort durften die bisherigen Hörer in Sachen Alzheimer zu Sehenden werden. Patientenkontakt blieb den Exkursionsteilnehmern freilich diskret versagt, aber Personal und Verwaltung gaben sich alle Mühe. Die mehrstündige Führung durch die hoch- und tiefgeschossige Anlage zeigte alles außer die Patienten. Kerschenbaum erinnerte sich an seine Besuche des zoologischen Gartens von Springfield. Damals vor fast 70 Jahren verlockten ihn seine Eltern zur Vorfreude auf die Begegnung mit exotischen Tieren, die jedenfalls er nie zu Gesicht bekam. Die Patienten als geschützte Exoten des Klinikreservates blieben ihrerseits wohl auch unter sich: vermedikamentiert, verstummt, verpflegt bis zum Augenblick ihres humanen Versterbens. Der Zutritt zu dieser geschlossenen Gesellschaft brauchte das Schlüsselwort „Alzheimer". Wer hierher verbracht wurde, war ausgemustert und ausgeliefert den Menschen wie ein Kleinkind seinen Eltern. Ob noch unmündig oder schon entmündigt lief auf das Gleiche hinaus: Die Anderen hatten das Sagen, Verstehen, Verbieten und Tun über einen, der ihnen ausgeliefert war.

Nachmittagskaffee war für die Besucher vorbereitet. Kerschenbaum entfernte sich unbemerkt in den Innenhof mit Mülltonnen und Lüftungsschächten. Langsam, wie Kirchenbesucher an den Seitenaltären entlang, ging er durch Nebenhöfe auf Seitengängen. Dass er die Orientierung verloren hatte, kümmerte ihn nicht, solange er nur weitergehen konnte. Außer einer Putzkolonne streifte ihn niemand. Seine Passage führte ihn in einen überdachten Innenhof mit Lichteinfall von oben, mit allerlei winterfesten Grünpflanzen und mehreren fixierten Sitzplätzen, auf denen niemand saß. Das Zentrum des Quadrats markierte ein schwarzer Granitblock mit einem niedrigen Springquell in seiner Mitte. Die vier Ecken des Platzes wurden für den Betrachter fiktiv abgerundet durch senkrecht aufragende Eisenstäbe. Sie formierten an jeder Hof-Ecke eine Art Halbkreis. Zwischen den etwa zwei Meter hohen Stäben waren feine Stahlnetze angebracht. Deren Gittermuster waren von grüngelblichen Kletterpflanzen durchzogen. Dadurch also entstanden vier gerundete Paravents an vier Zugängen zum Hof.

Kerschenbaum ging auf behauenen Pflastersteinen umsichtig vor bis zu dem Granitblock in der Mitte. Als er stehen blieb, um sich umzuschauen, meinte er hinter dem Paravent diagonal gegenüber eine menschliche Gestalt wahrzunehmen. Schnell erkannte er, dass es sich um einen älteren, mittelgroßen Mann im Freizeitlook handelte. Dieser stand nicht nur bewegungslos, sondern absolut still. Kerschenbaum fühlte sich von ihm weder beobachtet noch angeschaut, weder belauscht noch verfolgt, dafür aber intensiv wahrgenommen. Säuglingen und manchen Wildtieren kommt diese stille, organische Wahrnehmung des Umfelds zu. Eine solche Wahrnehmung organisiert, kategorisiert, objektiviert und denkt noch nicht. Sie bleibt bei sich. Sie lässt sich weder ablenken noch zergliedern durch Denkmuster, Wertungen, Bedürfnisse und Ängste. Derartige Wahrnehmung vor jeder Sprache ist still bei sich, weil sie frei ist von Begehren. Das Wahrgenommene fließt durch sie hindurch wie Wellen ohne Vergessen und ohne Erinnern. Vielleicht, so fiel es Kerschenbaum weiter ein, ist dies die Wahrnehmung des Leibes im Schlaf des Menschen. Solange diese Wahrnehmung anhält, solange gibt es keinen Wahrnehmenden, sondern allein das Gleiten der Gegenwart. Selbst die Träume des Schläfers wären dann nur Störungen im Rhythmus des stillen Wahrnehmens.

Jetzt stand Kerschenbaum vor dem Gitter auf Augenhöhe mit jenem stillen Mann, dessen Augen blicklos schauten. Dessen völlig bewegungsloser Leib wurde von einem kaum bemerkbaren Ein- und Ausatmen bewegt. „Meinesgleichen". Dieses Wort kam Kerschenbaum zu, wie ein Gedanke aus der Tiefe. „Meinesgleichen, meinesgleichen", amtete und sprach die Stimme in ihm und verlangsamte sich in die Stille hinein. Der Andere blieb reglos und reagierte nicht auf die Präsenz von Seinesgleichen. So standen sie einander gegenüber mit dem Gitter dazwischen. Niemals zuvor fühlte sich Kerschenbaum intensiver wahrgenommen als in dieser Begegnung auf Augenhöhe ohne fixierende Blicke. „Kann ich etwas für Sie tun?", fragte Kerschenbaum Seinesgleichen. „Nein, sie können nichts für mich tun", sprach dieser plötzlich und schwieg sodann wieder. Kerschenbaum erschrak vor seiner eigenen Frage, die ihn so sehr überkam, dass er sie unbedacht ausgesprochen hatte. Dann allerdings erstaunte ihn die Antwort des Anderen umso unvergesslicher.

Dessen ruhige, klare Sprache antwortete ihm ohne ihn anzusprechen. Was die Sprache des Mannes auf Augenhöhe soeben sagte, galt. Weil sie gültig sprach und Gültiges sagte, brauchte diese Sprache keine Bestätigung mehr von Kerschenbaum her. Er hörte und schwieg. Die Sprache des Mannes – so empfand er – ging weit über ihn, Kerschenbaum, als Adressaten hinaus. Vielleicht, so folgerte er, ist die Nichtbezogenheit die Kehrseite des wahren Sprechens, das keine Rücksicht mehr kennt. Seinesgleichen jenseits des Gitters nahm wahr, schwieg still, sprach und blieb reglos bei sich. Er interessierte sich nicht für Kerschenbaum, war aber nicht einfach gleichgültig und interessenlos. Sein Interesse galt nicht mehr der Kommunikation, ihren Verhaltensweisen und deren Beurteilungen. Sein Verhalten war auffällig, weil aus ihm kein Begehren fühlbar wurde.

Er schien frei von Konvention und Gefallen-Wollen, frei von So-tun-als-ob, frei von reaktivem Mitgefühl; frei davon, jemanden für den anderen darzustellen; frei von Vorstellung und Verstellung. Deshalb schien er frei von jeder Angst und Kerschenbaum war voller Respekt für ihn. Dieser Mann auf blickloser Augenhöhe wirkte wie ein Friedhof. Kerschenbaum suchte und besuchte Friedhöfe seit seinen Kindertagen. Zoologische Gärten hatten ihn regelmäßig enttäuscht, Friedhöfe niemals. Zuerst waren es die anderen Kinder, wenige Jahre später die anderen Menschen, die ihm fremd und aufdringlich blieben. Als 8-Jähriger in der privaten Grundschule befragt, was er einmal werden wollte, sagte er: Friedhofsgärtner. Die Lehrerin lachte. Kerschenbaum schämte sich und wünschte heimlich nur umso heftiger, einmal Friedhofsgärtner zu sein.

Später, im College, freundete er sich mit Donald an, der – noch viel später – anglikanischer Bischof wurde. Regelmäßig durchstreiften sie die Friedhofswege hinter dem Campus und fühlten sich wohl dabei. Die Nähe der Gräber und des Todes halfen ihnen die Menschen zu vergessen, die ihrerseits längst schon die Friedhöfe vergessen hatten. Nur die Friedhofsgärtner hielten die Mitte zwischen den Vergessenen und dem Lärm der Welt, der zum Vergessen einlud.

Der Mann, den Kerschenbaum als „Seinesgleichen" erkannte, war dem Lärm der Welt anders entschwunden als die Mönche der von Touristen und Historikern belagerten Klöster. Seinesgleichen war weder fromm noch gottlos, weder hoffnungsvoll noch traurig. Er war selbstvergessen. Und zwar so radikal und restlos, dass er für seine Selbstvergessenheit keine Krücke brauchte, damit es mit ihr möglichst lang und wirksam weiterging: Keine meditative Versenkung, keine Tugend der Nächstenliebe, kein gottgeweihtes Lebensopfer brauchte er mehr, um den nachkeimenden Egoismus mit Transpersonalem zu dämpfen. Dieser Mann, so wurde Kerschenbaum bewusst, war durch das Nadelöhr der Selbstvergessenheit entschwunden. Er war zum Friedhof seiner selbst geworden. Die Pfleger sind seine Friedhofswärter. Die Ärzte die drohenden Grabeswächter. Wie ein Leichnam verwest und zerfällt bis auf die Skelettstruktur war seine Persönlichkeit für die anderen längst schon aufgelöst. Und dennoch war ein Rest geblieben. Seine Alzheimer-Demenz wurde ihm zum lückenlosen Dementi seines bisherigen sozialen Lebens, zum Friedhof. Die Friedhöfe sind die unantastbaren Alibis in einer Welt, in der sonst kein Pardon gegeben wird. Die Friedhöfe sind das „Anderswo" nach dem Nadelöhr und vor der Vernichtung.

Vernichtet wird ein Mensch dann, wenn er seine Identität verliert. Wenn er zum qualitätsvollen Jedermann wird. Niemand kann die heimlichen Toten zählen, deren Identität ausgelöscht wurde, deren Anpassung ihnen zum Grab wurde jenseits der Friedhöfe der Welt. Kerschenbaum spürte, wie magisch die stille Präsenz von Seinesgleichen auf sein Gemüt und Denken einwirkte. Hätte er sich der Gegenwart dessen, der durch das Nadelöhr geschwunden war, weiter ausgesetzt, sein Sprechen und Denken wären ihm entschwunden, um anderen Grundansichten des Lebens Raum zu geben. Er wandte sich ab von Seinesgleichen. Sagte kein Wort, drehte sich um und ging.

Kerschenbaum begab sich zurück zu den übrigen Senioren und mit ihnen zum Bus. Dort setzte er sich genau gegenüber der Deluxe-Toilette im hinteren Busteil. Weil schon bei der Herfahrt gegenüber der Toilettentür niemand sitzen wollte, war ihm eben dieser Platz erstrebenswert. Hier saß er nun wieder allein; er, dem Eva unüberbietbar erklärt hatte, dass er stinke.

4. Der Traum

Beim Aussteigen aus dem Bus wartete Helena, um Kerschenbaum abzuholen. Ausnahmsweise schneite es in Frankfurt. Für Helena bot der feuchte Schneefall die willkommene Chance, sich mit Fuchspelz und Biberfellmütze zu präsentieren. Die Pelzbekleidung verhüllte ihre hohe, fast anorektische Gestalt. Auch ihr ohnehin kleiner, kurzhaariger Kopf wurde durch das steife Biberfell weiter dezimiert. Insgeheim nannte Kerschenbaum sie manchmal „Schrumpfkopf". Vor Jahren als ihm dieses Wort beim Besuch einer Porzellan- und Puppenauktion einfiel, schämte er sich noch, es auf Helena zu übertragen. Im Laufe des weiteren Zusammenlebens mit ihr, ihrem Leib und Kopf, ihren vielen Reden und hyperästhetisiertem Gesicht anerkannte er „Schrumpfkopf" als Lösungswort.

Niemand kannte es. Nur ihm selbst gab es Hilfe und Orientierung in seiner Zurückhaltung vor ihr. Die Melodik ihrer in perfektem theaterdeutsch zelebrierten Sätze ohne Gegenwartsbezug war ihm ein ähnlich provokanter Stimulus wie ihre emotionalen Sprachgesten ohne hörbares Ziel. So sagte sie ihm – zu zweit oder in Gesellschaft – zumeist das wieder, von dem er schon wusste, dass sie es bereits wiederholt gesagt hatte. Was sie wusste, wusste er. Ihr Sprechverhalten bestätigte ihm allerdings stetig, dass sie nicht wahrnahm, ob es ihn interessierte, was sie sagte. Die nervöse Langeweile, die ihn dann chronisch befiel, bekämpfte er mit dem ungesagten Wort „Schrumpfkopf".

„Schrumpfkopf" war ihm kein Schimpfwort, sondern eine diagnostische Kurzformel, wie „Malaria" oder „Bewegungsatrophie". Damals, noch als Lieutenant in den letzten kalten Kriegsmonaten 1945, machte Kerschenbaum Bekanntschaft mit dem Wort „Malaria". Beim Morgenappell seines Zuges zitterten und schwitzten manche so sehr, dass ihnen keine Habt-Acht-Stellung gelang. „Malariaanfälle", erklärte ihm der Stabsarzt lakonisch nach dem Wegtreten der Truppe. Mit Fieber und Schüttelfrost überfällt Malaria periodisch ihre infizierten Opfer. Selbst mit Stahlhelm im Schnee fühlen sie sich wie am Äquator. Dieser sarkastische Vergleich des Stabsarztes wurde Kerschenbaum seither zum Inbegriff aggressiver Gleichgültigkeit. Pardon wird nicht gegeben. Helenas Gerede erinnerte ihn an die bisweilen euphorischen Fieberphantasien von Malariakranken. Mit einem Gefühl unabwendbarer Sinnlosigkeit wandte er sich dann von ihr innerlich ab. Er entwickelte sogar eine Methode, sie nicht mehr zu hören, obgleich sie weiter und weiter redete. Diese selbstin-

19

duzierte Taubheit wurde einer seiner Schutzmechanismen gegenüber einer Frau, die ihm kein Pardon gab.

Ihr kleiner Kopf auf langem Hals beeindruckte ihn schon damals 1952 bei ihrer ersten Wohnzimmerbegegnung in Heidelberg. Helena war zu jener Zeit Abiturientin mit Hang zu Schauspiel und Theaterwissenschaft. Diese kostspielige Neigung stieß bei ihrem Vater Gottfried auf zwiespältige Gefühle, die wiederum sein Wohlwollen für seinen Schüler Oliver Kerschenbaum steigerten. Helenas Vater war nämlich Professor für Germanistik und spezialisiert auf Deutsch für Ausländer. Helena war seine einzige Tochter und der 30jährige Oliver sein Vorzugsdoktorand. In der jungen Bundesrepublik hatte mit der Aufbauphase überhaupt die Wertschätzung des Amerikanischen begonnen. Zum Glück war Kerschenbaum Deutsch-Amerikaner mit Pass und militärischer Passform aus guter und wohlhabender Familie. Seine Eltern schickten ihm für sein Doktoratsstudium Dollars. Zum traumhaften Kurs von 1:5 konnte er sie in DMs wechseln und fast nach Belieben ausgeben. Unschätzbar waren zudem seine und seiner Eltern Beziehungen innerhalb der Siegermacht USA.

Das Emblem „Siegermacht" wurde damals gerade eingemottet. Die neuen Ersatzworte lauteten: „Alliierte", „Bündnispartner" oder schlichtweg herzergreifend „transatlantische Freunde". Weil sich Oliver als ein solcher Freund erwies, wurde er 1953 zum Dr. phil. Oliver Kerschenbaum und zum Schwiegersohn seines Doktorvaters Gottfried promoviert. Sein Doktor-Schwiegervater Gottfried sollte nach und nach zum Großvater seiner zwei Enkeltöchter Susanna und Bernadette werden. Die akademischen Bande waren vermittels Ehebund zu unauflöslichen Blutbanden geworden. Helena triumphierte auf ganzer Linie. Das Glück hatte zu ihr leise „Du" gesagt und sie hatte es sofort ergriffen. Sie und ihr charmant-ehrgeiziger Vater griffen nach seiner, Olivers, Existenz, seinen Lebensgewohnheiten, Vorlieben und Träumen, um sie zu transformieren. Mit Kleidung, Haarpflege und stilechtem Benehmen sollte sich auch sein Denken ändern. So wurde aus Kerschenbaum durch schwiegerväterliches Protektorat zunächst ein Verlagslektor und Jahre später, als mit dem Wirtschaftswunder die Fresswelle Westdeutschland überrollte, ein erfolgreicher Verleger für Kochbücher, Landkarten und Reisehandbücher.

Beim Aussteigen unten an der Konsole der Toilettenkabine angelangt, überkam ihn die Einsicht: Die Stille meines Herzens haben sie mir entzogen, die Helenas und Gottfrieds dieser gierigen Welt. Noch zwei Bewegungen, dann stand die pelzige Helena vor ihm. Er nahm sie in ihrer länglichen Körperform mit den geschminkten Falten als atrophiert wahr. Wie eine Dörrpflaume, wie die Zwetschgenmännlein mit Hütchen, die bei Jahrmärkten angeboten wurden. Sie umarmte ihn, den Rückkehrer, der entschieden war, nicht mehr Heimkehrer zu sein.

In dieser Nacht träumte Kerschenbaum. Mit kaltem, übel riechendem Nachtschweiß erwachte er benommen und erschreckt. Er war dem Traum zwar entflohen und saß jetzt alleine im Doppelbett, aber die Stimmung des Geträumten wirkte nach in ihm wie ein Betäubungsmittel, das hilflos macht. Jeder Psychoanalytiker hätte ihm gedeutet, dass es sich bei den Trauminhalten um Tagesreste, verbliebene Erregung und unbewusstes Durcharbeiten einprägsamer Tageserlebnisse gehandelt hätte. Kerschenbaum hätte dann gelächelt und seinen Taubstellmechanismus so eingeschaltet, wie man eine gepolsterte Türe leise von innen schließt.

In seinem Traum begann der Abschied aus einem Hotel planmäßig und heiter. Die Teilnehmer der Busexkursion und mit ihnen auch er – so träumte Kerschenbaum – hätten nach dem Übernachten gefrühstückt, um allmählich ihr Gepäck zwecks Abreise zu holen. Die entspannte Traumatmosphäre schlug in ängstliche Nervosität um, sobald der Träumer Kerschenbaum wie die anderen begann, nach seinem Gepäck zu suchen. Dabei entfernte ihn sein Suchen wie ein Sog schnell weiter und weiter weg von den anderen. Das Hotel wurde zum Labyrinth, in dem er die Orientierung verlor. Zunächst meinte er, er würde wie die anderen auch nach seinem Gepäck suchen. Bald schon wurde er unsicher, welches Gepäck er suchte unter den so vielen. Weder konnte er sich erinnern noch wiedererkennen, welche der Koffer, Taschen, Tüten, Rucksäcke zu ihm gehören sollten.

Inmitten von ausgestreuten Gepäckstücken begann er zu zweifeln, ob er überhaupt mit Gepäck gereist sei. Er wusste es nicht mehr. Bewusst war dem Träumer aber, dass er es nicht wusste. Zugleich dämmerte ihm, dass er die Gewissheit, Gepäck bei sich zu haben, nur durch die Suchhandlungen der Mitreisenden übernommen hatte. Er tat, was die anderen taten, suchten und finden wollten. In dem Traummoment, als er erschreckt erkannte, dass er sein Gepäck unmöglich finden konnte, weil er nur Nachahmungstäter war, verschwanden die Gepäckstücke. Mit ihnen verschwand der Holzboden um ihn herum. Dass sein Umfeld sich auflöste, ängstigte ihn. Deshalb hob er im Traum den Kopf und vergewisserte sich, dass das Hotelgebäude um ihn noch stand. Es stand, war ihm aber nicht wiedererkennbar. Sicher schien ihm nur noch, dass es ihn selbst im Gebäude noch gab. Er begann zu laufen, um zu den anderen, denen mit Gepäck, zu stoßen. Im Lauf sah er, wie nach jedem seiner Schritte vorwärts ihm das Dahinter wegbrach. Unversehens wurde es zum Loch, einem Nichts mit Etwas drum herum. Wo er lief, verlief dieser Rand zur Auflösung. Trotzdem nahm er wahr, dass er längst nicht mehr wusste, wo er sich befände bzw. wohin er liefe. Nur indem er weiterlief, entfloh er der Vernichtung im Rücken.

Plötzlich fiel ihm sein Handy in seiner Hosentasche ein. Er wollte den Busfahrer anrufen, hatte aber die Rufnummer vergessen. Nur die halbe Nummer, nämlich 150 erinnerte er. Er drückte noch im Laufen die Handytasten. Die Nummer erschien im Display und die Stimme des Busfahrers meldete sich. Sie sprach zu Kerschenbaum, der erregt zurückrief. Doch das Zurück funktionierte nicht. Der halben Nummer entsprach die halbierte Handyfunktion: Nur Empfang war möglich, kein Senden. Der Busfahrer konnte Kerschenbaums Stimme nicht hören, sprach weiter und weiter bis Kerschenbaum abschaltete. Solange die angerufene Stimme weitersprach, unverständlich und kommunikationslos, fühlte der Träumer gewaltige Verlassenheit. Unerreichbar blieb der Andere. Nachdem er mit dem Handy den Anderen abgeschaltet hatte, widerfuhr ihm augenblicklich mit der Stille Einsamkeit. Jetzt gab es keinen Anderen mehr, auf den er sich verzweifelt beziehen konnte. Alles um ihn herum war weggebrochen: kein Gepäck, kein Hotel, keine Stimme, kein Ausweg und kein Handy mehr. Nur der Träumer, allein mit seinem Bewusstsein und Schrecken, konnte sich noch kurz im Unerträglichen halten. Dann erwachte er.

Der Traum aber wich nicht von seiner Seite. Vielmehr wurde er zum schleichenden Begleiter seines Wachzustandes. Zunächst blieb dieser Begleiter unsichtbar, aber fühlbar als Unbehagen und Übelkeit; als Schreck, der zur ziellosen Unruhe abgeflacht war. Kerschenbaum saß nun am Bettrand. Er schaute um sich, um sich seiner eigenen Anwesenheit durch das Sichten der Gegenstände im Raum zu versichern. Kein Zweifel: Er, Oliver Kerschenbaum, befand sich alleine im Schlafzimmer. Der Wecker zeigte 09.00 Uhr. Die vorgerückte Morgenstunde erklärte auch Helenas Absenz. Er begann sich zu „sortieren". Eine seiner früheren Chefsekretärinnen näherte sich ihm regelmäßig morgentlich um 09.00 Uhr mit der immer gleichen Frage: Herr Doktor, haben Sie sich schon sortiert? „Sortiert" zu sein, gibt ein gutes Gefühl von ganz und wieder Ich sein. Kerschenbaum war Zeit seines Lebens ein „sortierter Mann". Davon profitierten viele, nicht zuletzt seine Verlagssortimente, die Buchhändler, Buchhalter, Buchprüfer und Banken.

Vom Bettrand aus „sortierte" Kerschenbaum zuallererst seine Wahrnehmung, dann seine Einfälle, Gedanken und Gefühle. So hoffte er, den schleichenden Begleiter zumindest zu identifizieren, vielleicht sogar zu verabschieden. Er nahm wahr, dass er schwitzte, wohl auch stank und sich duschen müsse. Seine Nase war verstopft. Er hechelte nach Luft. Im Mund fühlte er Sodbrennen. Auch dagegen gab es Mundduschen, die sauberen Atem statt Mundgeruch versprachen. Seit Evas Abschiedsszene glaubte er unleugbar an seinen Mundgeruch. Sein halbes Leben lang hatte er ihn betäubt und überlagert durch Sprays und Pasten, die in seine Mundhöhle den Geschmack eines Dentallabors einziehen ließen. Seine Zunge, seine Sprache waren tagsüber stets gereinigt und sauber. Dasselbe galt für seinen Körper, seine Haare, seine charmanten Manieren. Er war ein sortierter Saubermann, der nächtens unkontrollierbar im Schlaf wieder zu stinken begann. Wie Helena dies ertragen konnte, war ihm rätselhaft. Er nahm wahr, dass das von ihm länger angeschaute, mit Silberrahmen dekorierte Hochzeitsbild nicht verschwand, sondern seinen Blicken standhielt. Die Übelkeit vermischte sich jetzt in seinem Körpergefühl mit Harndrang. Dies entlastete ihn einen Moment lang, dann ekelte es ihn. Er folgte dem Drang nicht, ging nicht zum WC, sondern blieb sitzen, wo er seit vier Minuten saß. Die Weckeruhr ermöglichte ihm diesen Akt der Zeit- und Selbstkontrolle.

Unkontrollierbar anwesend-abwesend wie Polarlichter blieben ihm die Traumszenen. Er konnte ihnen durch seine Wahrnehmung nachspüren, so wie die Augen verglimmendem Abendrot nachtasten können. Die Traumatmosphäre strahlte immer noch ab auf sein Wachbewusstsein. Wieder erlebte er sich am Rand, im Dazwischen: zwischen Traum und seinem Hang, sich zu sortieren, um vom Bettrand aufzustehen. Er blieb schauend sitzen und ließ die Einfälle zu, so wie sie ihm zukamen. Seine Körperhaltung versteifte sich dabei wie bei einem, der auf Zehenspitzen über eine Mauer blickt. Die zahllosen Gepäckstücke fielen ihm ein. Wieder hatte er davon geträumt. Wie damals, beim Traum von dem Pilotenkoffer, zeigte das Traumgeschehen seine Selbsttäuschung: Die anderen hatten Gepäck, er nicht. Deshalb konnten sie es abstellen, wiederfinden und erneut an sich nehmen, weil es ihr eigenes Gepäck war. Es gehörte ihnen und somit zu ihnen. Sie und ihr Gepäck gehörten fortgesetzt zusammen, wie die Federn zu Vögeln und die Pelze zu Helena. Er aber meinte nur, dass er eigenes Gepäck bei sich hätte. Genau darin – so erkannte er – täuschte er sich. Identifiziert mit den Gepäckträgern imitiert er ihr Verhalten, Gepäck zu tragen, zu suchen und an sich zu nehmen und sich daran müde zu schleppen. Alles nur, um nicht zu erkennen und anzuerkennen, dass er ohne Gepäck ist. Dass er anders ist als die anderen, dass ihn sein Anderssein erschrickt.

Wieder erinnerte er sich an die letzten Kriegsmonate 1945. Als First Lieutenant des 139. US-Fernmelderegiments brauchte er kein Gepäck zu tragen. Entweder es fuhr mit ihm im Jeep, während er vom Sergeant gefahren wurde. Oder es wurde ihm in die wechselnden Quartiere hinterhergefahren und sogar ins Zimmer getragen. Als Offizier war er vom Gepäcktragen befreit. Nur eine Koppel mit Dienstpistole hatte er über die Uniform zu gürten. Die Offiziersuniform schützte ihn nicht nur vor dem Gepäcktragen, sie verbot es ihm geradezu. Die weißen Handschuhe, die er als Kind stets anziehen musste, waren dem 6-Jährigen bereits ein praktisches Kontaktverbot, das sich bis in seine Träume durchhielt. Damals träumte er, das Einzelkind Oliver, davon, bei den Spielen der anderen Kinder mitspielen zu dürfen. Auch dabei sein und dazugehören, das wollte er. Um dazuzugehören akzeptierte er deren Spielregeln. Später übernahm er das Gepäck anderer: schulterte Helena, den Verlag, die Töchter und die Geldsorgen seiner Schwiegersöhne.

Diese plötzliche Einsicht, wie sehr er selbst sich je schon belastete, nur um mitmachen zu dürfen, diese Traumeinsicht, stimmte ihn traurig und frei. Eigentlich, so dachte er, habe ich mich stets verleugnet, nur um zu gelten. Vor und für wen? Für den Busfahrer, der ihm nicht antworten konnte; für Eva, die sein Geschenk, den Poncho, behielt, ihn aber vor die Tür setzte; für seine Mutter, die stets betonte, was für ein „schmächtiges Kind" er sei; für Gottfried, den alleinerziehenden Professor? Eine endlose Kette von Gesichtern und Knechtschaften huschte an ihm vorüber, wie Schatten aus dem großen Schatten. Dass Gott im Dunkeln wohnt, hatte er damals in Springfield von Pastor Oak gehört. Gott wie ein wildes Tier im Dunkeln, das einen anfallen kann und zerfleischen.

Als Kind überkam ihn öfters diese Idee beim sonntäglichen Kirchgang, wenn er Gott im lichten Kirchenbau nicht fand. Dann war es ihm, als ob Gott sich von den Kirchgängern unbemerkt zurückgezogen hätte, vielleicht in die dichten Bergwälder von Montana oder in die Kohlestollen von Pennsylvania. Dort, wo Gott gerade schon nicht mehr ist, würden die Menschen ihn dann aufsuchen. Ein Arrangement, bei dem keiner keinen stört und sie einander fremd bleiben. Warum auf den dunklen Gott ausweichen und dabei Zeit verlieren, dachte er. Ich selbst, Oliver Kerschenbaum, habe das Licht dem Dunkel vorgezogen, das Gepäck der Freiheit, die Identifikation der Identität. Statt im Dunkeln zu bleiben wie Gott, bin ich ins Licht gelaufen. Jetzt sind meine Augen davon so sehr geblendet, dass sie selbst das Dunkel verkennen als wäre es Licht.

Ein Gemisch von Schrecken und Dankbarkeit spürte er jetzt für den Traum. Alle Vorstellung und vermeintliche Objektivität löste der Traum als bloße Illusionen von ihm ab. Wie ein Regen, der reinigt und wegspült was anhaftet, anklebt und gerade noch Anspruch erhob, dazuzugehören. Der Traum nahm ihm mit den Koffern und deren Gewicht auch seine eigene Wichtigkeit. Seine Sorgen waren sein Gewicht. Sie sorgten sich um fremdes Gepäck. „Nein, Sie können Nichts für mich tun", so antwortete ihm doch gestern Seinesgleichen im Innenhof der Memory-Klinik. Niemand kann etwas für einen anderen tun. Das ist die Wahrheit, die keine Pädagogik und kein Humanismus anerkennen wollen, so erkannte Kerschenbaum um 09.10 Uhr schwitzend am Bettrand.

Er aber entschied sich, diese Wahrheit des Lebens in seinem späten 72. Lebensjahr gründlich anzuerkennen. Er wusste, dass er sich mit dieser entschiedenen Einsicht Seinesgleichen annäherte, also dem, der im Dunkeln wohnt; dem, der als „umnachtet" zu gelten hatte. Kerschenbaum erhob sich und ging in das Badezimmer, um seinen Körper für den Notartermin zu reinigen.

5. Beim Notar

Der Verlagsverkauf erreichte wenige Tage nach der Busexkursion seine Nagelprobe vor dem Bezirksnotar Dr. Holzapfel in Bad Homburg vor der Höh. Das traditionsreiche Kurstädtchen, ein wenig vor und über Frankfurt gelegen, schien Kerschenbaum ein guter Ort zum Start in sein neues Leben. Außerdem kannte er Holzapfel als stark kurzsichtigen, aber extrem zuverlässigen Notar von früheren Beurkundungen her. Mitentscheidend für seine Notariatswahl war, dass Holzapfel und Helena einander nie persönlich kontaktiert hatten. Zudem lag Homburg außerhalb von Helenas Gesichtskreis.

Kerschenbaums Plan nahm Gestalt an. Seine Vorbereitungen für sein definitives Verschwinden begannen nicht nur zu greifen, sondern blieben von allen unbemerkt. Der Verlagsverkauf wurde ausnahmslos als vernünftig angesehen. Sein Seniorenstudium anerkannten ebenfalls alle Freunde und Bekannte als kreativen Übergang in das längst schon überfällige Leben eines Privatiers. Auf seine Themenwahl, nämlich Demenz und Alzheimer, deren Früherkennung und spätere Pflege, wurde Kerschenbaum nicht einmal von Helena angesprochen. Das lag einerseits am Desinteresse seiner Umgebung, andererseits an seiner Tarnung: Er selbst tat desinteressiert, sprach statt von Demenz und Alzheimer von Selbsthilfe und Pflege im Alter. Niemand tat es sich dann mehr an, genauer die Inhalte oder gar Kerschenbaums Eigeninteresse daran nachzufragen. Indem er das Thema banalisierte, schützte er sich vor der Neugier der Desinteressierten. Er aber hatte sich abinformiert und nicht zuletzt in der Memory-Klinik überzeugt, worauf es für das weitere Gelingen seines Abganges ankam: Es kam darauf an, nicht in die Hände der guten Menschen zu fallen. Allein darauf kam es an, Ausnahme sein zu dürfen, ohne dafür mit Vermedikamentierung, Verbringung ins Pflegeheim und Vormundschaft bestraft zu werden. Ja, Kerschenbaum wollte verschwinden, aber nicht im Bermuda-Dreieck von Medizin(ern) – Wohltätern – Pflegeheim. Er war gewarnt und vorsichtig. Deshalb benötigte er den kurzsichtigen Holzapfel als strategischen Brückenkopf am anderen Ufer.

Keine Ahnung hatte Dr. Alois Holzapfel von dem ihm zugedachten Geheimauftrag, als er Kerschenbaum an der Kanzleitür die Hand schüttelte. Die Käufer, ein Schweizer Verlagskonsortium, waren rechtsgültig vertreten durch Dr. Hängi, den Kerschenbaum nicht kannte. Allein schon, um nicht Helenas Misstrauen zu erwecken, kam Kerschenbaum in Begleitung seines Prokuristen

26

Scheible, der eh die Fäden des Verkaufes zog. Man begrüßte und verhielt sich geschäftsmäßig, so als ob man alles im Griff hätte und jeder der Anwesenden genau wüsste, was er tue. Zu tun waren eigentlich nur mehrere Unterschriftsleistungen mit dem Füllfederhalter des Notars. Zuvor aber mussten Kerschenbaum, Hängi und Scheible Holzapfels Belehrungen und Vorlesungen über sich ergehen lassen.

Während der Mensch Holzapfel hinter seinem Schreibtisch sitzend ganz zum Notar wurde, betrachtete Kerschenbaum von seinem Sessel aus dessen Mundbewegungen. Weil in einem Notariat Zeit Geld ist und weil alle vier Anwesenden um die Sinnlosigkeit des vielminütigen Vorlesens des Kaufvertrags wussten, wurde Holzapfel immer schneller in seiner Aussprache. Seine Mund- und Zungenbewegungen steigerten sich bisweilen zu Zuckungen. Die Sprache des Notars glitt über in einen kantanilen Sprechgesang. Dessen Melodie erlaubte dem zunehmend atemlosen Holzapfel nach zwei bis drei Sprechzeilen die Einkehr beim immer selben Grundton. Von ihm stemmte sich Holzapfels Vortragssprache regelmäßig ab, hinauf in höhere Stimmlagen und eine sich beschleunigende Sprechgeschwindigkeit. Wie schnell Holzapfel vorlesen kann; wie eilig er es hat, möglichst bald atemlos enden zu dürfen, dachte Kerschenbaum. Hängi und Scheible saßen gefasst auf ihren Stühlen. Nur Holzapfel waren Bewegungen des Oberkörpers gestattet. Sein Unterleib blieb Tabu, wie gelähmt. Seine Beine verblieben in rechtwinkeliger Parallelstellung mit beiden Fußsohlen fest am Teppich. Einmal verschluckte sich Holzapfel, räusperte sich kurz und nahm sofort wieder den Singsang seines Sprechpensums auf.

Kerschenbaum war mit seiner Wahl des Notars zufrieden. Holzapfel bewährte sich gerade als jene Juristenpersönlichkeit, die er für die Absicherung seines Abgangs benötigte. Der Notar erwies sich soeben als völlig desinteressiert, egomanisch und standesbewusst. Seine Kompetenz bewahrte er sich durch seine Kommunikationslosigkeit. Was er einmal verbrief, beurkundet und besiegelt hatte, war ihm unantastbar. Helenas Charme würde sich an ihm vergeblich abarbeiten. Seine Schwiegersöhne würden niemals Gehör bei dem schnellen Holzapfel finden. Hinter dessen Schreibtisch an der tapezierten Wand hing statt eines Notardiploms die umrahmte Inschrift „Quod scripsi, scripsi" („Was ich geschrieben habe, habe ich geschrieben").

Im nächsten Akt ging es allerdings darum, Holzapfel überhaupt zu einem Mandat zu bewegen, was bei dessen Charakter eher schwierig werden dürfte. Nach der Verlesung des Kaufvertrags, nach der obligaten Frage nach Nachfragen, leisteten Dr. Hängi und Dr. Kerschenbaum ihre Unterschriften mit Holzapfels Tintenfüller. Der Rest war Formsache und konventionelles Händedrücken, Bedanken und Weggehen. Für 1,7 Millionen DM hatte Kerschenbaum soeben sein Lebenswerk verkauft. Jetzt gab es für ihn kein Zurück mehr. Noch an der Türe – Hängi und Scheible hatten sich bereits verabschiedet – sprach er Holzapfel an zwecks eines Beratungstermins in Sachen Testament. Dieser hatte soeben durch die Beurkundung erfreulich mitverdient und war wohlgestimmt. Gerne vergab er den Konsultationstermin an seinen treuen Mandanten.

Kerschenbaum hatte sein weiteres Vorgehen immer wieder allein durchdacht. Da Grund und Ziel seines Planes nur er kennen durfte, brauchte er Erfüllungsgehilfen und Holzapfel als willigen Vollstrecker. Weil Geld Türen öffnet und schließt, war er bereit, großzügig zu zahlen. Helena zeigte sich damit hochzufrieden, dass ihr fast die Hälfte des Erlöses, nämlich 800.000 DM auf ihr Konto überwiesen werden sollten. 100.000 DM gingen auf das gemeinsame Konto des Ehepaares und der ansehnliche Rest auf Kerschenbaums Privatkonto bei der Postbank. Als Geldanlage hatte sich Kerschenbaum nämlich für die steuerbevorteilte Verrentung seines neuen Kapitals entschieden. Bereits ab dem nächsten Monat bis zu seinem Tod sollten ihm 4.000 DM Rente von der Postbank an die Postbank überwiesen werden. Zusammen mit den schon seit Jahren abschöpfbaren Erträgen seiner Lebensversicherungen und den Mieteinnahmen der Berlin-Wohnung hatte er sich so ein stattliches Alterseinkommen gesichert. Dasselbe galt für Helena, mit der er stets so großzügig teilte, dass sie seine Großzügigkeit nicht übersehen konnte. Dennoch konnte sie ihrem Mann gegenüber ein gewisses Misstrauen nicht verbergen.

Die Firma war damit liquidiert und zu gleichen Hälften geteilt. Durch die Teilung waren überschaubare und definitive Verhältnisse geschaffen. Helena war abgegolten. Kerschenbaum selbst verfügte über ein eigenes Monatseinkommen in stabiler und beträchtlicher Höhe. Dies verschaffte ihm zwar die nötige wirtschaftliche Unabhängigkeit, konnte aber auch Begehrnisse Anderer wecken, z.B. die seiner erfolgsschwachen Schwiegersöhne und seiner Töchter. Würden sie ihn wegen Altersdemenz entmündigen lassen, so könnten sie ziemlich frei über seine Rechte und Gelder verfügen. Sie hätten dann freie Bahn, ihn liebend gerne beiseite zu schaffen in Pflegschaft und Memory-Klinik, um sich legal bedienen zu dürfen. Diese Einsicht schockierte ihn längst nicht mehr. Sie ließ ihn kalt und überlegt die Strategie eines ultimativen Selbstschutzes angehen.

Sein Seniorenstudium samt Klinikexkursion erwies sich nun für Kerschenbaum vorteilhaft und inspirierend. Ein Wenig hatte er hinter den Vorhang des Demenztheaters gespäht und für sich Entscheidendes erkannt: Eine zuverlässige Diagnose für Alzheimer wird es in seinem Fall nicht geben. Es wird jedenfalls für den Anfang bei der Verdachtsdiagnose „schleichende Alzheimer-Demenz im Frühstadium" bleiben. Diese Diagnose nach Symptomlage erlaubt zwar eine Vermedikamentierung, aber noch nicht zwingend die Entmündigung des Kranken. Es sei denn, dass dieser zustimmt durch Unterschrift. Dann allerdings wären mit seiner Autonomie auch sein Vermögen, sein Selbstbestimmungs- und Bewegungsrecht dahin. Er hätte sich dann selbst entmachtet und das Gegenteil dessen bewirkt, was er Zug um Zug verwirklichen wollte. Im Komplott mit Hausarzt und Schwiegersöhnen würde – so Kerschenbaums Voraussicht – Helena von ihm ab der Diagnosestellung eine Generalvollmacht erpressen wollen. In diese plumpe Falle, getarnt mit Palmzweigen der Gatten- und Nächstenliebe, würde er sicherlich nie tappen. Dazu reicht es aus, den Blankoscheck der Vollmacht beharrlich nicht zu unterschreiben.

Dies allerdings kann man ihm als Vergesslichkeit, Uneinsichtigkeit und krankhaften Altersstarrsinn auslegen. Und zwar umso mehr, als er zu keiner weiteren Begründung seiner Unterschriftsverweigerung bereit wäre. Im zweiten Akt des Dramas werden sie ihn zu gründlichen Tests für eine multidisziplinäre Diagnostik in eine Memory-Klinik überreden wollen. Wieder kann er sich weigern. Bleibt er standhaft, werden sie ihn mit Spezialangeboten zu Kuren locken, um so ärztliche Beobachtungen und Befunde zwecks Entmündigung sammeln zu können. Dies umso angestrengter, als Kerschenbaum sich von Anfang der Diagnosestellung an einer Vermedikamentierung verweigern wollte. Aus ärztlicher wie aus alterspflegerischer Sicht wäre es also schließlich für seine besorgte Familie unumgänglich, Zwang ausüben zu müssen. Ein Psychiater würde ihn zuhause aufsuchen, sich mit Helena bestens verstehen und aufgrund von Zeugenaussagen sowie persönlich gewonnenem Eindruck die Entmündigung Kerschenbaums unterstützen.

Da solche Verfahren zügig abwickelbar sind, würden Pflegschaft, Vormundschaft und allgemeine Vollmacht auf die Gattin übergehen. Seine Schwiegersöhne könnten sein herrenlos gewordenes Vermögen plündern, Helena wäre
zur allmächtigen Göttin über Kerschenbaums Leib und Leben befördert, sodass sie ihn voller Hingabe an den Hausarzt mit Dementiativa vermedikamen-
tieren würde. Ein oder zwei Billigpflegekräfte, von Helena zwecks Entlastung
engagiert, würde sie ihm wohl eine Zeitlang gönnen. Bald danach würden sie
ihn in eine Alzheimer-Klinik bleibend entsorgen. Helena, Anfang Sechzig, vermögend und kokett, könnte unbelastet von Kerschenbaums Präsenz in ihrem
„dritten Alter" nochmals sexualaktiv werden. Alle würden sie als starke Frau
bewundern. So spielten mit Kerschenbaum seine Phantasien.

Um den Ablauf der verhängnisvollen Kettenreaktion medizinischer Wohltaten
im Frühstadium zu stoppen, bräuchte Kerschenbaum Holzapfels notarielle
Mitarbeit. Je weniger der Notar seinen Plan durchschaute, desto wirkungsvol-
ler könne er, Kerschenbaum, ihn als finale Lebensstrategie durchziehen. Holzapfel, einem etwa 50jährigen Schwaben, war an möglichst langjährigen
Mandantschaften gelegen. Das wusste Kerschenbaum. Kompetenz mit Vertrauen gepaart helfen Zeit und Belege sparen und ermöglichen so profitable
Symbiosen. Auf diese Firmenphilosophie setzte Kerschenbaum erfolgreich seit
40 Jahren. Holzapfel sollte sein letzter Partner werden, durch dessen Fortleben
und Qualitäten Kerschenbaums Plan gesichert werden sollte. Als Helenas E-
hemann und als Unternehmer war Kerschenbaum darin erfahren, die Schwäche des Anderen zu seinem eigenen Vorteil zu wenden. Dessen wirkliche
Schwäche zu erkennen, darin war Kerschenbaum geübt. Die allermeisten
Menschen verleugnen ihr wirkliches Defizit beharrlich vor sich selbst. Diese ab-
gründige Selbstverleugnung operiert mit falschen, zweitrangigen Schwächen,
Mängeln, Defiziten. Manche Akrobaten der Selbstverleugnung deuten sogar
ihre nachweislichen Stärken in vermeintliche Fehler um, nur um sich und die
anderen weiter über ihre realen Schwächen demutsvoll hinwegzutäuschen.
Hässliche Frauen zum Beispiel werden sich alle möglichen Fehler andichten,
nur um nicht ihre Hässlichkeit erkennen zu müssen. Dieselbe Dynamik gilt für
dumme Männer und auch für geschäftstüchtige Notare.

Holzapfels Schwäche, so diagnostizierte Kerschenbaum, war seine heimliche
Geldgier. Ihr werde er nicht widerstehen können und zwar umso gründlicher
als Kerschenbaum es ihr leicht machen werde, zuzugreifen. Bereits während

der nächsten Wochen könnte sein Sicherungsplan abgewickelt sein. Pünktlich erschien er einige Tage später zu seinem Beratungstermin im Notarzimmer. Schnell kam er zur Sache, wusste er doch, dass Holzapfels Bereitschaft ihm interessiert zuzuhören begrenzt und profitabhängig war. Beide saßen einander wieder gegenüber mit dem Schreibtisch dazwischen. Es war 10.00 Uhr morgens. Den angebotenen Kaffee lehnte Kerschenbaum dankend ab, wofür Holzapfel Verständnis hatte. Die Beratung begann.

Kerschenbaum ersuchte als erstes den Notar, ihm bei der Erstellung, Beurkundung und schließlich Hinterlegung seines Testaments fachlichen Beistand zu leisten. Das Testament sollte Helena als Alleinerbin und den Notar als Testamentsvollstrecker ausweisen. Holzapfel begann sichtlich interessiert zu werden, hörte weiter zu und nahm seinen Tintenfüller in beide Hände. Kerschenbaum fuhr fort, dass er sein Testament möglichst einfach und transparent gestalten wolle. Vermächtnisse werde er deshalb keine vornehmen. Auch an Schenkungen denke er nicht. Lediglich zwei Punkte wären ihm noch sehr angelegen: Ein psychiatrisches Gutachten solle dem Testament beigelegt werden und zwar als fachmedizinischer Beweis dafür, dass er, Kerschenbaum, seinen Letzten Willen im Vollbesitz seiner geistigen Kräfte bekundet hätte. Holzapfel schwieg immer noch, signalisierte aber durch ein leichtes Nicken mit Kopf und Oberkörper, dass diesem Wunsch nichts entgegenstünde.

Jetzt, beim zweiten Punkt angelangt, kam Kerschenbaum zum Herzstück seines Planes, für dessen notarielle Akzeptanz er auf Holzapfels Geldgier setzte. Also schlug er vor, ein Konto mit einer Einlage von zunächst 50.000DM einzurichten. Um Diskretion zu wahren, sollten nur Holzapfel und er von diesem Konto wissen. Holzapfel sollte davon zweckdienlich jederzeit Gebrauch machen können und zwar mit einer Vollmacht über Kerschenbaums Tod hinaus. Als Notar und Testamentsvollstrecker könne er seine Honorarleistungen und Unkosten umstandslos von diesem Konto her bedienen. Niemand wäre er rechenschaftspflichtig. Solange er, Kerschenbaum, lebe und handlungsfähig sei, werde er das Konto regelmäßig, z.B. alljährlich, durch Einlagen auffrischen, sodass es funktionsfähig bleibe. Holzapfels spätere Aufgabe der Testamentsvollstreckung solle zudem gesondert honoriert werden. Im Gegenzug ersuche er den Herrn Notar um die Abmachung, von diesem einmal jährlich besucht zu werden, um sein Testament sowie sein Patiententestament durch jeweils aktuelle Unterschriften neu zu beglaubigen bzw. abzuändern.

Schließlich wolle er bereits in die jetzige Fassung seines Testaments folgenden Sondervermerk einführen, den ihm sein soziales Gewissen diktiere: Für den unwahrscheinlichen, aber in seinem Alter immerhin möglichen Fall einer Entmündigung wegen Demenzerkrankung und der Einweisung in ein Pflegeheim soll nicht mehr Helena die Alleinerbin sein, sondern die Deutsche Alzheimer Gesellschaft e.V. Die Familie hätte sich alsdann mit dem gesetzlichen Pflichtteil zu begnügen. Seiner Frau und seinen Töchtern sollte die testamentarische Verfügung nur im hoffentlich nie angestrebten Entmündigungsverfahren zur Kenntnis gebracht werden. Sonst nicht. Helena sei darüber informiert, dass sein Testament im Notariat Dr. Holzapfel deponiert sei und dass Dr. Alois Holzapfel der Notar seines Vertrauens ist.

Holzapfel konnte seine Überraschung jetzt nicht mehr verbergen. Seine Pupillen erweiterten sich, während er die Lippen auffällig zusammenpresste, wie um einen spontanen Ausruf abzublocken. Einige Sekunden trat Schweigen ein. Beide sahen einander nicht mehr an. Kerschenbaums unsicherer Blick streifte – wie fünf Tage zuvor – die rückwärtige Wand mit der ihm bekannten Inschrift „Quod scripsi, scripsi". Endlich, um 10.10 Uhr kam die erlösende Antwort des Notars: Warum nicht? Die restliche Besprechung diente der Klärung von Formfragen, Formalien und Folgeterminen. Sogar einen empfehlenswerten Psychiater hatte Holzapfel zur Seite, den er umgehend kontaktieren wollte, um seinem Mandanten ein gesichertes Entree zu verschaffen. Dasselbe galt für eine Privatbank zwecks Kontoeröffnung und Vollmacht. Im besten Einvernehmen verabschiedeten sich die beiden Männer voneinander, nachdem ein Folgetreffen vereinbart worden war.

6. Beim Psychiater

Kerschenbaum hatte sein 72jähriges Leben lang nie einen Psychiater aufgesucht. Auch privat kannte er keinen. Er mied Arztkontakte. An die Medizin hatte er nie geglaubt. Hingegen fürchtete er sie und scheute die mächtigen Diener ihrer Allmacht. Früher, so dachte er auf dem Fußgängerweg zur psychiatrischen Praxisgemeinschaft Dr Beer, waren die Religionen allmächtig, später wurde es die Medizin. Die Diagnosen der Fachärzte waren an die Stelle der ehemaligen Gottesurteile getreten. Sie gelten als unwiderruflich. Zudem verlangen sie die Gefolgschaft der Diagnostizierten, was Behandlung, Medikamente und Selbsteinschätzung anbelangt.

Würde z.B. einem 50jährigen Mann mittelgradige Diabetes diagnostiziert, dann „ist" dieser Mensch Diabetiker. Kerschenbaum folgerte weiter: Wie durch eine Taufe oder ein Konkursverfahren gehört er von nun an einer unsichtbaren Großgruppe an, den Diabetikern. Sportlich gesagt, wären sie alle markiert durch das gleiche Handicap, das sie zu Betreuungsfällen werden lässt. Indem der Patient an die Diagnose glaubt, wird er zum Diagnoseträger, zum diagnostizierten Behandlungsfall für Ärzte, Pfleger und Notfallseelsorger/Innen. Kerschenbaum fiel sein Traum von den Gepäckstücken wieder ein. Sie waren nicht die seinen, obwohl er nach ihnen suchte, als ob sie seine eigenen wären. Diagnoseträger sind auch Gepäckträger, so beschloss er seine Überlegungen.

Währenddessen bog er zielgenau ab in eine Nebenstraße, die zu einem Park führt. Alles, was er an Handgepäck bei sich trug, war sein schwarzgrauer Regenschirm mit Druckknopfautomatik. Einmal drücken, sofort würde sich der Schirm öffnen und entfalten. Die Entscheidung darüber, wann das geschehen sollte, lag allein bei ihm. Diese Idee seiner Entscheidungsfreiheit vermittelte ihm, so musste Kerschenbaum sich eingestehen, einen weit stärkeren Schutz, als der Schirm selbst. So wie der Schirm würde auch seine Protektion durch das Bezirksnotariat Dr. Holzapfel funktionieren. Über die Kanzlei und vom Notar persönlich wurde ihm dieser Arzttermin verschafft. Er kam also nicht unvermittelt und nicht allein. Hinter ihm, auf telefonischer Rufweite, hielt sich Holzapfel in Bereitschaft. Ein notarielles Schreiben hielt er in der Jackettasche bereit. In seinem Fall, so versuchte er sich zu beruhigen, ginge es um eine freiwillige und vorsorgliche Untersuchung, die er völlig privat begleichen werde. Auch darüber war Dr. med. Beer vorab informiert.

Dennoch beschlich ihn unleugbar Angst, je näher er der Praxis kam, in der er auf Vorrat begutachtet werden wollte. Sein Vorhaben erschien ihm plötzlich absurd und teuer. Nur andere, wie Holzapfel und Beer würden daran verdienen, dass er sich eine Absicherung beschaffen wollte, die es nie geben konnte. Dank des 50.000DM-Kontos wurde Holzapfel verführbar und funktionierte so fürsorglich, dass er ihm sogar diese Einkehr in die ambulante Psychiatrie verschaffte. Gutachten sind stets so viel wert, wie ihnen die Gesellschaft an Wert gibt, überlegte Kerschenbaum. Woher aber sollte ausgerechnet er abschätzen können, welche Verbindlichkeit Dr. Beers psychiatrisches Frühgutachten in zwei, in fünf, vielleicht in zehn Jahren einmal haben würde?

Mit solchen Zweifeln im Kopf und Angst im Leib betrat er den Park, an dessen Ausgang die Praxis lag. Am liebsten wäre er an ihr vorbei gegangen, weiter und weiter in den Regen und in andere Seitenstraßen hinein. In saubere Parkanlagen wie dieser wurde er oftmals in seiner Kindheit zum Spielen verbracht. Bevor ihn auf Wunsch seiner Mutter sein Vater dorthin fuhr, wurden ihm weiße Handschuhe übergestreift. In der Fantasiewelt seiner Mutter warteten im Park stets andere artige Kinder auf Oliver, um mit ihm zu spielen. Nur schmutzig durfte er sich dabei nicht machen, deshalb die Handschuhe. Sein Vater wiederum funktionierte gegenüber den Wünschen von Olivers Mutter wie ein gleichgültiger Buttler. Er fuhr den Kleinen zum Aussteigen in den Park, um weiter zu fahren, weg von Olivers Mutter zu einem Versicherungsagenten, mit dem er befreundet war und Karten spielte. Nach genau zwei Stunden wurde Oliver von seinem Vater an der Ausstiegsstelle wieder abgeholt. Das waren die Spielregeln. Je öfters sie an Wochenenden vollführt wurden, desto glaubhafter wurde zumindest für Olivers Mutter die illusorische Annahme, dass er, das Einzelkind, dort mit anderen Kindern gemeinsam spielen würde.

Die Wahrheit blieb, dass er auf Geheiß seiner Mutter von seinem schweigsamen Vater ausgeführt wurde wie ein Haustier, dem Bewegung zugebilligt wurde. Seinem Vater war es egal, ob auch nur ein einziges weiteres Kind im Park anwesend war. Nicht egal war ihm, Oliver los zu werden. Manchmal gab es wirklich Kinder seines Alters im Park. Selten spielten sie, meistens stritten sie miteinander. Niemals kam Oliver Kerschenbaum mit ihnen in Kontakt. Sie blieben die „anderen Kinder", von denen Olivers Mutter träumte. Für ihn waren sie fremde, eher bedrohliche Wesen. Er scheute sie, blieb abseits und ging so lange auf und ab bis sein Vater in dem sauber gewaschenen Ford wieder kam, um ihn fraglos dorthin zurückzubringen, wo es keine Fragen gab: nach Hause.

Nur einmal, so erinnerte sich Kerschenbaum jetzt lebhaft, wurde alles anders: Wieder hatte sein Vater ihn in den Park gebracht, weil er mit gleichaltrigen Kindern spielen sollte. Deren Spiel fand Oliver bedrohlich. Aber den roten Tretroller an der Kastanie empfand er unwiderstehlich. Der gehörte wohl einem der Altersgenossen, die gerade dabei waren einander einen bunten Ball streitig zu machen. Oliver ergriff den Roller und fuhr blitzartig mit ihm davon: Vorbei an den Kindern, den Parkbänken und den weiß blühenden Kastanienbäumen. Weg von seiner einsamen Langeweile und immer schneller und weiter fort fuhr ihn der Roller. Nicht einmal die Hände brauchte er sich dabei schmutzig zu machen. Nur weit ausholen musste er mit seinem rechten Fuß, Schwung holen und lenken.

Der Roller durchquerte den Park, überquerte die erste Straße, fuhr die nächste und übernächste entlang, brachte Oliver mit jedem Tritt weiter weg von der reglosen Beklemmung seines 5jährigen Lebens. So schnell wie der Roller ihn fuhr war er noch nie gelaufen. Andererseits war er es, der den Roller in Bewegung brachte und sich selbst in Freiheit. Damals erlebte er sich frei, eins mit den schwungholenden Bewegungen und befreit von jeglicher Rücksichtnahme. Er schaute nicht mehr um. Er dachte weder an die Verkehrsregeln, noch an seine Mutter. Mit der erstmals gewonnenen Bewegungsfreiheit hatte er jegliches Zeit- und Ortsgefühl verloren. Das machte ihn unsäglich glücklich. Intensiv erlebte er die Lust an der Fortbewegung. Abbremsen wollte er sie erst in einem ihm völlig unbekannten Park.

Im hinteren, schattigen Teil des Parks sah der Rollerfahrer ein märchenhaftes Gebilde: Einen Fliegenpilz, so hoch wie ein kleines Häuschen mit einer rot-weiß getupften Kappe als Dach. Darunter, im Stiel des gigantischen Pilzes, ein freundlich lächelnder Mann hinter einem breiten Fenster. Auf dessen schmaler Auslage türmten sich farbenfrohe Objekte: Flaschen voller gelber Brauselimonade, Coca-Cola, kleine Kuscheltiere und jede Menge Popcorn. Der Kiosk mit seinen Angeboten faszinierte Oliver. Die Schwungkraft seiner Tretbewegungen wurde augenblicklich zur Wunschkraft. Er bestellte bei dem freundlichen Mann zwei Limonaden und eine ziemlich große Tüte Popcorn. Sofort beugte sich dieser über die Auslage zu Oliver hinunter und reichte ihm zuerst die trinkbereiten Flaschen und sodann das Popcorn. Oliver trank und aß alles auf, war fröhlich und überrascht, als der Mann aus dem Fliegenpilz ihn um Geld ansprach.

Die Episode endete damit, dass ein anderer freundlicher Mann, nämlich ein Streifenpolizist, ihn im Polizeiwagen nach Hause fuhr. Auch der Roller wurde mitgenommen und samt Oliver zur vorgerückten Dämmerstunde dem Vater übergeben. Der tat etwas, was er zuvor noch nie tat, wenn er seinen Sohn ansprach. Er ging in Hockstellung, sodass Vater und Sohn auf Augenhöhe zueinander kamen. Dann flüsterte er Oliver mit ruhigem Blick und konzentrierter Stimme zwei Worte zu: „Du Idiot". Sodann erhob er sich wieder, nahm seine Erwachsenenposition ein und brachte den „Idioten" vor das Schlafzimmer seiner Mutter. Dessen Tür öffnete sich von innen. Mit strafendem Seitenblick auf Oliver verließ der Hausarzt den abgedunkelten Raum. Olivers Verschwinden hatte seine Mutter derart in Panik und Weinkrämpfe versetzt, dass ihr der Arzt ein schnell wirkendes Beruhigungsmittel spritzte. Olivers Eskapade sollte ein Nachspiel haben und zwar für seinen Vater. Von nun an musste er auf Anordnung seiner Frau Oliver im Park pausenlos beaufsichtigen, was Vater wie Sohn mit unsäglicher Langeweile bestrafte. Dass sie einander auch in späteren Jahren und Jahrzehnten so gut wie nichts zu sagen hatten, mag mit der Langeweile zusammenhängen, die sie einander damals schon durch ihr Desinteresse bereiteten.

Kerschenbaum war nun an dem palaisartigen Praxisgebäude des Psychiaters angekommen, als es zu regnen begann. Der Druckknopf, den er jetzt betätigte, war der Klingelknopf der Praxis. Automatisch mit Summton öffnete sich die Türe und gab den Blick auf die Anmeldung frei. Alles verlief von jetzt ab für Kerschenbaum nach der fremden Regie einer Ambulanz, die ihn systematisch vereinnahmte: Kaum dass er bei der Anmeldung als Dr. Oliver Kerschenbaum/ Privatzahler identifiziert war, wurden ihm Regenschirm, Mantel, Schal und Hut abgenommen. Wohin sie gebracht wurden, das entzog sich Kerschenbaums Aufmerksamkeit. Er selbst wurde schnellen Schrittes von einer Arzthelferin an einem mehrtürigen Gang entlanggeführt. Die Schnelligkeit, mit der er zu folgen hatte, verwirrte ihn. Dennoch versuchte er sich den Rückweg einzuprägen, um notfalls spontan entweichen zu können. Wenigstens seine räumliche Orientierung wollte er sich nicht nehmen lassen. Offenbar gab es mehrere Wartezimmer. In eines der hinteren wurde Kerschenbaum von der jungen Hilfskraft gebracht. Dort sollte er warten, bis Dr. Beer ihn rufen lasse.

Im luftlosen Warteraum mit Neonbeleuchtung lagen diverse Zeitschriften auf. Vielleicht ein Dutzend Menschen saß stumm, aber angespannt auf den Stühlen. Einer der Wartenden litt offenbar an Schüttellähmung; ein anderer trug einen auffälligen Verband um den Kopf gewickelt. Kerschenbaum setzte sich wortlos zwischen beide, wartete still wie die anderen und zweifelte, wie nur er zweifeln konnte: Wollte er nicht der Mann sein, der aus dem Begehren schied? Seit Wochen betrieb er das pure Gegenteil davon, suchte nach Kaufverträgen, Testament und Attest, kurzum nach Sicherheiten, die es nicht gab. Wer aus dem Begehren scheidet, muss sich auf das damit verbundene Risiko einlassen oder es sein lassen damit zu fantasieren, dachte er selbstkritisch. Der Gedanke, dass er einem Phantasma von Weggang und Freiheit, von insgeheimer Revanche und Verweigerung aufgesessen sei, quälte ihn.

Zugleich bemerkte er, dass die Schüttellähmung seines rechten Platznachbarn zugenommen hatte. Je mehr Kerschenbaum an sich und dem Sinn seines Planes zweifelte, desto intensiver zitterte der Körper neben ihm. Oder waren Kerschenbaums Zweifel mentaler Effekt des nachbarlichen Tremors? Übertrugen sie sich, steigerten sie einander oder waren sie im Ausgleich für einander? War sein heftig und ganzkörperlich zitternder Nachbar Spiegelfigur von Kerschenbaums unruhiger Psyche? Meinesgleichen und Seinesgleichen, mit diesen zwei Worten versuchte er Zittern und Zweifel in die Gegenwart einzubinden.

Da ging die Tür auf. Von einer weiblichen Stimme wurde sein Name ausgerufen. Er stand auf und folgte der Ruferin in das Konsultorium von Dr. Beer. Kerschenbaum konnte beim Eintreten seine Anspannung nicht verbergen: Er hüstelte, seine Hände schwitzten. Beer blickte kaum von dem Dossier auf, das auf seinem Mahagonieschreibtisch lag. Dafür erhob er sich, blieb stehen, ließ Kerschenbaum an den Schreibtisch herantreten und reichte ihm darüber hinweg die Hand. Zugleich deutete er ihm an, dass er sich setzen möge.

Der Psychiater kam sofort zur Sache: Für ein forensisch-psychiatrisches Gutachten seien eine Reihe von gezielten Befragungen und Tests nötig. Diesen könne Kerschenbaum sich sogleich bei Dr. Beers Mitarbeitern unterziehen. Danach hätte er sich zu einem abschließenden Gespräch wieder vor dem Mahagonieschreibtisch einzufinden. Die Ausfertigung des Gutachtens ginge umgehend an das Notariat, eine Abschrift mit der Honorarnote an Kerschenbaum. Dieser nickte. Der Psychiater drückte den Knopf der Sprechanlage

rechts vor ihm und flüsterte in deren Mikrofon: Oliver Kerschenbaum zur Untersuchung. Sogleich wurde eine zweite Tür des Konsultoriums von hinten geöffnet. Ein junger, muskulöser Mann im weißen Kittel erschien und holte den wort-
losen Kerschenbaum ab.

Von Zimmer zu Zimmer, von Intelligenz- zu Gedächtnis-, Konzentrations- und
Orientierungstests wurde er weitergereicht. Die Auswertung der Einzelbefunde
und deren spätere Zusammenführung zu einem ausführlichen Befundbericht
geschah durch Computerprogramme. Alle aufeinander abgestimmt und von
derselben Logik durchwirkt: Nichtantworten wären als Fehler gewertet worden, gehäufte Fehlantworten als Indiz für Hirnfunktionsstörungen. Das wusste
Kerschenbaum dank des Seniorenstudiums. Wie ein müde gespieltes Kind, wie
ein lebensmüder Greis nahm er alle Untersuchungen hin. Sogar die anfängli-
che Kritik daran war in ihm bald verstummt.

Die Fragen ließ er über sich ergehen und seine Antworten interesselos zu. Man
fragte ihn, welcher Tag vorgestern gewesen wäre, wenn übermorgen Mitt-
woch sein sollte. Samstag, antwortete er korrekt, nur um alsbald im nächsten
Zimmer zuerst seinen Vor-, dann seinen Familiennamen flüssig von hinten her
zu buchstabieren. Er sah im fünf Sekundentakt Bilder an mit geometrischen
Figuren, nur um sich anschließend daran zu erinnern, wie viele Ecken pro Bild
abgebildet waren. Er wusste sein Geburtsdaum und sein Alter, konnte sogar
drei Schritte rückwärts gehen ohne zu straucheln. Nachweislich vermochte er
rechts und links, oben und unten, vorne und hinten zu unterscheiden. Sein
räumliches Denken war nicht weniger qualifiziert als sein rechnerisches. Problemlos erkannte er, was geschieht, wenn man zu zwei Vierteln nach ein Halbes dazugibt. Mit den Fingern seiner rechten Hand konnte er schon beim ersten Versuch über seinen Kopf hinweg sein linkes Ohrläppchen berühren. Dasselbe schaffte er in derselben Zeit umgekehrt von links nach rechts und
schließlich sogar simultan beidhändig, sodass die linke Hand das rechte und
die rechte Hand das linke Ohrläppchen gleichzeitig berührten. Er bewies im
dritten Zimmer bei der siebenten Testvorrichtung, dass er Schnürsenkel binden
und die richtigen Schlüssel in die passenden Schlösser stecken konnte. Also
verfügte er über gewisse feinmotorische Befähigungen, die für einen Single-
Haushalt unerlässlich waren, aber andererseits gegen seine Einstufung in Pflegestufe I gesprochen hätten.

Nachdem in Zimmer 4 seine Gehirnströme gemessen und Muskelreflextests von ihm absolviert waren, brachte man ihn wieder in das Wartezimmer von vorhin. Er setzte sich, schwieg und dachte an nichts mehr außer an das Wort „Atem-pause". Diese wurde ihm etwa eine halbe Stunde gewährt, bevor er erneut vor den Mahagonieschreibtisch begleitet wurde. Dr. Beer wirkte sichtlich zufrieden mit den Testergebnissen, stellte noch wenige Fragen zu Biographie und Gesundheitsgefühl seines Patienten, dann entließ er ihn mit Kopfnicken und Händedruck. Auf dem Gang stieß Kerschenbaum auf seinen vorherigen Platznachbarn, den mit Schüttellähmung. Kein Zucken in dessen Miene, kein Zittern mehr in den Händen, kein Blick mehr in den Augen. Zurück bei der Anmeldung erbat Kerschenbaum seinen Regenschirm. So verließ er die „Vermessungs-Anstalt" mit Blick nach vorne: in das Licht der Märzensonne, in den Park ohne Kinder, in die Zukunft, mit der er sich wie in einer neuen Ehe verbinden wollte. Er schaute sich weder um noch zu Boden, wusste er doch, dass dann Schamgefühle in ihm aufsteigen würden. Darauf verzichtete er. Jetzt spürte er das Sonnenlicht in seinen brillenlos gebliebenen Augen. Wie eine spielerische Bewegung von Ferne her rührte es ihn an und vermittelte ihm ein Gespür von unermesslicher Weite.

Bald darauf wurde für Kerschenbaum noch ein letzter Notartermin bei dem freundlichen Dr. Holzapfel fällig. Das psychiatrisch-neurologische Gutachten, das Kerschenbaum volle Zurechnungsfähigkeit und hohe Intelligenz attestierte, wurde dem Testament beigeordnet, Kopien beglaubigt, Honorare überwiesen. Nochmals bestätigte Holzapfel, dass alle Verkäufe, Verträge, Testamente, Atteste und Konten aufs Beste erstellt, beurkundet und hinterlegt seien. Zugleich versicherte er Kerschenbaum seine loyalen Dienste für die Zukunft. Derart begleitet, berentet und abgesichert könne er in die neue Lebensphase einziehen wie in ein „gelobtes Land". Noch einmal, ein allerletztes Mal, widmete Kerschenbaum diesen Reden seine Aufmerksamkeit. Wieder schloss sich eine Tür hinter ihm. Entschlossen atmete er durch.

Während er mit dem Lift vom Notariat im 2. Stock zum Erdgeschoss fuhr, fiel ihm blitzartig die Szene mit Eva ein. Ziemlich genau ein Jahr war nunmehr vergangen seit jenem Moment, als Eva ihm mit der Wohnung ihre Sexualität und ihre teuer geborgte Toleranz aufkündigte. Ihr so ausdrücklicher Ekel vor seinem Leib eröffnete in ihm eine Falltür, durch die er nicht gestürzt war. Er wurde nicht depressiv. Er beging nicht Selbstmord. Hingegen nahm er sein Leben ungeschminkt und unparfümiert wahr. Als er damals in Berlin ebenfalls im 2. Stock mit dem Rücken zur Tür stand, ekelte es ihm unsäglich vor seinem Leib und Leben. Er hielt den Ekel aus und der Ekel verschwand wie stinkende Nebelschwaden. Dann erkannte er, dass es für ihn, den 72jährigen Dr. Oliver Kerschenbaum nur dadurch noch sein Leben vor dem Tod geben könne, wenn er aus dem Begehren scheidet. Diesen Abschied bereitete er seither vor wie ein Trapezkünstler den Salto mortale.

Der erste *point of no return* war soeben erreicht, als die Notariatstür hinter ihm automatisch ins Schloss fiel. Niemandem schuldete er nichts mehr. Bei seiner Überfahrt zum anderen Ufer wird er keine unerledigten Geschäfte zurücklassen. Alles, was den materiellen Wert seines Lebens ausmachte, hatte er verkauft, verbrieft und vermacht. Seine Passage war restlos von ihm bezahlt, Helena abgegolten; Scheible, Holzapfel, Beer hatten noch ein letztes Mal ihren Profit von ihm abschöpfen dürfen. Wer an Bord geht, mit oder ohne Gepäck, muss Trinkgeld geben. Genügend davon hatte er verteilt. Nun war er eingeschifft für seine große Überfahrt allein, weg von allen Verbindungen, die sich schließlich doch nur als Verbindlichkeiten entpuppten und vergeldbar wurden. Er fühlte sich einsam und frei als er aus dem Lift ausstieg.

Vielleicht fühlt sich so die Freiheit nach dem Schrecken an, dachte Kerschenbaum im Weitergehen. Nach dem Todesurteil fühlen sich manche Delinquenten erst frei. Zuvor aber ist der große Schrecken, der alle Verpackungen und Verbindungen, alle Verpuppungen des bisherigen Lebens zerschlägt. Nicht der Tod, sondern der Schrecken ist der mächtige Terminator im Leben des Menschen. Kerschenbaum erinnerte sich an jene Schrecknisse des Krieges, die er selbst nie erlebt, sondern nur miterlebt hatte: Der Schrecken beraubt den Erschreckten der Verleugnung, des Gefühls, dass es weiter so weitergeht, dass er trotzdem ganz bleibe und handlungsfähig. Manche der schwer verwundeten Soldaten leugneten im Lazarette noch tagelang, dass sie beinamputiert waren. Deshalb lagen sie starr, unter Schmerzen bewegungslos, nur um nicht durch ihre Eigenbewegung zu bewahrheiten, dass ihnen ein Bein fehlte. Sogar die Schmerzen ertrugen sie, aber das Ende der Verleugnung konnten sie nicht mehr ertragen. Alle wollten sie dann tot sein, nicht wenige erschossen sich. Keinem der Erschreckten durfte man eine Waffe geben.

Nur eine Ausnahme sah und hörte er damals im Lazarette von Metz: Ein kaum 20jähriger Infanterist, ein Hawaiianer, der aus unerfindlichen Gründen nicht gegen die Japaner, sondern gegen die Deutschen zu kämpfen hatte, lag dort schwer verwundet und beinamputiert. Nachdem der Stabsarzt über ihn gebeugt gesprochen hatte und zum nächsten Bett weitergegangen war, begann der Soldat zunächst leise zu summen. Aus dem Summen wurde eine vernehmbare Melodie, aus der Melodie ein lautes Lied in einer für Kerschenbaum fremden Sprache. Rhythmisch, klar und mächtig wurde der Gesang. Das Lied sang sich wie von selbst. Und der Sänger folgte ihm zunächst mit seinem Mund, dann – indem er sich aufrichtete – mit seinem Oberkörper und schließlich mit seinem Leben. Singend starb er. Das Lied hatte ihn mitgenommen. Das war der einzige Mensch, den Kerschenbaum singend sterben sah. Und dessen Sterben blieb ihm Geheimnis und Trost bis zu diesem Augenblick des *point of no return*, parterre vor Holzapfels Notariat.

Diesmal war Kerschenbaum ohne Aktentasche und ohne Regenschirm gekommen. Jetzt ging er weg auf die Straße, in den windigen Märztag, in das Café Servus. Er ließ sich gehen.

7. Geburtstagsvorbereitung

Helenas 60. Geburtstag nahte. Am 15. April wollte sie ihn auf der Kanalinsel Jersey feiern. Kerschenbaum gefiel diese Idee, weil er Inseln und Inselaufenthalte liebte. Er freute sich auf das Meer, die Brandung, die Möwen und irgendwie auf Harald, seinen Schwiegersohn, Bernadettes Ehemann. Von seinen beiden Töchtern war es die zweitgeborene Bernadette, der Kerschenbaum noch am ehesten Wohlwollen und Interesse entgegenbringen konnte. Susanna, die Erstgeborene, erlitt er seit ihrer Kindheit als überaktiv, fordernd und frech. Vielleicht mochte er sie nicht, weil er sie so erlebte: kalt und verlangend. Vielleicht wurde sie schon als Kleinkind so, weil er damals 1955 mit Helenas Schwangerschaft heimlich nicht einverstanden war, weil er sich überhaupt keine Kinder wünschte.

Susanna war die erstgeborene Frucht seiner Feigheit, die es ihm verbot kinderlos zu bleiben. Schon mit der Heirat und definitiv mit Susannas Geburt nahm seine gefügige Unterwerfung unter Helenas Regie Gestalt an. Susanna verkörperte dieses Ungleichgewicht. Nicht Sexualität und Liebesnacht zeugten sie, sondern Kerschenbaums Hingabe an das Unvermeidliche. Lieben konnte er Susanna ebenso wenig, wie sie sich vor verächtlichem Verhalten ihm gegenüber zurückhalten konnte. Sie war von der Zeugung an Helenas Triumph und Tochter. Sie nahm Helenas Verhalten, Charakterzüge und Sprachstil an, wurde immer energischer und – wie Kerschenbaum empfand – ihm unerträglicher. In ihrer mittlerweile achtjährigen Ehe mit seinem australischen Schwiegersohn Frederic blieb ihr Kinderwunsch lange unerfüllt. Deshalb griff sie eigenmächtig zum Mittel der Adoption. Ziemlich kostengünstig requirierte sie aus einem Elendsviertel Limas ein Zwillingspärchen, das Helena entzückte. Seine Adoptivenkel Marco und Isabella kannte Kerschenbaum weitgehend über Fotos und über sein Scheckbuch. Vor vier Jahren drängte ihn Helena kompromisslos dazu, den Kaufpreis für seine Adoptivenkel zu zahlen, weil Frederic in finanzieller Verlegenheit wäre. Kerschenbaum zahlte, schwieg und schwor sich, seine bezahlten Enkel zu ignorieren. Schon deshalb fiel ihm das leicht, weil Susanna mit ihrer erkauften Familie in Sydney lebte, wo sie mitarbeitete in Frederics Exportunternehmen für australische Chardonnay-Weine.

Bernadette hingegen war Kerschenbaum angenehm. Er mochte sie schon als Kind. Bisweilen entzog er sie den Attacken ihrer zwei Jahre älteren Schwester, sang mit ihr altenglische Kinderlieder und freute sich später über ihr Anglistik-

und Journalistikstudium in Heidelberg und Edinburgh. Damals, als Bernadette noch ein Mädchen war, dem er vorlas, traute er sich nicht, das bewusst zu fühlen, was ihm 30 Jahre später unleugbar wurde, dass sie ihm eine Verheißung verkörperte: Susanna war der Triumph Helenas und die Frucht seines Gehorsams. Susanna war Helenas Beweis ihrer Weiblichkeit und Mutterschaft, ihres vollführten Willens zu Kind und Familie, ihrer Durchsetzungskraft also. Bernadettes Existenz fehlte diese Beweiskraft, so wie es ihr selbst eher an Durchsetzungskraft mangelte. Dass es sie gab, erweiterte die Familienstruktur und stärkte Kerschenbaums ohnehin schwache Vaterrolle. Er hatte damals schon, bei Helenas erneuter Schwangerschaft keinen Widerstand gegen ein zweites Kind. Bernadette akzeptierte er. Mehr war ihm nicht möglich. Lieben konnte er weder seine Töchter noch deren Mutter, noch sonst jemand. Dafür scheute er die Menschen zu sehr. Manchmal, sehr selten allerdings, fragte er sich, ob er sie akzeptieren könnte, wenn er sie nicht mehr scheuen müsste oder ob er sie scheue, weil er sie zu sehr erkenne, um sie akzeptieren zu können?

Bernadette jedenfalls ging stets ruhig und bescheiden mit ihm um, so als ob sie aus einer inneren Nähe zu ihm seine Grenzen intuitiv respektierte. Anders als Helena es praktizierte, gab sie ihm nie den Löffel Zucker in seine Kaffeetasse, sondern stellte die porzellanene Zuckerdose neben seine Tasse, drehte dann stets den kleinen Löffel in der Dose so zu ihm hin, dass diese marginale Geste wie eine Brücke wirkte: zwischen ihr und ihm, zwischen seiner rechten Hand und der Dose. Diese diskrete Zurückhaltung im Tun schätzte Kerschenbaum beim Verhalten, Sprechen und Schweigen seiner zweiten Tochter. Auch Harald mochte Bernadettes ruhige Wesensart, wie Kerschenbaum feststellte. Weil es Kerschenbaum nie möglich gewesen war, einen anderen Menschen zu lieben, konnte er auch nicht einschätzen, ob sein nervöser Schwiegersohn Bernadette liebte; ob er seine beiden kleinen Söhne, den fünfjährigen Steven und den zweijährigen Eric liebte. Allerdings interessierte ihn das auch wenig. Dass ihn seine Familie in Ruhe ließ und keiner von ihnen übergriffig wurde, das war ihm wichtiger.

Harald kam ihm diesbezüglich entgegen. Obwohl nervös zwischen London und Jersey hin- und hergetrieben, benahm er sich stets als Gentleman respektvoll und diskret. Harald praktizierte gute Manieren, führte als Wirtschaftsjurist für eine britische Privatbank Begutachtungen europaweit durch und reiste entsprechend häufig. Eigentlich stammte der schlanke 40-Jährige aus einem kleinen Dorf in Wales, wo noch Gälisch gesprochen wurde, jene fast verschwundene Sprache der Kelten und Druiden. Haralds Muttersprache, die sein Vater mit ihm sprach, war Gälisch, was Haralds englischer Aussprache eine gewisse Härte und den Wortendungen Steife verlieh. Kerschenbaum fiel diese Akzentverschiebung umso mehr auf, wenn er Haralds Sprechen zuhörte, weil er es gewohnt war, mehr auf die Sprache als die Sprechenden selbst zu achten. Das entspannte und versachlichte ihm den Umgang insbesondere mit Menschen, deren Anwesenheit er schwer ertrug.

Haralds und Bernadettes Präsenz konnte er immerhin so gut ertragen, dass er nunmehr schon das vierte Mal das weiße Landhaus am Meer besuchen wollte. Vor sechs Jahren, bald nach beider Hochzeit, war er mit Helena zum ersten Mal Gast in deren geräumigem Haus und gepflegtem Garten. Stets waren es familiäre Anlässe wie Taufen und Geburtstage, die Kerschenbaum in den Garten über dem Meer einluden, nur einen Steinwurf weit von den Klippen entfernt. Am besten gefiel ihm, was er selten, eigentlich nur ein Mal als Gartenbesucher erlebte: Er saß allein in einem komfortablen Sessel mit Sonnenschirm und Weitblick durch die farbigen Blumenbeete zum grauen Meer. In seinem Rücken spürte er Bernadettes Blick ohne sich danach umzusehen. Sie saß mit Übersetzungsarbeiten beschäftigt in ihrem Dachzimmer, sah auf den Garten und ihren Vater vor sich, wie er hinüber blickte in den Horizont. Sie saß, schrieb und schwieg hinter dem Fensterglas, hatte ihn aber doch eine ganze Zeit lang wahrgenommen. Beim Zurückgehen zur Veranda winkte er ihr. In diesem Moment, so konnte Kerschenbaum nachfühlen, war er wunschlos und sorglos glücklich.

Mit diesen Erinnerungen und Gefühlen erreichte Kerschenbaum den Eingang des Cafés. Der Wind hatte Regenwolken heran getrieben, die sich soeben zu entladen begannen, als er an einem freien Fenstertisch Platz nahm. Auch ohne Regenschirm war er nicht nass geworden. Er bestellte Kaffee mit Rührei, salzte es nach und aß es. Dann erst trank er den Kaffee schwarz hinterher. Dessen heiße, leicht bittere Flüssigkeit tat ihm gut. Er trank die Tasse leer, stellte sie wieder ab und blickte auf. Aus dem Garderobenspiegel gegenüber schaute ihn sein Spiegelbild an. Er schaute zurück. Was er sah, war ein mittelgroßer, mittelgewichtiger Mann mit Mittelscheitel, spitzer Nase, blassem Gesicht und korrekter Kleidung. Nicht einmal die gestreifte Krawatte war verrutscht. Die Symmetrie, die sein Leben so lange bestimmt hatte, stimmte noch.

Dann versuchte er im Anblicken seines Doubles seinen eigenen Blick zu erblicken. Das scheiterte und faszinierte ihn: Der eigene Blick lässt sich vom Blickenden selbst im Spiegel nicht erblicken. Diese Wahrnehmung, so folgerte er, ist unmöglich.

Über 40 Jahre hin war ihm Helenas Gesicht und Rück-Blick zum spiegelnden Vis á Vis geworden. In dieser Rück-Sicht, die er selbst sich in ihr andauernd schuf, so erkannte er, liegt ihre Macht über seine Schwäche. Spätere Liebschaften hatten ihn geschwächt: Besonders die Heimlichkeiten, die Lügen der doppelten Buchführung seines Lebens. Sein Begehren nach Geborgenheit und Glück, nach Anerkennung und Liebe hatten ihn geschwächt, so gestand er schweigend seinem stillen Spiegelbild. Die fatale Reihung seiner Selbstschwächungen hätte er fortsetzen können, sodass sie sich immer mehr zu Selbstanklagen verwandelt hätten.

Doch dazu kam es nicht. Ein plötzlicher, von ihm nicht ausgedachter Gedanke durchzog ihn und sammelte alle alten Gedanken ein in einem einzigen Satz: Mein Gehorsam gegenüber dem Begehren schwächt mich. Aus dem Begehren zu scheiden, so verstand er, verlangt von ihm, nicht mehr mit Rück-Sicht auf die Rückblicke der Spiegelungen zu reagieren. Aus dem Begehren, genauer aus dem eigenen Begehren in seiner Überschneidung mit dem der Anderen, zu scheiden, gelingt nur – so wurde Kerschenbaum klar – durch einen Verzicht. Nämlich den, zu reagieren und zurückzublicken, gegenzureden, zuzustimmen, einzugehen auf das Spiel des Begehrens.

Er ließ den Garderobenspiegel wieder das sein, was er längst schon war: Ein reflektierender Gegenstand an der Wand des Café Servus. Jetzt spürte er seinen unruhigen Atem, hörte den fahrigen Wind an der Scheibe und nahm sein Alleinsein wahr in einem Moment, der vergeht, so wie die Gedanken und die Regentropfen am Fensterglas. Der Regenschauer verging, Sonnenlicht kam und verging, ein Kellner ging auf und ab zwischen ihm und seinem Spiegelbild und räumte schließlich ab. Kerschenbaum zahlte und ging.

Zuhause traf er Helena an bei ihren Reise- und Festvorbereitungen: Sie entstaubte alte Fotoalben, telefonierte mit Bernadette und dem Senatorservice der Lufthansa, suchte nach ihrer Gleitsichtbrille und war von ihrem Engagement so begeistert, dass sie Oliver kaum begrüßte. Die folgenden drei Wochen wurden zur immer unruhigeren Zwischenzeit vor der Abreise. Inmitten der lauernden Verführung durch unzählige Erledigungen übte sich Kerschenbaum ein in sein Alleinsein. Die tägliche Übung bestand darin, sich nicht von Helenas Organisationswut infizieren und vergiften zu lassen; sich weder von ihren unruhigen Ansprüchen vereinnahmen zu lassen noch untätig gegen die Reise zu opponieren. Weder zu agieren noch zu reagieren, das war die Übung. Sie erforderte von Kerschenbaum einen mehrfachen Verzicht: auf seine heimliche, innere Kritik gegenüber Helena; auf das gehorsame Erledigen ihrer Wünsche; auf den opponierenden Rückzug und zwangsläufigen Streit. Auf diese Gewohnheiten verzichtete er.

Die eine oder andere Erledigung übernahm er, was ihm Bewegung brachte. Ansonsten saß er am liebsten und stundenlang im wohltemperierten Wintergarten des Hauses, spürte die Pflanzen, trank ab und zu Tee und schaute bis zur Zypressenhecke, die den kleinen Vorgarten des Hauses sichelförmig umgab. Neben ihm auf einem Hocker lagen mehrere Bücher, in denen er nicht las. Auch vom Tee, den er sich selbst im blauen Porzellan servierte, trank er nur selten. Das leichte Aroma des Tees zu riechen, war ihm wichtiger als ihn zu trinken. Deshalb goss er sich regelmäßig eine Tasse voll ein und ließ sie griffbereit auskühlen. Mit dem kalten Tee goss er die Pflanzen. Sie gediehen ihm prächtig. Besonders die Orchideen reagierten auf erlesenen Ceylon-Tee mit feiner Blütenpracht. Auf einem Tischlein gleich zu seiner Linken lagen übereinander drei Bücher, stumm wie die Pflanzen.

Beide, Pflanzen wie Bücher, leben auf ihre Weise, dachte er. Indem die Pflanzen den Tee trinken, so folgerte er weiter, nehmen sie nicht nur Flüssigkeit auf. Sie verbinden sich mit Ihresgleichen, mit anderen, fernöstlichen Teepflanzen. Das wiederum beeinflusst ihr Wachstum, ihre Farbe, ihre Blüten und vielleicht ihr Wohlbefinden. Jedenfalls war sich Kerschenbaum sicher, dass Orchideen und Ceylon-Tee-Pflanzen einander mögen. Er mochte den duftenden Tee, die still wachsenden Pflanzen und die handfeste Möglichkeit nach einem der naheliegenden Bücher zu greifen. Tat er dies, so hieß das nicht, dass er darin las. Ein Buch in die Hand zu nehmen und in ihm zu lesen ist Zweierlei. Wie vielen Menschen hatte er die Hände geschüttelt ohne mit ihnen zu sprechen! Befühlen muss nicht in Verbindung enden, sondern kann Befühlen bleiben. So wie der Tee auf die Pflanzen wirkte, wirkten auf ihn die Bücher. Sie beeinflussten sein Lebensgefühl. Wohldosiert nahm er dann und wann einige Sätze, bisweilen ganze Seiten zu sich. Höchst selten trank er eine ganze Tasse Tee aus, selten las er eine Buchseite vollständig bis zur Fußnote. Stets ließ er einen Rest übrig, einen Überrest, der ihn weiter begleitete.

Bücher sind weder lebendig noch tot, überlegte er mit Blick zur hin- und her wippenden Amsel auf der Hecke. Bücher bergen, so fühlte er, eine Vorgeschichte und ein Potenzial, so wie der Tee vor und seine Lebensgeschichte hinter ihm. Äußerlich gesehen und logisch verstanden beinhaltet jedes Buch eine feste Anzahl von Seiten, Sätzen und Buchstaben. Aber gute Bücher sind wie guter Tee, den man lange ziehen lässt. Nicht nur, dass sie sich mit der Zeit verfärben, wie die Teeblätter. Die Zug- und Aussagekraft der Buchsätze und ihrer Sinnpassagen verändern sich mit der Zeit je nach Leser, Zeitmoment und Generation. Im Lehnstuhl zwischen Teeporzellan und Orchideen nahm er gerne fernöstliche Weisheit und westliche Weisheitssuche in sich auf. Wenige hochpotenzierte Sätze von Laotse, einige Gedichtverse von Rilke genügten ihm, um Geschmack am Leben zu empfinden.

Wenn Helena ihn überhaupt noch rief, nahm er ihr Rufen nicht zu sich, sondern ließ es weiterziehen, hinaus in den Vorgarten, wo die Amsel mittlerweile erregt zeterte. Bücher würden ihrem Leser nie vorwerfen, dass er sich zu wenig um sie kümmere. Bücher sind wie geduldige Menschen, die es verstehen, bei sich zu bleiben. Helena hingegen verstand Kerschenbaums Verhalten immer weniger, je mehr er es verstand bei sich selbst zu bleiben. Er erinnerte sich an ihr Gezeter, dass er sich um Nichts mehr kümmere und ein Egoist sei. Auch sie wippte in ihrer Erregung auf und ab wie jetzt die Amsel vor dem Fenster.

Plötzlich tat ihm die kleine Amsel leid, aber die vermögende Helena nicht. Die Amsel verteidigt mit ihrem Gezeter ihr Revier und damit ihren kleinen Lebensraum. Helena, die Töchter und ihre Familien, sie und so viele andere, hatten vom Ertrag seines Reviers gelebt und von ihm gezehrt. Er, Kerschenbaum, war die Amsel. 40 Jahre lang hatte er sein Revier verteidigt, klug und ohne Gezeter. Nunmehr hatte er sich davon abgesetzt und saß hinter der Glasscheibe. Er war ausgeschieden aus jedem öffentlichen Engagement. Er wurde bescheiden in seiner Lesart des Lebens und hellhörig für dessen Zwischentöne.

Die Aprilmitte als Reisetermin rückte Tag um Tag näher. Das steigerte die Unruhe in Helena, im Haus und in den Familien seiner beiden Töchter. Obwohl die 300 Quadratkilometer kleine Insel Jersey felsenfest und steinig dort blieb, wo sie je schon mit der Schwesterinsel Guernesey zusammen lag, nämlich im westlichen Ärmelkanal, schien Jersey näherzurücken: bis an Kerschenbaums Hecke und Wintergarten. Sogar eine Kollision schien unvermeidlich. Seinen Wintergarten, wohlbepflanzt und wohltemperiert, fühlte Kerschenbaum mehr denn je als sein Eiland, abgesetzt vom anspruchsvollen Kontinent seiner Umgebung. Für eine Woche sollte er seine „grüne Insel" verlassen, um mit reichlich Gepäck über London und mit einer Propellermaschine die andere Insel zu erreichen. Das alles an Hin- und Her von Gedanken, Gepäck, Gefälligkeiten und Gefährdungen, nur um mit Helenas 60. Geburtstag auch ihrer beiden 40. Hochzeitstag bei Bernadette zu feiern? Für Kerschenbaum stellte sich die Sinnfrage: „Wozu"?

Noch vor dem Bruch mit Eva und seiner unwiderruflichen Entscheidung aus dem Kontinent des Begehrens zu scheiden, hätte er es nicht gewagt, diese Frage zuzulassen. Wollte er Helena feiern? Wollte er seine 40jährige Ehe mit ihr feiern und zwar auf Jersey, tausend Kilometer entfernt von seinem Wintergarten? Wollte er zusammen mit Susanna, Bernadette, deren Männern und Kindern feiern? Diesen Fragen forschte er nach wie ein Detektiv in eigener Sache. Was Oliver in dieser Angelegenheit fühlte, dachte und wollte, das versuchte Kerschenbaum herauszufinden. Anders als Dr. med. Beers psychiatrisch-neurologische Untersuchung ging es ihm jetzt nicht um das Erinnern, Wissen und Können des 73-Jährigen, sondern um sein Interesse, sein Wollen im Jetzt seines Lebens.

Vor wenigen Wochen im Café Servus, beim Blick in den Garderobenspiegel, wurde ihm bereits klar, dass er nur Kerschenbaum mit oder ohne Krawatte als Spiegelbild zu Gesicht bekommt. Aber niemals Oliver. Der schien nur noch im Namen Dr. Oliver Kerschenbaum präsent geblieben zu sein und in Helenas Anrede an ihn. Es wurde ihm bewusst, dass er zwar Oliver heißt, dass aber nur ein einziger Mensch auf der Welt ihn mit Oliver anspricht, nämlich seine Frau Helena. Seit beinahe 42 Jahren war ihr dieser Name zur Gewohnheit geworden und auch zum Privileg gegenüber den Kindern, die ihn immer schon mit „Papa" ansprachen. Erst jetzt fiel ihm auf, dass Eva seine namentliche Anrede konstant vermieden hatte. Sie sprach ihn nur mit „Du" an, ohne Vornamen. Der fehlte in seiner gescheiterten Parallelbeziehung mit Eva. Vielleicht hätte sie meinen Leib und dessen Schweißgeruch anders toleriert, wenn sie beide mit Oliver in Verbindung hätte bringen können, so fragte er sich. Eva konnte er nicht mehr fragen. Sie war aus seiner Wohnung wie seinem Leben abrupt und spurlos entschwunden. Aber Helena war geblieben, die Kinder waren erwachsen geworden und die Jahrzehnte vergangen.

Ja, das wollte er: Helena nicht feiern, sondern fragen, wen sie meint, wenn sie ihn mit „Oliver" anspricht. Plötzlich widerfuhr ihm ein Sinneswandel: Nicht um zu feiern wollte er nach Jersey reisen, sondern um die Menschen, die so lange von, mit und um ihn als Familie gelebt hatten, nochmals zusammen an einem ausgelagerten Ort zu erleben. Er wollte dort auf der Insel, bekannt als Steueroase, kein Vermögen deponieren, sondern seine Frage nach dem Verhältnis seiner Familie zu Oliver. Damit also hatte Kerschenbaum Olivers Interesse am Wozu der Reise entdeckt. Er wollte reisen, um vielleicht dort eine Antwort zu bekommen, die für sein Leben hier Konsequenzen barg. Niemand kann, so erkannte er, aus dem Begehren scheiden ohne Abschied von seiner Familie zu nehmen. Die radikale Entscheidung verlangte das unvermeidliche Durchleben ihrer radikalen Konsequenzen. Dazu war Kerschenbaum bereit, denn Oliver in ihm war mutig genug, um reisen zu wollen.

Er stand auf, verließ den Wintergarten und rief den Senatorservice der Luftlinie an. Als Geschäftssprache mit deren Frankfurter Geschäftsstelle wählte er Englisch, die Umgangssprache der Reichen dieser Welt. Wer nicht spart, ist deshalb nicht schon reich. Aber Kerschenbaum war entschieden, vermögend und müde genug, um für sich und Helena jenen Spezialservice erst ausfindig zu machen und sofort zu buchen, der für Saudi-Arabische Fluggäste im Angebot ist: Flugreisen nicht nur mit Gepäckabholung und Sondercheck-in, sondern mit Buttler-Service und Limousinen-Dienst sowohl in Frankfurt als auch beim Umstieg in London-Heathrow. Seine englische Muttersprache und seine goldene Scheckkarte genügten, um entspannt zu reisen. Der Sonderservice für die Flugreise war zugleich sein Geschenk für Helena, das er später noch mit einem Collier zu ergänzen wusste.

8. Die Insel

So wie Menschen miteinander nur sehr bedingt vergleichbar sind, sind die Inseln dieser Welt alle verschieden voneinander. Zugleich gibt es freilich kategorielle Gemeinsamkeiten, deren Erforschung die Geografen seit Jahrhunderten entzückt. Subtropische Inseln zum Beispiel weisen allesamt hohe Temperaturen, hohe Luftfeuchtigkeit, Monsunzeiten und bedrohte Tropenhölzer auf. Arktische Inseln ähneln wiederum den antarktischen in Gletscher- und Gesteinsformation, in ihrer Menschenleere und Tierwelt. Da wie dort findet man Pinguine und Wetterstationen. Manche Inseln, beispielsweise im griechisch-östlichen Mittelmeer, wie Rhodos und Lesbos, ähneln einander sogar so sehr, dass sie ihre mythologischen und touristischen Unterschiede herausstellen, um als jeweils besondere Insel von Besuchern wahrgenommen zu werden.

Jersey hingegen ist unvergleichlich anders. So jedenfalls empfand es Kerschenbaum bei der punktgenauen Landung der von London auf dem Flughafen bei St. Helier ankommenden, zweimotorigen Shuttle-Maschine. Jersey ist nicht eindeutig zuordenbar, sondern etwas Besonderes: Obwohl nahe zur französischen Halbinsel von Cherbourgh gelegen, gehört diese „Kanalinsel" politisch eher zu Großbritannien. Das Wörtchen „eher" gibt den Staats- und Steuerrechtlern schon seit Jahrhunderten kaum lösbare Denkaufgaben. Jersey liegt eben dazwischen; zwischen den Großmächten Großbritannien und Frankreich, zwischen den Paragraphen, zwischen insulanischer Selbständigkeit und Abhängigkeit von England, zwischen den angelsächsischen und romanischen Traditionen, zwischen Festland und offener See.

Jersey, so empfand Kerschenbaum mit Vergnügen, ist die zur Insel gewordene Ausnahme. Ein felsenfester, traditionsreich gepflegter Widerspruch gegen jede vergleichende Zuordnung, gegen jede Eindeutigkeit und Vereinnahmung. Schon der Name „Jersey" klingt eher nach einem englischen Gentleman als nach einer „Kanal-Insel". Diese einstmals von Geografen erdachte Benennung versachlicht Jersey nicht nur ins Gewöhnliche. Sie ist zudem falsch, so wie es stets falsch wird, wenn man das Einmalige verleugnet, indem man es summarisch dem Allgemeinen zuschlägt. Das geschah machtvoll mit Jerseys Besonderheit und mit Kerschenbaums Individualität.

Doch beide, Oliver und Jersey, leisten ihrerseits geschickten Widerstand gegen ihre gleichmachende Vereinnahmung. Kerschenbaum war dabei, mit seinem Vornamen seine Identität wiederzuentdecken und Jersey pochte erfolgreich auf ihren politischen Sonderstatus samt den Sonderrechten einer „Off-shore-Insel". Kerschenbaum war stets Einzelkind geblieben. Jersey hatte immer schon zwei Geschwister, nämlich die einander naheliegenden Inseln Guernesey und Aldeney mit ebenfalls britischer Flagge. Alle drei sind so extravagant wie Geschwister aus gutem Hause nur sein können.

Doch „Kanal-Inseln" sind sie nicht. Sie liegen nämlich zu Dritt in der Bucht von Cherbourgh und nicht im Durchzugswasser des Ärmelkanals. Weil Jersey die mittelgroße und südlichste dieses Inseldreigestirns ist, erfährt diese Insel besonders angenehme Temperaturen, d.h. auch im Winter ganzjährig feuchtwarme Winde und das Gedeihen subtropischer Pflanzen, wie der Orchideen. Dennoch ist Jersey ebenso wenig eine subtropische Insel, wie der „Ärmelkanal" ein Kanal oder gar ein Arm ist. Zwischen Fantasie und Realität, bedrohter Selbständigkeit und umworbener Steueroase liegt die Insel Jersey. Zwischen seiner Vergangenheit mit ihren Familiengeschichten und der Zukunft, auf die er sich anders einlassen wollte als früher, lag für Oliver Kerschenbaum die Gegenwart. Jetzt landete der kleine Flieger, rollte aus und ließ zunächst Helena, dann weitere Passagiere und Kerschenbaum aussteigen. Am 14. April um 15.30 Uhr noch rechtzeitig zur Teestunde war er dort angekommen, wohin er schließlich doch wollte: auf Jersey-Airport, tausend Kilometer entfernt von seinem Wintergarten, dafür aber nahe den neuen Erlebnissen.

Jerseys Flughafen ist überschaubar wie die Insel. Bereits auf der kurzen, schmalen Gangway fühlte Kerschenbaum den feuchtwarmen Inselwind, der ihm die Haare aufwühlte, aber seine Seele beruhigte. Mit Erleichterung atmete er die leicht salzhaltige Frischluft ein, stieg vorsichtig ohne Handgepäck die vier Stufen herunter, schaute um sich und lächelte: Er hatte seinen kleinen Wintergarten an Frankfurts Stadtrand eingetauscht in einen großen. Ganz Jersey ist im April ein Wintergarten mit Frühlingserwachen. Eine Woche lang wird er dieses eigentümliche Flair erleben dürfen und zwar als Zaungast. Nicht vor, sondern hinter dem weißgetünchten Holzzaun von Haralds und Bernadettes Anwesen wird er mit der Inselatmosphäre die Familienatmosphäre ein- und ausatmen dürfen.

Er freute sich seit sehr langem wieder. Und wenn ihm Helena aufmerksam in die Augen geblickt hätte, sie hätte wohl deren blaue Farbe wahrnehmen können. So blau wie die See um Jersey. Kerschenbaums Augenfarbe war nur selten noch blau. Zumeist ging sie ins Gräuliche, manchmal sogar ins Grau-grüne über. Sie schwankte je nach Vitalität oder Müdigkeit und nach Gemüts-lage. War er erschöpft und verzweifelt, wie zumeist in den letzten Jahren, wa-ren seine Augen grün-grau und ohne Glanz. Am Abend ergrauten sie mit der Dämmerung und mit seiner Müdigkeit.

Er spürte augenblicklich den Seewind in seinen Haaren und dachte, dass sie ihm in den vergangenen Jahrzehnten nicht ausgefallen, aber ganz weiß ge-worden seien. Mit dem Alter verbinden der Hausverstand und seine Sprich-wörter das weiße Haar und bestenfalls Altersweisheit. Manchmal spricht man sogar von Berufs- und Altersblindheit. Reklame warnt vor Haarausfall, preist Shampoos und Vitaminpräparate an. Aber dass die Augenfarbe schwankt und sich wandeln kann, je nach der Verfassung eines Menschen, davon – so dachte er – spricht niemand.

Bis zu seinen ersten Fronteinsätzen hatte er blondes Haar und blaue Augen. So stand es im Wehrpass und so stand es um ihn. Noch während des Krieges ver-änderte sich seine Augenfarbe ins Blaugrüne, sein Haar ins Bräunliche und seine Seele in einen Friedhof voller Kränze. Als er im November 1944 vom Leutnant zum Oberleutnant befördert wurde, als er mit den neuen Rangab-zeichen einen neuen Offiziersausweis erhielt, wurde seine Augenfarbe mit „grün" dokumentiert. Im Reisepass, den er im Jackett am Herzen anliegend jetzt mit sich trug, stand unter Augenfarbe „grau". Nicht graue Haare, son-dern graue Augen hatte er bekommen. Kein Mensch hatte dies wahrge-nommen, nur die Behörden und Passämter, die zwecks eindeutiger Identifizie-rung sogar die Augenfarbe der Ausweisträger überwachen. Deren Wach-samkeit verdankte Kerschenbaum auch seine Einsicht in den Wechsel seiner Augenfarbe und dessen Bedeutung.

Helena drehte sich jetzt um zu ihm, blieb stehen und wartete bis er nachkam. Er sah sie an, schwieg und ging mit ihr neben ihrer Handtasche weiter, weg vom Rollfeld zum kleinen Flughafengebäude. Dort, hinter einer Glasscheibe wartete bereits eine größere Gruppe von Abholern. Manche winkten. Wer, das konnte er noch nicht erkennen. Auch war er ungewiss, wem deren Win-ken galt. Am Himmel flog eine Schar Graugänse in keilförmiger Formation ü-ber ihn und die Insel hinweg, dem nordöstlichen Festland von Cherbourgh zu. Das konnte er erkennen. Mehr sogar, er konnte den Flug der Wildgänse und ihre disziplinierte Anspannung nachempfinden. Er hörte das Rauschen des

Vogelflugs. Aber wer ihm und Helena zuwinkte, war ihm nicht erkenntlich. Und täuschen wollte er sich nicht.

Bald war er nahe genug auf das Gebäude zugegangen, um die Gesichter und Personen zu erkennen. Zunächst zog ein kleiner, lebendiger Junge seine Verwunderung auf sich, der unermüdlich ein „Queen-Ma"-Fähnchen schwenkte, so wie es für brave britische Schulklassen üblich ist, um die Königin samt Prinzgemahl zu bejubeln. Auf der Rückseite des kindgerechten Fähnchens war der Union Jack, auf der Vorderseite ein Foto der Queen. Der Kleine stand mit weit ausholenden Wink-Bewegungen vor einem hochgewachsenen, eher steif wirkenden Mann, den Kerschenbaum jetzt als seinen Schwiegersohn Harald identifizierte. Also musste der kleine „Fähnerich" wohl sein Enkel Steven sein. Gleich, wie auf einen Blick, erkannte er die ganze Familie, die sich neben und zwischen anderen Abholern rechts und links hinter dem Fähnchen positioniert hat: Bernadette mit dem kleinen Eric, schlafend im Kinderwagen; Susanna etwas weiter links mit Frederic, der sich soeben zu zwei Kindern vor ihm hinunter beugte. Diese begannen wie auf Kommando auf das Paar Oliver und Helena zuzulaufen. Schnell erwies sich, dass sie eigentlich auf Helena zuliefen, um ihr einen Tulpenstrauß zu überreichen. Es waren, wie Kerschenbaum erst jetzt erkannte, die Zwillinge Isabella und Marco, seine Adoptivenkel, Susannas Kinder aus Peru.

Dass er keinen Blumenstrauß bekam, eröffnete ihm die Möglichkeit, ohne Halt weiter auf die Gruppe zuzugehen. Damit kam ihm die Wahl zu, wem er sich zuerst zur Begrüßung zuwenden wollte. Da begann Steven samt Fähnchen zu ihm zu laufen. Kerschenbaum beugte sich tief hinab und umarmte den Ungeduldigen. Als er sich wieder aufrichtete, sah er einem älteren Paar in die Augen, das vor ihn getreten war: Alois und Marga, seine und Helenas Trauzeugen aus der Heidelberger Zeit. Als Überraschungsgäste waren sie schon tags zuvor aus Hamburg eingeflogen. Man begrüßte einander mit Händedruck, Wort und Gefühl. Seine beiden Töchter und Schwiegersöhne umarmten ihn. Einen Moment lang freuten sie sich alle miteinander und vergaßen, wie fremd sie einander wirklich waren.

Die acht Erwachsenen und vier Kinder fuhren in Bernadettes Landrover und zwei Inseltaxis zu Haralds Anwesen, das nur wenige Meilen entfernt lag. Auch das Gepäck, Kerschenbaums Alptraum, fuhr vollständig mit. Steven, der zwischen Helena und seinem Großvater sitzen wollte, erzählte, dass er Radfahren gelernt habe, sodass Eric, sein Bruder, seinen Tretroller jetzt benutzen könne. Während er sprach waren seine Augen blau und er selbst ganz bei der Sache. So, als ob es das Wichtigste in seinem Leben wäre, jetzt Radfahren zu können und es seinen Großeltern mitteilen zu dürfen. Helena und Bernadette lobten ihn dafür. Sie bestärkten ihn in der Annahme, dass es so ziemlich das Wichtigste im Leben sei, ein Radfahrer auf Jersey geworden zu sein. Harald saß vorne, neben seiner Frau Bernadette, programmierte die Klimaanlage und schwieg dazu.

Kerschenbaum missfiel diese Vorführung seines erstgeborenen Enkelsohnes durch die lobredenden Mütter und den schweigenden Vater. Sie missbrauchen Stevens Freude und Vertrauen, so dachte er. Noch bis vor einem Jahr hätte er solche Gedanken gemieden, als wären sie Hausierer, die mit minderwertigem Angebot klingeln und den Hausfrieden stören. Seit er aus innerer, eigener Notwendigkeit dabei blieb, aus dem Begehren, dessen Reden und Spielregeln zu scheiden, ließ er solche Gedanken zu. Die Hausierer durften eintreten, zeigen, sprechen und ihre Angebote unter Beweis stellen. Am Rücksitz des Landrovers, fast auf Sichtweite mit Stevens großräumigem Elternhaus, konnte er an einem anscheinend harmlosen Beispiel miterleben, wie sein Enkel gutgläubig in das Spiel des Begehrens gezogen wurde.

Der Applaus ist eine der vielen Fallen, die ihre Opfer weiter fallen lassen, immer betäubter in den Irrtum, wichtig und willkommen zu sein in den Augen der anderen. Steven wurde mit seiner neuen Erfahrung des Radfahrens bewundert, in Wirklichkeit aber allein gelassen. Bald wir er neue Siege vorweisen wollen, um neuen Applaus zu bekommen und zu genießen. Wenn diese Seifenblase einmal platzt, wird sich mein Enkel Steven abgrundtief einsam erleben, überlegte Kerschenbaum. Dabei fühlte er Mitleid für den kleinen Radfahrer, sah ihn freundlich an und sagte: „Ich freue mich, Steven, dass du bei mir sitzt. Und dass Du Radfahren gelernt hast, nun ja, umso besser. Es ist hilfreich, auf Jersey mit dem Fahrrad unterwegs sein zu können".

Von Steven aufmerksam mit Kopfnicken vernommen, hatte Kerschenbaum damit das letzte Wort auf der Hinreise gesprochen. Sie waren endgültig angekommen: vor dem Garagentor im grünen Garten des weißen Anwesens, ganz nahe dem Meer. Die Taxis mit Alois und Marga sowie Susannas vierköpfiger Familie waren auch soeben angefahren. Die Koffer wurden in das für die Großeltern vorbereitete Gästezimmer im ersten Stock gebracht. Das war hell, geräumig, mit zwei blümchenfarbigen Betten und Blick zum Meer. Alle fanden sich zum Tee ein vor dem angefeuerten Kamin, rochen den Duft von Zirbelholz mit Ceylon-Tee, aßen Sandkuchen und redeten durcheinander.

Kerschenbaum hörte ihre Stimmen wie ein diffuses Surren im Wohnraum. Kurz fielen ihm die Wildgänse ein, deren prägnanter Flug von einem Sausen begleitet wurde, das ihn aufhorchen ließ. Die lauten Stimmen und die noch artig zurückgehaltene Unruhe der Kinder hingegen irritierten ihn. Deshalb wandte er sich nach innen, der Stille zu. Schweigend nahm er Beides wahr, die laute Unruhe um ihn und dahinter die Stille. Die bleibt, auch wenn die Unruhe verpufft ist, dachte er. Je mehr ihn die Stille einnahm, desto beruhigender spürte er die angebrochene Dämmerung im Haus und über der Insel. Das flackernde Kaminfeuer erschien ihm wie die Materialisierung der Hitze und gesprächig flatternden Erregung der zwölf Personen im Living. Gegen 18.00 Uhr, mit dem Ende der Teestunde, zog sich Kerschenbaum in das Gästezimmer zurück. Helena blieb noch.

9. Das Fest

Die Nacht auf einer Insel, noch dazu einer so kleinen wie Jersey, ist anders als auf dem Festland. Jede Insel wird durch die Nacht noch mehr zur Insel, zurückgeworfen und beschränkt auf sich selbst. Tagsüber ist Jersey ein Ausflugsziel, nachts ist Jersey wieder allein. Kerschenbaum empfand diese Insel als lebendiges Wesen, das sich seinen Atem holt aus dem Meereswind, seine Stille aus der Nacht und seine Pflanzenpracht aus der fortwährenden Begegnung mit der Sonne und den getriebenen Wolken im Wind. Er fühlte sich hier sogar sicherer als in seinem Wintergarten. Sein Schlaf und dessen Träume bewegten seine Seele und entspannten seine Muskulatur.

Er wachte vor Helena auf. Die Morgendämmerung hatte ihn zurückgeholt in den frühen Tag. Die Stille im Haus tat ihm wohl. Noch konnte er allein mit sich allein sein. Noch brauchte er nicht Kerschenbaum sein, der Vater, der Schwieger- und Großvater, Oliver der bekannte Ehemann, der fremde alte Mann in den Augen der Kinder. Als er aus dem Bad zurückkam und mit seiner frischen Kleidung den alten Kerschenbaum samt Bügelfalte wieder anzog, erwachte Helena. Sie verbrachten das Frühstück mit Bernadettes Familie und den Tag mit Wiederbegegnungen. Zu Mittags bei regnerischem Wetter lud Kerschenbaum sie alle zum Essen ein im Yachthafen von St. Helier. Sowohl Susannas vierköpfige Familie als auch Alois und Marga hatten dort in einer Pension übernachtet.

Sie kamen alle zu Fuß mit Regenschirmen und freundlichen Gesichtern zu freundlichen Gesprächen. Wieder fiel Kerschenbaum die Vorsicht auf, mit der man im Beisammensein einander auswich. Besonders Helena war eine Meisterin in der Kunst des gesprächigen Ausweichens. Aber auch die übrigen Frauen erwiesen sich darin als geübt, während die Männer schwiegen. Aus dem gedeckelten Schweigen der desinteressiert gehemmten Männer erwuchsen die Unruhe ihrer Kinder und das Mehr-Reden ihrer Frauen. Zur unausgesprochenen Spielregel gehörte, dass das ins Persönliche Gehende, dass ernste Fragen von den Anwesenden an die Anwesenden nicht gestellt wurden. Kerschenbaum war, als ob alle am langen Tisch danach trachteten, ihre Wahrnehmung, ihre wirklichen Interessen und ihr Desinteresse voreinander zu verbergen. Deshalb wurden die Kinder bei Tisch so wichtig. Stets boten sie willkommenen Anlass, sich ihnen zuzuwenden; zu ihnen und über sie zu sprechen, nicht aber mit ihnen. Spannung und Desinteresse wurden auf sie hin abgeleitet. So wurden die Kinder erregt.

Kerschenbaum hatte sich längst schon entschieden, bei Gerede nicht mehr mitzureden, sondern zu schweigen. „Gerede" definierte er als „reden über": andere Menschen, über Kinder und Verstorbene, über die Zukunft und erträumte Renditen. Nicht die Inhalte machen das Reden so schal und langweilig. Vielmehr ist es die Alibifunktion des Redens, das als Reden „über" Vorstellungsinhalte stets aus der Gegenwart wegführt. Zwischen Gerede und Schweigen liegt die Stille mit ihrer Wahrnehmung und potenziellem Sprechen. Nicht mitreden, noch gegenreden, noch schweigen wollte Kerschenbaum. Das würde nur Anpassung bleiben und nie zur Anrede an die Anwesenden werden.

Nach der Vorspeise sprach Kerschenbaum seine Schwiegersöhne Harald und Frederic freundlich und direkt an. Er fragte jeden von ihnen, wie es ihnen mit seiner Tochter ergehe. Jetzt schwiegen die Frauen. Das bisherige Desinteresse seiner Schwiegersöhne war in Erschrecken umgeschlagen und zwar so sehr, dass beide wirklich antworteten. Frederic verwies darauf, was für eine solidarische Frau ihm Susanna sei. Harald bekundete, was für eine vorzügliche Mutter Bernadette wäre. Beiden Frauen waren diese Antworten nicht genug und zu dürftig. Von nun ab langweilte sich niemand mehr am Tisch. Die Kinder genossen es sichtlich, von den diskutierenden Eltern in Ruhe gelassen zu werden und selbst Helena kam in Schwierigkeiten mitzureden.

Nachmittags hieß es mit Alois, dem privatisierenden Steuerberater und Hobbygärtner, quer durch Jerseys Gärten zu gehen, die bereits Scharen von Tagestouristen anlockten. Alois sprach von gesunder Ernährung, Bio-Obst und Seniorensport. Kerschenbaum hörte ihm mit dem einen Ohr zu, so wie ein Autofahrer beiläufig Musik aus dem Autoradio hört. Sein anderes Ohr horchte hinüber zum Meer und hinauf zum Wolkenhimmel, bewegt von Wind und Möwen. Nur selten noch hörte er mit beiden Ohren zu. Seiner Erfahrung nach konnte man sich nicht nur durch Essen und Trinken vergiften, sondern auch durch falsches Hören. Die Augen können wegschauen, aber das Weghören verlangt Übung. Lange schon übte Kerschenbaum und nicht nur Helena bot ihm dazu Gelegenheit. Die Kunst lag in der Dosierung des Hörens; im Verzicht sowohl auf angepasstes Hinhören, als auch auf das Selberreden.

Abends war Kerschenbaum mit Bernadettes Familie und Helena allein. Wegen des morgigen Festes war viel Bewegung im Haus bis hinein in die Nacht. Kerschenbaum hatte die Nacht schon erwartet wie einen verlässlichen Abholer, der es erlaubt, abzutreten aus der sinnlichen Anspannung des Tages. Sie waren alle so bemüht um ihn, um Helena und um das Fest. Wie Menschen, die mühsam mit Willensanstrengung eine Fremdsprache sprechen wollen. Nur um keinen Fehler zu begehen, nur um zu beweisen, dass sie es können, dachte Kerschenbaum unter seiner Bettdecke. Helena kam irgendwann später, als der Schlaf ihn schon heimgeholt hatte in traumlose Stille.

Wie alle Nächte verging auch diese Nacht. Die Erde hatte sich für alle Schläfer unbemerkt weiter um die Sonne gedreht, sodass deren Licht zuerst die Vögel weckte, dann die Schläfer. Abends sollte im Living gefeiert werden, mit Catering-Service an einer langen Tafel vor dem Kamin, mit einem Musiktrio, Überraschungen und Geschenken. Der kleine Steven war über die außergewöhnlichen Vorbereitungen so verwundert, dass er ernstlich fragte, ob auch wieder ein Christbaum mit Kerzen angezündet werde. Alle waren bewegt und in Bewegung, um her- und anzurichten, ab- und aufzubauen, vorauszudenken und sich rückzuversichern, ob die Handgriffe stimmten. Kerschenbaum fühlte sich überflüssig. Helena war eifrig dabei mitzuhelfen, ging es doch um ihren 60. Geburtstag. Die Familie behandelte Kerschenbaum respektvoll als eine Art Kultperson, die es bald zu feiern galt und die sich jetzt schon ruhig verhalten sollte.

Auch Steven störte die so Beschäftigten eher mit seinen vielen Fragen. Kerschenbaum nutzte die Chance, ging spazieren und nahm seinen Enkel mit. Der ging nicht ohne sein blaues Fahrrad. Bald waren sie deshalb zu Dritt unterwegs auf sicheren Wegen in die Insel hinein. Steven fuhr mit festen Pedaltritten seinem Großvater voraus, hielt Sicht- und Rufweite und kam schleifenförmig wieder. Zunächst hatte Kerschenbaum den Eindruck, der 5-Jährige wolle sich und ihm beweisen, wie schnell er radfahren könne. Kerschenbaum ging den Sandweg durch das Grasland, schwieg und war aufmerksam auf den Weg, das Land und auf Steven. Weder beobachtete er ihn noch kontrollierte er ihn. Er hielt seinen erstgeborenen Enkel in seiner aufmerksamen Wahrnehmung, die über Steven hinausreichte und seine Bewegungen beinhaltete.

Nach und nach hörten Stevens Anstrengungen auf. Immer gleichmäßiger und langsamer fuhr er. Nicht mehr hechelnd im Stehen, sondern im Sitzen mit rhythmischem Treten der Pedale. Seine Kurven wurden sicherer und die Schleifen seiner Wiederkehr an Kerschenbaums Seite kürzer. Nach einigen Pirouetten versuchte Steven in Schrittgeschwindigkeit neben seinem Großvater herzufahren. Auch begann Steven ihm zu erzählen und ihn zu fragen, wo er mit Grandma wohne.

So wie sich Kerschenbaum einübte im Hören auf den Sprecher mit dem einen Ohr und im Horchen auf die Stille mit dem anderen Ohr, so übte er sich auch im Sehen. Mit dem rechten Auge und Ohr nahm er Stevens Worte und Bewegungen wahr, mit dem linken die Umgebung, das steinige Grasland und den Horizont der vermeintlichen Berührung von Land und Himmel. Seit Kerschenbaums Ankunft war Steven der erste aus der Familie, der sich mit einer wirklich interessierten Frage an ihn wandte: Wo wohnst du mit Grandma? Deshalb war Kerschenbaum auch daran interessiert so zu antworten, dass Steven ihn verstehen konnte. Er sagte: Oma und ich, wir wohnen in der großen Stadt Frankfurt, weit weg in Deutschland.

Von jetzt an für die nächste halbe Stunde gingen sie nebeneinander und sprachen miteinander. Über ihnen kreisten Möwenschwärme und zwischen ihnen entwickelte sich ein Gefühl füreinander. Als sie beide samt Zweirad zur Teestunde wieder ins Haus zurückkehrten, waren sie Freunde.

Früh am Abend, so zeitig, dass die Kinder dabei sein konnten, begann das Familienfest. Damals, vor etwas über 40 Jahren, im März 1953, hatte der junge Doktor Kerschenbaum die 20jährige Helena geheiratet. Ihr Vater, also Kerschenbaums Heidelberger Doktorvater, hatte sie ihm zum Traualtar geführt. Er brauchte nur noch „Ja" zu sagen und seine heimlichen Bedenken vergessen. Beides tat er: Er vergaß und sagte „Ja". Auch jetzt brauchte er nur da zu sein, „ja" zum Fest zu sagen und sich mit Helena als Ehe- und Elternpaar feiern zu lassen. Er tat, was alle von ihm erwarteten, nahm mit seinem Platz neben Helena seine Rolle ein, gratulierte ihr als Ehemann zu ihrem sechzigsten Geburtstag und überreichte ihr in der Geschenkpackung das mitgebrachte Collier. Sie packte es sofort aus und legte es sich demonstrativ um. Ihr langer Hals mit kleinem Kopf hatte damit einen glitzernden, mit Brillanten bestückten Gegenpol bekommen. In ihrem türkisfarbigen Abendkleid sah sie feingliedrig und gediegen aus. Kerschenbaum roch ihr Parfüm, sah ihre langen Hände, dachte an Evas Hände und daran, dass er stinke.

Seit jenem Moment, als Eva ihm seinen Gestank vorhielt, hatte diese Mitteilung für ihn nichts an Schärfe verloren. Aber er litt nicht mehr darunter. Er hatte es akzeptiert zu stinken. Wenn er Helena für etwas in der 40jährigen Ehe dankbar sein konnte, dann dafür, dass sie seine Körpergerüche, sein Schwitzen und Stinken klaglos ertrug. Andererseits, so fiel ihm ein, hatte sie ihn nie wirklich berührt, weder mit ihren Händen noch mit ihren Worten. Seine tiefe Unruhe hatte sie nie angerührt, seine körperliche Erregung sexuell befriedigt. So wurden Susanna und Bernadette von ihm gezeugt, in einer Unruhe, die zur sexuellen Lust wurde, die ihr Objekt, ihre Abfuhr und Schwangerschaften fand. Aus seiner sexualisierten Lebensangst heraus hatte er mit der Frau neben ihm die zwei Töchter vor ihm gezeugt. Jetzt saßen sie ihm gegenüber, flankiert von Harald und Frederic. Deren zurückgehaltene Erregung konnte er wahrnehmen, ihre vorsichtigen Blicke verstehen, die den Anblick des alt gewordenen Paares zu vermeiden vermieden.

Seine beiden Töchter schienen glücklich bewegt zu sein. Selbst Susanna blickte ihn liebevoll an, sprach sanft zu ihm, aber bestimmend zu seinen Adoptivenkeln neben Frederic. Die Liebe ist eine seltene Münze, dachte er. Einige dieser Münzen schob ihm Susanna jetzt zu und Bernadette, die jüngere der Beiden, reichte sie ihm weiter, sodass er sie annehmen konnte. Sie erzählten ihm, wie behutsam er ihnen damals das Schwimmen und Volkslieder beibrachte, wie mitfühlend er sein konnte, wenn sie mit Fieber zu Bett lagen, wie aufmerksam er wurde, wenn sie ihm Gedichte vortrugen.

Zwischen den Gängen des Menüs, das von Cateringpersonal serviert wurde, wurden die Tischreden gehalten, die Trinksprüche und Glückwünsche zugeprostet. Als erster und ältester sprach Alois, der Trauzeuge. Er sprach von Liebe, Treue und Entwicklung, ließ das Paar hochleben und benutzte diesen erregenden Höhepunkt, um sein Glas Prosecco in einem Zug zu leeren. Kerschenbaum hatte sich nie gefragt, ob ihn Helena liebe. Er war sich gewiss, dass sie ihn nicht liebte, liebte sie doch unwiderstehlich sich selbst. Jenseits von Treue oder Treuebruch arrangierte er seine Parallelbeziehungen und die Hausbaukredite für die sich entwickelnde Familie. Eine unendliche Geschichte, wie ihm schien.

Das Fest begann Gestalt anzunehmen. Harald als Hausherr führte Regie über den Ablauf. Bernadette supervidierte die Speisenfolge. Susanna schärfte den Zwillingen ein letztes Mal ihren Auftritt ein. Frederic hatte ein Auge auf seine eingeflogenen Spitzenweine. Marga plauderte hingebungsvoll mit Helena. Jetzt war Kerschenbaum an der Reihe zu sprechen: Er gratulierte Helena, dankte dem Hausherrn und den Anwesenden für ihr Engagement und wollte sich dann wieder niedersetzen. Seiner Dankes- und Formpflicht hatte er Genüge getan. Alle erwarteten, dass er sich jetzt entweder setzen werde oder mit einer Wendung weiterspreche. Er tat aber weder das Eine noch das Andere. Steif stehend schaute er über Steven hinweg in das Kaminfeuer, verstummte, vergaß und schwieg. So als wäre er aus Zeit und Ort herausgefallen, stand er still vor den Gläsern und Gerichten, den Kindern und Erwartungen der Tischgemeinschaft. Er hatte ihnen nichts mehr zu sagen, wollte es anscheinend auch nicht mehr, fand aber nicht zurück in die Bewegung des Hinsetzens.

Die Erwartungen schlugen in Unbehagen um, dann in Schrecken vor dem hilflosen Alten. Selbst die Kinder rührten sich nicht. Eine Art Bann ging von seinem Verhalten auf sie alle aus. Auch Helena, rechts vor ihm sitzend, konnte sich dem nicht entziehen. Wie alle anderen im Raum widerfuhr ihr eine Zeugenschaft für ein Geschehen, das noch unbenannt sich vollzog. Es vollzog sich nicht als Aktivität, sondern als deren schier unleugbares Gegenteil: als Passivität, als Loch ohne Sinngehalt und Leben. Wenn Kerschenbaum wenigstens, wie ein verlegener Redner, nach Sprache und Worten gesucht hätte, dann wäre sein starres Schweigen als momentanes Sprechunvermögen verstehbar geworden. Wussten doch alle Erwachsenen am Tisch, wie peinlich genau er, der promovierte Germanist, die Worte bisweilen fügen wollte.

Das erschreckend Absonderliche an seinem Schweigen war aber gerade der mangelnde Versuch, die fehlende Anstrengung, weiter zu sprechen. Man hätte sogar alles verleugnend aufgeatmet, wenn Kerschenbaum eine konventionelle Handbewegung gezeigt hätte. Aber weder griff er nach einem der vielen Gläser vor ihm, noch nach seiner Brille, nach Helenas Hand oder nach dem liebevoll verzierten Menükärtchen am Tisch. So wie man vor einem Traumwandler verstummt, sprachen sie ihn nicht an. Haralds Regie war außer Kraft gesetzt. Alle, die soeben noch so gerne redeten, waren in gebanntes Schweigen verfallen wie in ein Loch.

An dessen Rand knisterte das Feuerholz, züngelten die Flammen, bewegte sich eine Serviererin leise in den Raum, fühlte sich deplatziert und schlich unauffällig davon. Als sie alle gerade noch aßen, einander zutranken, redeten und die Kinder ermahnt hatten, gaben sie das täuschende Bild einer heiteren Festgemeinschaft ab. In Wirklichkeit war jede und jeder bei seinen eigenen Geschichten und Gedanken, Vorstellungen und kleinen Vergnügungen. Jetzt aber widerfuhr ihnen ein Erwachen in die Gegenwart, in das, was geschieht, nämlich ein völlig beziehungsloses Schweigen und Stillstehen dessen, der gerade vorhin noch seinen spärlichen Beitrag ableistete zum Erhalt der freundlichen Tischszene.

Es war, als ob eine unsichtbare Hand die Tischdecke mit allem darum und daran plötzlich weggezogen hätte, sodass nur noch der hölzerne Langtisch selbst blieb. Was gerade geschah, indem nichts geschah, nahm sich aus wie die Leerseite eines Romans zwischen zwei Kapiteln. Plötzlich, gleichsam im Riss, war etwas zu Ende gegangen, ohne dass das Neue schon identifizierbar da wäre. Niemand wusste aber, was das wäre.

Kerschenbaums Gesicht wirkte ruhig, seine Hände unverkrampft, seine Augen blau und entspannt. Nichts Auffälliges wurde an ihnen erkennbar, sodass man dem Schweigenden verkrampft zurückgehaltene Emotionalität hätte anmerken dürfen. Kerschenbaum war weder schizophren noch ein Katatoniker mit hyperventiliertem Innenleben. Weder stand er unter Medikamenten noch unter Drogen oder Hypnose. Gerade noch war er als der altbekannte, eher schweigsame Kerschenbaum der, den sie nach Helena beglückwünschten, weil sie ihn kannten und mochten.

Jetzt aber brach nicht nur Ungewohntes, sondern Unheimliches ein, übertrug sich wie ein Schattenwurf auf die Gesichter, auf die Blicke und Sitzhaltung der Tischgruppe. Waren die Anwesenden, als Kerschenbaum konventionell zu sprechen begonnen hatte, mäßig aufmerksam und leicht bewegt, so saßen sie jetzt wie erstarrt und stumm. Sein bewegungsloses Stummsein wurde zu dem Ihrigen. Sie saßen verkrampft; er hingegen stand und schaute eher gelassen, wie entrückt, auf das Tänzeln der Flammen im Kamin. Unmessbare Momente lang erzeugte allein das Kaminfeuer Bewegung im Raum, der ansonsten durch Flutlicht an der Decke und durch Tischkerzen mäßig beleuchtet wurde. In diesem Zeitloch abrupt veränderter Wahrnehmung wagte niemand den Bann zu durchbrechen. Sie erwiesen sich alle als abhängig. Keiner führte sie. Haralds Regie versagte. Sein jüngster Sohn Eric, der Zweijährige, übernahm sie.

Von seinem Kinderstuhl aus am Ende des Tisches warf Eric seine Milchflasche mit abrupter Bewegung weg. Weil er die halb volle Flasche mit der rechten Hand schräg nach vorne warf, traf sie Bernadettes volles Weißweinglas. Es krachte. Alle erschraken wieder. Auch Kerschenbaum zuckte kurz mit den Augenbrauen, drehte sich dem kleinen Flaschenwerfer zu, murmelte unverständliche Silben seines Erstaunens und setzte sich. Wie auf Kommando konzentrierten sich jetzt – außer Kerschenbaum, der ruhig sitzen blieb – alle auf Bernadette und ihren Jüngsten. Mit Erleichterung redeten sie durcheinander, zeigten sich hilfsbereit, wohlwollend und vergesslich. Erics Wurf erlaubte in der lautstarken Hilfsaktion von Cateringpersonal und Familie das sofortige Vergessen der peinlichen Szene von gerade eben.

Der Schaden wurde beseitigt, Eric ermahnt, Haralds Regie konnte von ihm weiter geführt werden. Jeder am Tisch kam zu Wort und Glückwunschrede. Die Wein- und Speisenfolge half vorerst den Rest von erschreckter Wahrnehmung mit Essen zu vergessen. Dennoch war das Familienfest in Schieflage, in unterdrücktes Unbehagen und Hyperaktivität geraten. Keine(r) am Tisch sprach Kerschenbaum auf seinen „Aussetzer" an, wie Helena es tags darauf nannte. Außer Susannas beiläufiger, leiser Frage an ihren Vater, ob er sich wohl fühle, bekam er keine direkte Zuwendung mehr. Die galt für den Rest des Festes entweder Helena, wegen ihres 60. Geburtstages, oder dem Ehepaar. Mit Blick auf Helena und Seitenblick auf Kerschenbaum wurde dann das Paar angesprochen und besprochen, ohne dass jemand das Wort ausdrücklich an Kerschenbaum selbst gerichtet hätte. Die Gefahr reaktions- und antwortlos auf dem eigenen Wort wie auf einem Stuhlkissen sitzen zu bleiben, war den Anwesenden zu hoch. Die Kinder spürten und übernahmen diese Unsicherheit der Erwachsenen auf ihre Weise. Sie wandten sich einander unruhig und streitbereit zu, um so unter sich zu bleiben.

Auch Kerschenbaum blieb bei sich, den ganzen Feierabend lang. Er schwieg, lächelte. Auch hob er ab und zu sein Weinglas, um daran zu nippen, wenn dem Paar zugeprostet wurde. Er schien ruhig die Wärme des Kamins zu genießen. Die Unruhe bei Tisch schien ihn nicht zu berühren. Ab und zu nickte er und sagte den einen und anderen kurzen Satz. Nachdem die Tafel aufgehoben war, setzten sich alle im Halbkreis um den Kamin. Whiskey und Liköre wurden gereicht. Kerschenbaum blieb bei stillem Mineralwasser, saß neben Helena in der Mitte des Halbmonds, hörte und sah dem weiteren Geschehen zu.

Der erste und längste Beitrag war eine Diavorführung von Alois und Marga, technisch gekonnt präsentiert. Oben über dem Kaminfeuer und feuerfest tauchten Szenen aus Kerschenbaums vergangenem Leben auf: Sein Ja-Wort vor 40 Jahren zur Ehe mit Helena, das man zwar nicht hören, aber vermuten konnte, denn gut sichtbar wurde für alle, wie Kerschenbaum damals seiner jungen Braut den Ring überstreifte; wie die Einsegnung der Ehe würdig vollzogen wurde; wie das Brautpaar damals, in noch kargen Zeiten, gefeiert wurde. Susanna und Bernadette ergänzten den Diavortrag mit Fotos aus dem Familienleben, ihrer Kindheit und Jugend. Das Musiktrio spielte zwischendurch heitere und klassische Stücke. Einmal trugen die Zwillinge im Wechsel Vers für Vers ein Gedicht vor, das vom gefeierten Paar artig beklatscht wurde.

Kerschenbaums jüngster Enkel Eric war längst schon eingeschlafen und auch er selbst fühlte sich schläfrig. Mittlerweile, es war 22.00 Uhr geworden, fegte einer der nasskalten Sturmwinde von Nordwesten über die Insel. Im Haus konnte man die Brandung nicht hören. Umso vernehmbarer wurden die fahrigen Windstöße gegen das eingeschossige Gebäude und dessen Kamin. Das Feuer flackerte nervöser, mehr in die Breite als in die Höhe. Gleichwohl bewährte sich der Luftabzug des Kaminschachtes, verstärkte aber das Gesause des Windes. Dies wiederum veränderte die Geräuschkulisse im Wohnraum, sodass die Musik der drei Streichinstrumente als Vorspiel vor dem Sturm neue Klangqualität annahm. Mit einem Ohr lauschte Kerschenbaum der Geige, dem Cello und der Gitarre. Sein anderes Ohr vernahm das dissonante Geheul des Windes, der um das Haus und weiter zog, dem Festland und seinen Klippen zu. Er hörte sich ein in die Disharmonie von Streichmusik mit Sturmgeheul, von Stimmen und Geräuschen im Raum.

Sein ganzes Leben, so dachte er, war ein Mitspielen vor dem Wind. Und stets hatte er gehofft, die Stücke seines Lebens möglichst harmonisch zu Ende spielen zu können, bevor der Sturmwind es verunmöglicht. Von dieser Daueranstrengung war er müde geworden. Vielleicht zu spät hatte er gelernt, mehr auf den Wind zu hören als auf das Stück, an dem er gerade mitspielte. Das sagte er unerwartet in die Halbrunde, als die Musikstücke ausgespielt und beklatscht waren. Zu ihrer Verwunderung teilte er den Anwesenden seine späte Einsicht mit, dass man vielleicht vor dem Wind kreuzen, aber nicht gegen ihn anspielen kann. Denn der Wind zieht weiter, die Ermattung jedoch bleibt, so meinte er. Nur Harald nickte. Steven schlief schon im Sitzen. Die Zwillinge sollten von Susanna in der Pension zu Bett gebracht werden. Alois musste seine homöopathischen Medikamente noch einnehmen.

Das Cateringpersonal war schon beim Abräumen. Die Musiker drängten auf ihre lohnende Entlassung. Das Fest war aus. Funktaxis wurden bestellt und kamen trotz Sturm. Mit den übrigen zogen sich Kerschenbaum und Helena zurück in das Gästezimmer im Dachgeschoß. Kerschenbaum wusste, dass ein langes Kapitel seines Lebens zu seinem Ende gekommen war. Traumlos schlief er neben Helena, umgeben von Geräuschen, die zum Morgengrauen abflauten.

II. Kapitel: Durchführung

1. Nachrede(n)

Noch vor Tagesanbruch erwachte er, es mag gegen 5 Uhr gewesen sein. Selbst die Möwen schliefen noch. Der Sturm hatte sich gelegt. Kerschenbaum fühlte sich unruhig und unbehaust im Haus seiner Tochter Bernadette. Er wagte es nicht ins Bad und nach unten in die Edelstahlküche zu gehen, sich Kaffee zu bereiten und den Nachgeruch von Gestern aus dem erloschenen Kaminfeuer zu riechen. Er wollte nicht stören. So blieb er, um auch Helena nicht aufzuwecken, bewegungsgehemmt im Doppelbett liegen. Eigenartig, so empfand er, dass man im Deutschen sagt: „Ich kann nicht klagen". Niemand käme auf die Idee stattdessen zu sagen: „Ich kann nicht stören". Mein Leben lang, so dachte Kerschenbaum, durfte er weder klagen noch stören, so wie Haustiere in den Wohnungen der Großstädte.

Die Tieropfer heute – so bedachte er weiter – sind eben anders als vor Jahrtausenden. Damals brachte man die Opfertiere um. Indem man sie rituell tötete, bot man sie der Gottheit als Gabe an und zwar in der insgeheimen Absicht, dass die sich freundlich revanchieren werde. Man opferte lebendes Fleisch, damit die versöhnte Gottheit weder klagen, noch anklagen, noch strafen sollte. Die Haustiere heute, die Hunde, Katzen, Kanarienvögel und Goldfische sind die modernen Opfertiere in gottloser Zeit. Das Lebensopfer, dem sie sich als Tiere unmöglich entziehen können, ist ihr Weiterleben. Ohne Tier sein zu dürfen, müssen sie weiterleben. Wehe einem Schäferhund, der zum Blindenhund teuer dressiert wurde, wenn er sein Hund-Sein wiederentdecken würde. Wenn er in Vollmondnächten den Mond anbellen und im Morgengrauen Stadthasen jagen würde.

Haustiere, so folgerte Kerschenbaum, können nicht aus dem Begehren ihrer Herrchen und Frauchen scheiden. Das brächte ihnen nicht einmal den Tod, sondern noch schlimmer: Züchtigung, Folgedressur. Auch klagen dürfen sie nicht. Das würde wiederum stören. Es würde die Lüge der Harmonie von Mensch und Tier entlarven. Tiere, so schlussfolgerte er im Liegen, können nicht einmal sagen, dass sie nicht klagen dürfen. Durch ihre Sprachlosigkeit wird die

Verleugnung ihrer Qual perfekt. Dann schließt sich der Kreis wie ein Halsband, wie ein Ring.

Kerschenbaum befühlte mit seiner rechten Handfläche den Ehering an seiner linken Hand. Dr. med. Beer, Psychiater der Parkallee, wäre mit dieser taktilen Koordinationsleistung zwischen rechts und links im Dunkeln zufrieden gewesen. Auch Eheringe sind Ringe, die den Finger einkreisen, überlegte er beim Hinhorchen auf Helenas gleichmäßigen Atem im Schlaf. Dann stand er auf, bekleidete sich und ging hinaus in die späte Nacht, noch bevor sie zum Morgen wurde. Während er ging, ging es mit ihm durch. So weiß wie seine Haare waren, so kalt blies der Wind in sie hinein, bis auf die Haarwurzel; blies in sein Gesicht, seine Nasenlöcher und Gedanken. Er gab sich dem Wind ganz hin, wie ein Säugling der Mutterbrust, wie ein Sänger dem Gesang, wie ein Verzweifelter dem Hier und Jetzt, das allein zählt. Er ließ sich gehen, ließ sein Herz schlagen, sein Blut pulsieren, seine Enge von vorhin vergessen.

Damals, so jung wie sein Enkelsohn Steven heute, widerfuhr ihm das Glück seines 5jährigen Lebens auf einem Tretroller im Park von Springfield/ Illinois. Indem er fuhr und trat und fuhr, erfuhr er das Glücksgefühl zu leben. Solange bis man ihn wieder nach Hause brachte wie ein streunendes Haustier. Jetzt ging es mit ihm durch auf die Klippen zu, wo das Meer und die Nacht sich brechen am Festland und am Sonnenaufgang. Mit sich selbst vergaß er die Zeit, mit der Zeit die Sorge und mit der Sorge den geführten Weg. Wer sich wirklich gehen lässt, so bemerkte er nebenbei, der stolpert nicht. Nur der stützt, der zum Fallen bereit ist, weil er vom Abgrund angezogen wird. Schnell bewegte er sich auf die Küste zu, roch und hörte das Meer, spürte den anbrechenden Tag als Rückzug der Nacht. Er wich einem Steinblock aus, begann Holzstufen wahrzunehmen und dann, die Stufen hinauf, kam er vor einer schulterhohen Steinmauer zum Stehen.

Jetzt stand er direkt an der Küste über der Brandung und blickte in den frühen Morgen nach Osten. Obwohl der Himmel über der See bewölkt war, konnte er die Sonne aufgehen sehen. Binnen weniger Minuten hatte sie sich aus dem Horizont erhoben, beschrien von den erwachten Seevögeln. Die Möwen im Seewind vor der Morgensonne im Gleitflug wurden Kerschenbaum zum Inbild für Zeit und Leben: Vor der unmerklich aufsteigenden Bewegung der Sonne flogen die vom Wind bewegten Vögel in ihren ausbalancierten Flügen. Dieses

Panorama ließ ihn still und präsent sein. Für wenige Minuten war er aus dem Begehren geschieden.

Währenddessen hatte in seiner Familie die Suche nach Kerschenbaum begonnen. Seine plötzliche und spurlose Abwesenheit deutete indirekt sein gestriges Verhalten während des Festes, nämlich dass da schon etwas mit ihm nicht gestimmt hätte. So jedenfalls meinte Susanna, die durch Helenas Telefonanruf aus dem Bett geklingelt worden war. Ihr Vater erschien ihr zwar schon seit seiner Ankunft zurückhaltend, eher unbeteiligt und still, gestern aber sei er eine Zeitlang völlig absent gewesen. Überhaupt habe er sich an dem ganzen Fest nur oberflächlich beteiligt und sehr bald in das Gästezimmer zurückgezogen. Mit den Zwillingen hätte er seit seiner Ankunft noch keine zwei Sätze gesprochen. Helenas „Black out"-Theorie wurde durch die Analyse ihrer Lieblingstochter ziemlich wertlos. Sie legte den Telefonhörer mit noch größerer Unsicherheit auf als vor ihrem Telefonat mit Susanna. Die aber versprach ihr, gleich Frederic zu wecken, ihn bei den Kindern zu lassen und selbst sofort zu kommen.

07.30 Uhr war es geworden. Bernadette, Harald und Helena saßen im Wohnzimmer, nachdem sie in Haus und Garten nach Kerschenbaum vergeblich gesucht hatten. Harald war sogar mit dem Landrover die Umgebung mit Licht abgefahren, allerdings vergeblich. Um 09.00 Uhr sollte der Cateringservice noch Einiges abholen. Der Organisationsplan drohte Bernadette zu entgleiten. Für 11.00 Uhr hatte sich bei Harald ein Versicherungsmakler aus Brighton verbindlich angesagt. Helena wollte noch zur Coiffeuse nach St. Helier. Bernadette erinnerte sich daran, dass das portugiesische Putzmädchen ausnahmsweise erst morgen Mittag kommen werde.

Sie alle erlebten sich durch Kerschenbaums Absenzverhalten in angstvolle und ärgerliche Erregung versetzt. Nur zu gerne hätten sie ihn vergessen, um zu ihren Tagesordnungen überzugehen. Doch dafür war sein Fehlen zu gewichtig, zu zweifelhaft. Der unnachgiebige Zweifel, ob Sonderbares mit ihm geschehen sei, trieb sie zu Spekulationen. Sie fürchteten, dass etwas mit ihm passiert sei, das Unannehmlichkeiten in das Haus bringen werde. Dass Papas Verhalten merkwürdig verschlossen sei, äußerte Bernadette. Sie meinte, er würde sich zwar still und freundlich verhalten, doch sie spüre großen Abstand zwischen ihm und ihr. Dem wiederum wollten weder Harald noch Helena so recht zustimmen.

Steven im Schlafanzug ging auf seine Eltern sowie Helena zu und gab jedem artig ein Küsschen auf die Wange. Er wirkte noch verschlafen, sah sich um und fragte, wo Großvater sei. Der wäre wohl spazieren gegangen, antwortete ihm Harald. Man hoffe, dass er bald zum Frühstück komme, so wie Tante Susanna. Kaum gesagt, klingelte es kurz zweimal an der Haustüre. Susanna hatte sich beeilt zu kommen. Auf Helena wirkte sie jetzt weniger erschrocken als vor einer knappen halben Stunde am Telefon. Nun schlug es von St. Helier her 08.00 Uhr. Eric erschien samt Schnuller, Teddybär und schlechter Laune, setzte sich auf Bernadettes Schoß und döste weiter. Alle saßen angespannt, tranken schwarzen Kaffee oder Kakao, aßen Toastbrote mit Butter und Marmelade.

Susanna sagte, sie sei nicht gekommen, um Kaffee zu trinken, sondern um das fremdartige Verhalten ihres Vaters und seine Absenzen im kleinen Familienkreis anzusprechen. Was sie eine Weile zuvor Helena am Telefon sagte, wiederholte sie jetzt für alle Anwesenden. Sie fragte Helena, ob ihr derartige Absenzen bei Papa früher schon aufgefallen seien. Die Nachfrage ihres Ältesten, der offenbar genau mitgehört hatte, erschrak Bernadette. Sie ließ Steven und Eric durch Harald in das Kinderzimmer bringen. Weil Harald die nächste Viertelstunde dort blieb, verblieben Helena und ihre beiden Töchter unter sich allein im Raum. Susanna behielt die Gesprächsführung. Jetzt, zu Dritt, sprach sie es offen aus, dass Kerschenbaum wahrscheinlich an einer heraufziehenden Altersdemenz leide. In ihrem Freundeskreis in Sydney habe sie an einem ähnlich gelagerten Fall Erfahrungen gesammelt und ihre Frühwahrnehmung für Demenz im Alter geschult.

Wie eine Feuerfackel in einen trockenen Heuhaufen geworfen, so wirkte das Stichwort: „Altersdemenz". Es bewirkte in dem Moment, als Susanna es leise, aber deutlich aussprach, Schrecken bei den anderen beiden Frauen. Und zwar so sehr, dass ihnen in diesem wehrlosen Augenblick die unauslöschliche Gewissheit übertragen und implementiert wurde, dass das Schreckliche wahr sei: Dass dieser jetzt ausgesprochene Verdacht wachsen werde wie eine Schwangerschaft, wie ein Tumor, der einen hilflosen und hilfsbedürftigen Pflegefall austrägt. Dr. Oliver Kerschenbaum, der schließlich nicht einmal mehr über die kognitiven und motorischen Kompetenzen eines Kleinkindes verfügen werde. Ein alter Mann also, der es nicht einmal mehr bemerken werde, dass er zur Gänze seiner Frau und Familie zur Last falle; ein Demenzkranker ohne Erinnerung und bewusster Identität; ein vor sich selbst anonym gewordener Ehemann und Vater.

Susanna sprach eindringlich in kurzen, klaren Sätzen. Sie sagte sie in Deutsch; auch der Diskretion wegen. Helena war derart betroffen, dass sie weder erwidern noch weinen konnte. Bernadettes Gesichtsfarbe wechselte ins Gelbliche, ihre Stimmung schlug in Verzweiflung um. Für einige Sekunden herrschte Sprachlosigkeit und Entsetzen bei den drei Frauen. Auch bei Susanna, die sich am Schrecken der von ihr Erschreckten entsetzte. Erst an der Reaktion von Mutter und Schwester wurde ihr die Tragweite ihres Urteils bewusst: Altersdemenz und zwar lebenslänglich ohne Chance auf Begnadigung, bestenfalls mit der Möglichkeit eines gnädig verfrühten Todes. Nach den Schrecksekunden setzte zuerst in Bernadette eine zaghafte Abwehr des Gesagten ein mit der Bitte um Revision. Nochmals und konkretisierter wollte Bernadette von ihrer Schwester die Indizienkette hören, die zur Verurteilung ihres Vaters als „Demenzkranken" führen solle.

Wie eine Staatsanwältin ließ sich Susanna auf die Kasuistik „Kerschenbaum" ein, was in Bernadette wie in Helena den letzten Zweifel aufrieb. Sie argumentierte nach Augenschein, sachlich und lieblos: Gestern beim Fest hätte für alle peinlich wahrnehmbar ihr Vater unter einer minutenlangen Absenz gelitten, die ihm offenbar weder bewusst noch erinnerlich wurde. Was Helena „Black out" oder „Aussetzer" nenne, sei verharmlosend. Papa wäre nämlich nicht nur denk- und sprechgestört, sondern ebenso bewegungs- und wahrscheinlich wahrnehmungsgestört gewesen. Jedwedes Zeitgefühl sei ihm abhanden gekommen gewesen. Hätte Eric nicht die Milchflasche geworfen, wäre Papa wohl noch länger stumm und stehend verblieben. Auch später, bei Tisch und während des für alle anregenden Abends sei er teilnahmslos, desinteressiert, sehr wortkarg und innerlich abwesend verblieben. Nur wegen des fortgesetzten Rede- und Darstellungsdrangs der kleinen Festversammlung blieb unbemerkt, dass Papa nur einige konventionelle Phrasen von sich gab, ansonsten aber nichts Persönliches sagte und auch nichts Logisch-Intelligentes.

Seit seiner Ankunft wirke er auf sie adynamisch still. Gespräche vermeide er. Höchstens ab und zu interveniere er, was dann leicht peinlich werden könne, wie vorgestern im Segelhafen beim Mittagessen, als er plötzlich fragte, ob seine Schwiegersöhne mit seinen Töchtern zufrieden seien. Schließlich sei er jetzt sogar spurlos physisch absent; verschwunden noch in der Sturmnacht ohne

Vorwarnung und ohne Kommunikation. Die Sorge um ihn sei berechtigt, weil er vielleicht den Rückweg nicht mehr fände, vielleicht sei er im Dunkeln auch gestürzt und habe sich verletzt; wahrscheinlicher sei aber, dass er viel zu leicht bekleidet in den nasskalten Morgen hinausgelaufen sei, sodass er sich erkälten werde. Susanna beendete ihr Plädoyer mit dem Ausruf, die Insel sei – Gott sei Dank – so klein, dass auf ihr niemand wirklich abhanden kommen könne.

Ihre Rede wirkte. Helena wie Bernadette wurden offenbar überzeugt, dass mit Kerschenbaum, dem adynamisch Stillen und Teilnahmslosen, etwas nicht stimmte. Wie in ihrer Kindheit folgte Bernadette ihrer älteren Schwester, indem sie fragte, was man tun könne: Wie man Sicherheit über Vaters Befinden und am Besten Hilfe für ihn fände? Nach einer Schweigepause hatte sich Helenas Schreck über die wohl heraufziehende Altersdemenz ihres 73jährigen Ehemanns in Selbstbesorgnis um ihren weiteren Lebensstil gewandelt. Wie sollte sie mit ihm weiterleben allein zu Zweit im Frankfurter Reihenhaus? Helenas Augen begannen feucht zu werden. Susanna stoppte den ansetzenden Tränenfluss ihrer Mutter mit beharrlicher Sachlichkeit. Da ihr Vater ihr bisher keinerlei Auskunft über seinen Rückzug in das Privatleben gegeben hatte, fragte sie jetzt bei Helena nach. Auch Bernadettes Interesse daran erwachte. Schließlich ging es auch um große Vermögenswerte.

Helena winkte ab. Kein Anlass zur Sorge, meinte sie. Durch Prokurist Scheible und Notar Holzapfel sei der Verlag gewinnbringend verkauft, das Vermögen gesichert und Kerschenbaum steuergünstig verrentet worden. Alles sei im „grünen Bereich". Oliver hätte sich allen Beteiligten gegenüber fair und zu ihr großzügig gezeigt. Allerdings habe er sich schon länger geistesabwesend und verschlossen verhalten. Sehr gesprächig sei er in 40 Jahren Ehe nie gewesen. Sein Engagement, seine Aufmerksamkeit und Hilfsbereitschaft im Alltag seien leider auf Null geschrumpft. Stundenlang säße er im Wintergarten. Sie habe ihn beobachtet. Mit dem First Flush Ceylon-Tee gieße er die Orchideen statt den Schwarztee zu trinken. Die Bücher, zu denen er manchmal greife, blieben immer dieselben. Er lese sie gar nicht, sondern halte sie nur in der Hand, so wie er ab und zu die kostbaren Porzellanfiguren aus der Vitrine im Wohnzimmereck in die Hände nimmt, um sie minutenlang anzuschauen.

Einmal in den Klagefluss gekommen, konnte sich Helena nicht mehr zurückhalten. Ihre Töchter lasen ihr die Worte von den Lippen ab. So gespannt waren sie auf weitere Informationen zum Alltagsverhalten ihres schweigsamen Vaters, der zurzeit sogar ganz verschwunden war. Noch bis Mitte Februar, so berichtete Helena weiter, hätte Oliver interessiert das Seniorenstudium besucht. Sogar an einer Exkursion seiner Klasse habe er sich beteiligt. Bernadette schöpfte wieder Hoffnung. Sie fiel Helena ins Wort und meinte, vielleicht sei es dann doch nur eine depressive Verstimmung, die Papa eingeholt habe. Immerhin habe er sich vollständig aus der Geschäftswelt zurückgezogen. Hobbies habe er keine außer seiner Briefmarkensammlung. Sport meide er seit je und Freunde habe er auch keine. Eigentlich hätte sein bisheriges Leben der Firma, den Geschäften und der Familie gegolten. Nach der Firmenaufgabe sei er wohl in ein Loch gefallen. Vielleicht wären religiöse Exerzitien oder Gesprächstherapie für ihn das Geeignetste, um ihn wieder zu aktivieren. Immerhin ginge er gerne spazieren. Vielleicht wäre eine Seniorenwandergruppe für ihn und Helena das Richtige. Auch Helena, in das Wanderprojekt einbezogen, begann wieder Mut zu fassen.

Da schüttelte Susanna energisch den Kopf. Sie hielt entschieden dagegen, dass kein Beschönigen helfe. Nur die Faktenlage zähle. Und die spräche eine recht eindeutige Sprache: Papa sei isoliert, weil er sich durch Rückzug selbst isoliert habe. Obwohl seit Jahren unverbindlich angesprochen, sei sein Firmenverkauf fast übereilt geschehen. Vor Monaten hätte sie besorgt in der Sache mit Prokurist Scheible telefoniert. Der habe ihr dies indirekt bestätigt und Schlimmeres verhütet. Und weil Susanna wieder in den Argumentationsfluss geraten war, sprach sie auch gleich die Vermögensverteilung und Verrentung ihres Vaters an. Dabei konnte sie ihren Ärger über ihn nicht mehr verbergen, aber noch zügeln, um weiter sachlich zu bleiben.

Das mit dem Verkaufserlös der Firma erwirtschaftete Zweimillionen-Vermögen hätte nie geteilt werden dürfen, behauptete sie. Helena hätte sich durch die großzügige Teilung täuschen lassen. Immerhin habe Papa nämlich seine ganze Vermögenshälfte der Deutschen Postbank auf Dauer übertragen. „Verrentung", das heiße, dass er sich damit finanziell entmündigt habe, dass das Vermögen für ihn und die Familie ungreifbar entzogen sei. Außer seiner Reihenhauseckhälfte und der ausgezahlten Lebensversicherung habe er kein Vermögen mehr. Dafür nur eine lebenslange Rente, deren Zahlung mit seinem Tode erlischt. Für seine Konten habe er hoffentlich Helena eine Vollmacht ausgestellt, damit man im Falle der Fälle handlungsfähig bliebe. Auch wäre es für die Familie nützlich, wenn er sein Testament abfassen und Helena es sicher verwahren würde.

Kurzum: Susannas kluge, schonungslose Bestandsaufnahme lief darauf hinaus, dass die Familie möglichst während dieser Tage ein klärendes Gespräch mit Kerschenbaum erreichen sollte. Die Gesprächschance anlässlich des Familientreffens sei einmalig und dürfe nicht vertan werden, insistierte Susanna. Insbesondere zur fachmedizinischen Untersuchung, zur Testamentsabfassung und Kontovollmacht für Helena sei Papa zu drängen. Notfalls käme sie, Susanna, auch für einige Tage nach Frankfurt, um ihre Mutter bei der praktischen Umsetzung dieser Erfordernisse zu unterstützen. Vielleicht wäre es überhaupt das Beste, wenn Papa sich auf mehrere Tage in einer privaten Spezialklinik untersuchen ließe. Ein Gesundheitscheck in seinem Alter sollte gründlich und deshalb stationär durchgeführt werden. Mittlerweile, so erklärte Susanna weiter, hätten sich viele Kliniken auf die besonderen Wünsche und Belange von Senioren eingestellt. Helena könne mit ihrem Mann ein Zweibettzimmer beispielsweise in einer „Memory-Klinik" beziehen. Dort nämlich wäre man geriatrisch und alterspsychiatrisch spezialisiert, sodass Diagnose und Vermedikamentierung von Anfang an stimmen würden.

Fast wäre Susanna ins Schwärmen geraten über medizintherapeutische Wunderkliniken und demenzverzögernde Medikamente, als es an der Haustür klingelte. Bernadette öffnete. Kerschenbaum trat ein. Zuerst hörten sie nur die Stimme des Spätheimkehrers, dann erschien er – ganz ruhig – im Living vor Helena und Susanna. Beide fühlten Hemmung jetzt mit ihm zu sprechen, über den sie gerade noch so viel gesprochen hatten. Er machte zwar einen unrasierten, aber überraschend zufriedenen Eindruck, wie ein Mann, dem es gut ergangen war. Die festen Schuhe hatte er im Flur ausgezogen. Sein wetterfester Rollpullover und seine struppigen Haare rochen nach Meer, sein Atem nach Seeluft und seine Worte ließen keinen Hauch von Erklärung oder gar Entschuldigung vernehmen. Kurz umarmte er Helena, noch kürzer Susanna und Bernadette. Dann setzte er sich vor eine leere Kaffeetasse.

Mittlerweile war es fast halb neun geworden, sodass spärliches Sonnenlicht den Raum aufheiterte. Steven hatte bemerkt, dass der Großvater gekommen war, lief auf ihn zu wie auf einen guten, alten Freund und sagte ihm ins Ohr, dass Papa ihn mit dem Auto gesucht habe. Ein zweites Frühstück begann, ohne Harald und mit einem Gemisch von Erleichterung, Ärger und Vorsicht bei den Frauen. Kerschenbaum ahnte, dass sie ihn zur Rede stellen werden, dass sein morgendlicher Abgang eine Grenze unterschritten hatte, die Folgen zeitigen wird.

2. Die Konfrontation

Nach Jahren saß Kerschenbaum wieder mit seiner Familie, mit Helena und seinen zwei Töchtern, alleine beim Frühstückstisch. Seine beiden Enkel Steven und Eric wurden Maria anvertraut, der flinken Portugiesin, die wider Bernadettes Erwarten gerade kam. Steven wollte noch bei Großvater bleiben, musste aber folgen. Kerschenbaum erwartete Vorhaltungen, insbesondere von seiner Frau, dass er abgängig gewesen sei und zwar zur Sorge aller. Doch Helena brachte es kaum zu einem sanften Tadel, sondern wurde eher feierlich. Er kannte dieses Verhalten von ihr wenig, fast gar nicht. Es ließ ihn annehmen, dass sie unsicher sei.

Für einige Sekunden herrschte Stille im Wohnzimmer und Schweigen zwischen den vier Personen um den Tisch. Im Schweigen lag eine angespannte Zurückhaltung wie vor dem Ausbruch eines Gewitters. Kerschenbaum waren atmosphärische Spannungsfelder in der Familie verschiedentlich erlebbar geworden. Er konnte sich jedoch an keine Situation während seiner Ehe und Vaterschaft erinnern, in der Helena mit beiden Töchtern zusammen ihn zur Rede gestellt hätte. Das jedenfalls ahnte er, dass die drei Frauen ihn jetzt zur Rede stellen werden. Er spürte einen mannlosen Hinterhalt, in den sie ihn locken wollten, um ihm den Weg zur Freiheit abzuschneiden, um ihn einzufangen in ihre Lebensansichten. In diesen sollte er heimisch bleiben bis an sein Lebensende. Sein stiller Rückzug aus dem lauten Karussell ihrer kurzweiligen Interessen und deren langweiligen Befriedigungen war ihnen verdächtig geworden. Er war sich gewiss, sie verdächtigten ihn, keiner der Ihrigen mehr zu sein, sie verlassen zu haben. Deshalb werden sie ihm vorhalten, nicht mehr verlässlich zu sein. Seine Verlässlichkeit, so fiel ihm ein, hatten sie alle am erfolgreichsten ausgenutzt: Seine hypochondrische Mutter und sein unzuverlässiger Vater, seine Kommandeure im Fernmeldedienst, wenn sie Freileitungen privat nutzen wollten; seine Töchter und Helena, wenn seine Genauigkeit ihnen nützlich war. Verlässlich war er nützlich. Als nützlich wurde er begehrt; begehrt fühlte er sich wichtig genug, um sich nicht mehr einsam zu fühlen.

Nie hatte er Begehren mit Liebe verwechselt, sondern – viel verhängnisvoller – mit Leben. Der Begehrte wird vergesslich. Er vergisst seine Einsamkeit, weil er nicht mehr allein bleibt. Angefüllt vom Lärm des Begehrens und eingesogen von dessen Spielwirkung verschwindet mit der Einsamkeit auch die Identität. Sie löst sich auf, wie hochprozentiges Ethanol im Reagenzglas durch Sauerstoffzufuhr. Aus Oliver Kerschenbaum, so dachte er, wurde immer ausschließlicher Kerschenbaum; der Zuverlässige, der Nützliche, der Begehrte, von dem Erfolg erwartet wurde. Und was wurde aus Kerschenbaum? Der wurde alt. Ein alter Heimlichtuer, mit schwitzigen Händen, bezahlbaren Liebschaften und Ängsten. Vor diesem Eigenbild erschrak er noch mehr als vor Helenas feierlichem Blick.

Dieser Blick drückte etwas von moralischer Gewissheit aus, nur das Beste zu wollen. Immer wenn Helena für ihn nur das Beste wollte, dann wollte sie etwas von ihm. So einfach war das, dass er es zunächst, am Anfang ihrer beider Ehe, gar nicht glauben konnte: Je begehrlicher sie etwas von ihm wollte, desto mehr wollte sie es angeblich für ihn. Endlich schwanger und Mutter werden, das wollte sie vor 38 Jahren selbstverständlich nur für ihn, für die gemeinsame Liebe und familiäre Zukunft. Wenn sie Geld und noch mehr Bargeld für Dauerwelle, Stimmbildung und Modekleidung brauchte, dann nur für ihn. Um für ihn schön zu sein, um ihm zu gefallen, um anderen als seine Frau so zu gefallen, dass es wiederum ihm gefällt. Die Verkettung – wie endlos auch immer – war stets rückgekettet an sein Begehren sowie an seine überforderte Hilflosigkeit. So gab er, ohne wirklich freigiebig zu sein. Er vergab ihren Launen und Schwindeleien, gab ihren Ansprüchen Erfüllung, begab sich in das Dickicht von Firmenaufbau, Krediten, Lizenzvergaben und verausgabte Oliver.

Jede Selbstvernichtung beginnt mit der falschen Toleranz sich selbst gegenüber, folgerte er. Dabei sah er die drei Frauen an, und bemerkte Helenas feierliche Ratlosigkeit, die immer glaubte, nur das Beste zu wollen. Vor ihren Blicken und angelehnt mit dem krumm gewordenen Rücken an die Stuhllehne fühlte er sich einsam. Vor seiner Einsamkeit als Einzelkind und später als Ehemann war er ein Leben lang geflohen. Jetzt erkannte er mit Sicherheit, wohin er geflohen war, nämlich in das Begehren der Anderen. Nun fühlte er seine Einsamkeit, die ihm geblieben war. Jenseits aller Erwartungen hatte sie auf ihn gewartet, wie das Meer auf den Delphin während seiner Luftsprünge, wie die Täler auf die Bergsteiger, wie die Enttäuschung auf die Liebenden. In seiner Einsamkeit fühlte er sich plötzlich sicher.

Der Abstand zwischen ihm auf der Stirnseite des Tisches und seinen drei Frauen fiel ihm angenehm auf. Helena saß ihm mit gewichtiger Miene gegenüber, Susanna mit Fensterblick zu seiner Linken, Bernadette rechts von ihm. Zwischen ihnen die Mahagoni-Tischplatte mit feinen Intarsien, fast so wie auf

Holzapfels Schreibisch im Notariat. Einander ansehen, so hatte er dort schon erkannt, verkürzt den Abstand zwischen den Gesprächspartnern. Vielleicht schauen sich Verliebte deshalb so süchtig in die Augen, um sich der Nähe zu vergewissern. Das Begehren überspringt das Dazwischen, stellte Kerschenbaum fest und nahm mit seinen Ohren den Abstand wahr. Im Schweigen ein Abgrund. Daraus tönt bestenfalls die Sprache des Anderen, schlimmstenfalls ein Echo, dachte er. Was für die Lebenden der Friedhof, das ist für die Sprache das Echo: ein bloßer Nachhall, eine substanzlose Täuschung, deren Sprecher längst schon woanders ist als das Echo es reflektiert.

Eingekehrt in seine Einsamkeit waren Kerschenbaums Wahrnehmung und sein Gemütszustand anders geworden. Sie blendeten die Abstände und Abgründe nicht mehr aus. Gerade deshalb war er wach und emotional teilnahmslos, weit weg von den Personen, aber inmitten des Geschehens und ihm dennoch seltsam entzogen. Helena wandte sich schließlich als erste an ihn. Sie begann mit der Eröffnungsformel, dass sie stets nur das Beste für ihn und die Familie gewollt habe. Wie kein zweiter Mensch würde sie ihn kennen. Wie niemand sonst sei sie um sein Wohl besorgt. Auch im Namen von Susanna und Bernadette bitte sie ihn vorrangig um zweierlei: Erstens, dass er sich fachärztlich-neurologisch untersuchen lasse. Alle hätten gestern Abend ein minutenlanges „Black out" bei ihm gesehen, nämlich dass er plötzlich sprachlos und völlig geistesabwesend wurde, wie die Figuren im Märchen von „Dornröschen".

Diese Absenzen bemerke sie schon seit längerem an ihm, z.B. wenn er zu Hause minutenlang starr und stumm vor der Vitrine stehe. Vielleicht sei es eine Durchblutungsstörung im Gehirn, schlimmstenfalls ein Gehirntumor oder eine heraufziehende Demenzerkrankung, die man im Frühstadium mit gewissem Erfolg medikamentös behandeln könne. Jedenfalls bedürfe es einer ärztlichen Abklärung, sodass er und die Familie Klarheit über die Art seiner Störung bekämen. Nur so könnten sie ihm auch helfen. Nur dem, der sich helfen lässt, kann geholfen werden, beteuerte Helena mit tiefem Blick.

Dann schwenkte sie über zur Kontovollmacht. Auch dieses Thema hätte sie mit den Töchtern besprochen. Alle würden eine Lösung für dringlich befinden. Bis jetzt seien die Konten und Vollmachten von ihr, Helena, und ihm, Oliver, parallel und getrennt. Sollte ihm etwas zustoßen, wäre kein Kontozugang. Nötig sei also, dass er ihr eine Kontovollmacht erstelle. Schließlich gehöre zur vernünftigen Vorsorge im Alter, dass er sein Testament mit juristischem Beistand abfasse und hinterlege.

Bernadette schwieg und Susanna unterstütze Helenas Dreipunkte-Forderung, indem sie ihn davor warnte, die Erledigung von Testament, Vollmacht und fachärztlicher Untersuchung hinauszuschieben. Bliebe er untätig wie bisher, würde er sich und die Familie gefährden. Gleich nächste Woche solle er der geriopsychiatrischen Untersuchung in Deutschland zustimmen. Sie, Susanna, werde ihm über Internet heute noch Spezialkliniken im Frankfurter Raum aussuchen. Helena könne und werde ihn wohl in eine solche Klinik zwecks mehrtägigem Check-up begleiten. Er sei ja nicht alleine. Zudem würde seine Krankenversicherung gewiss die Kosten übernehmen. Höchstens für Helenas Begleitung im Zweibettzimmer könnten private Zusatzkosten entstehen. Aber er sei versorgt genug, um sich diesen Aufpreis leisten zu können.

Kerschenbaum fühlte sich bestätigt und zufrieden. Bereits vor über einem Jahr, als er sich entschlossen hatte – damals vor Evas Wohnungstür – aus dem Begehren zu scheiden, hatte er sich in seinen drei Frauen nicht getäuscht. Er wusste, dass sie ihn überall hin mit ihren Ansprüchen verfolgen würden. Er war sich sicher, dass das übliche Fluchtverhalten zwecklos sei. Wohin er auch immer ausweichen wollte, sie würden nach ihm greifen. Sie, die sie sein belastetes Leben nie begreifen wollten, würden dann übergriffig werden, wenn es um die Wahrung ihrer Vorteile an ihm ginge. Ihre schwachen Ehemänner würden sie darin unterstützen müssen, so wie er Helena 40 Jahre lang in ihren besten Absichten zu unterstützen hatte: aus Gefälligkeit, aus Schwäche, aus Angst vor einem Zerwürfnis, das im Scheidungsfall ihn befreien, aber wirtschaftlich vernichten würde.

Das also war jetzt die Forderung: klar, dreigliedrig und noch nicht ultimativ, sondern in der Maske der Besorgnis. Jetzt also kam es, militärisch gesagt, zur „Feindberührung". Sie barg nichts Überraschendes für den ehemaligen First Lieutenant Kerschenbaum. Die feindlichen Positionen hatte er schon vor Monaten exakt vorausgesehen: Ärztliche Untersuchung, Kontovollmacht, Testament. Er bräuchte dann eigentlich nur noch familienverträglich aus dem Leben scheiden oder zumindest seine Abschiebung in ein Pflegeheim bedanken, um durch Totalunterwerfung so zu kapitulieren, dass alle zufrieden wären.

Er wird nicht kapitulieren, entschied er erneut. Er wird Oliver Kerschenbaum nicht ausliefern, sondern für alle unbegreiflich und unaufhaltsam aus dem Begehren scheiden. Die mythischen Helden, so dachte er, nahmen stets den Kampf auf gegen Monster, Götter und Feinde. Sie kämpften, um zu gewinnen. Je mehr Siege sie erfochten, desto mehr neue Feinde stellten sich ein. Ein unendliches Spiel, Heroismus genannt, für alterslose Helden in Sage, Märchen und Westernspielfilmen. Er aber wolle nicht gewinnen und werde nicht kämpfen, sondern weiter leben als ein Mann, der zurücktrat hinter die Frontlinie von Selbstbehauptung, Kampf, Sieg und Frieden.

Er wollte nie ein Held sein, auch als Fernmeldeoffizier nicht. Aber gegen Ende seines Lebens will er Oliver Kerschenbaum sein und sonst niemand. Bereits als Kind im Blickfeld seiner weitsichtigen Mutter begann er zu ahnen, was das wirklich tabuisierte Vergehen sei, das unverzeihliche Verbrechen ohne Pardon und ohne Richter. Das inakzeptable Vergehen ist es, nicht mitzuspielen und bei sich selbst zu bleiben. Nicht Mitspieler und Mitkämpfer, nicht Aufrührer und Held, nicht Konkurrent und nicht Abhängiger zu sein, sondern beim eigenen Denken, Fühlen, Sprechen und Leben zu bleiben.

Kerschenbaum hielt sich für keinen besonders frommen Christen. Aber jetzt fielen ihm Jesus und Ödipus ein. Jesus in den Evangelien ist ein Fußgänger. Er ging immer weiter, „mitten durch sie hindurch", unaufhaltsam, sprachbewusst als er selbst. Dieses sein Selbstsein war sein pazifistisches Verbrechen. Weil er weiterging ohne mitzuspielen, mussten sie ihn kreuzigen. Nur so konnten sie ihn aufhalten, nur so die Beschämung rächen, die ihnen sein Verhalten zufügte. Und Ödipus, der „Schwellfuß"? Auch er ist andauernd unterwegs nach Irgendwo. Dabei stößt er auf die Monstersphinx am Wegrand. Sie sagt ihm, nur der darf lebend passieren, der ihr Rätsel richtig beantwortet. Ödipus, der Held, lässt sich verführen von ihr und antwortet sogar richtig. Die Sphinx stürzt sich beschämt in den Abgrund. Der Held zieht weiter. Aber durch sein Antworten hatte er Zeit verloren. „Warum ließ er sich zu einer Antwort herbei, warum ging er nicht einfach weiter seines Weges?" fragte sich Kerschenbaum. Sogar die Antwort fiel ihm ein: Weil Ödipus sich mit ihr, der Sphinx, messen und sie besiegen wollte, weil er gar keinen eigenen Weg hatte. Sein Weg war der Kampf und seine Scheinidentität der Sieg. Ödipus, der „Schwellfuß", ein tragischer Held. Jesus, ein gekreuzigter Fußgänger. Und er, Kerschenbaum?

Zu antworten ist Meisterschaft. Die Antwort braucht den ganzen Mann. Nicht den halben, den ängstlich kompromissbereiten Mann, nicht den Konkurrenten, den Kämpfer, nicht den Ödipus, braucht die Antwort. Eine Antwort ist weder eine Erklärung noch eine Kriegserklärung, sondern sein Wort an die drei Frauen, so überlegte Kerschenbaum, während Susanna noch sprach. Jetzt begann er zu sprechen: Sein Testament mit Helena als Alleinerbin habe er vor wenigen Wochen im Notariat Dr. Holzapfel hinterlegt und zwar zusammen mit seiner Patientenverfügung und dem ausführlichen psychiatrisch-neurologischen Gutachten von Dr. Beer. Das Gutachten sei jüngeren Datums und bescheinige ihm, dass er im Vollbesitz seiner geistigen Kräfte testierfähig sei. Was die Kontovollmacht für Helena anbelange, so gibt es bereits gemeinsames Zugriffsrecht nicht nur auf das Girokonto, sondern auf ein gemeinsames Festgeldkonto für Sonderausgaben. Die Erträge seiner ausbezahlten Lebensversicherung seien in Bundesschatzbriefen sicher angelegt. Im Übrigen sei es so, dass nicht Helena von ihm, sondern umgekehrt er von ihr eine Kontovollmacht zu erhalten hätte. Darauf aber möchte er verzichten.

Kerschenbaums sachliche Antwort wirkte sichtlich auf die drei Frauen. Bernadette, die bisher geschwiegen hatte, drückte ihre Erleichterung darüber aus, dass die präzise Antwort die gut geregelten Vermögens- und Privatverhältnisse widerspiegle. Helena signalisierte einen Moment lang Respekt vor Olivers praktischer Umsicht, die ihn als Geschäftsmann in seinen guten Jahren auszeichnete. Nur Susanna hielt ihren vorgeschobenen Beobachtungsposten, wurde allerdings mit ihren Nachfragen bedeckter und mit ihrem Widerspruch vorsichtiger.

Allein sie, seine Erstgeborene, blieb ihm auf der Spur. Nur sie erkannte als einzige der drei Frauen, wie langfristig und unangreifbar sich Kerschenbaum finanziell abgesichert hatte. Dabei war ihm nichts – weder moralisch noch finanziell – vorzuwerfen. Nur über Tod und Testament bzw. Generalvollmacht und Entmündigung wäre seine Zitadelle einnehmbar geworden. Folgerichtig setzte Susanna wieder bei Kerschenbaums mentaler Gesundheit ein und schlug erneut eine spezielle Vorsorgeuntersuchung für Papa in einer Memory-Klinik vor. Nur wenn er über mehrere Tage getestet würde, könne man sein Kurzzeitgedächtnis wirklich hinreichend untersuchen und den ausführlichen Befundbericht an den Hausarzt weiterleiten.

Helena schloss sich diesem Vorschlag zur gezielten Gesundheitsvorsorge an. Bernadette verließ das Dreierbündnis. Sie meinte, man müsse nichts übertreiben und wünschte einen Themenwechsel. So blieb es bei der Mutter-Tochter-Allianz zwischen Helena und Susanna, die wenigstens etwas Terrain wiedergewonnen hatte. Kerschenbaum ließ sich auf keine weitere Diskussion mehr ein. Die Konfrontation war dieses erste Mal für ihn überstanden. Das nächste Mal, so ahnte er, wird die „Allianz" mit männlichen Hilfstruppen gezielter gegen ihn anrücken. Da der Vorstoß in Richtung Kontovollmacht ins Leere gelaufen war, würden sie ihn in einer Zangenbewegung zur Vergabe einer Generalvollmacht zwingen wollen. Damit die „Zange" zugreifen und ihn packen kann, benötigen sie ärztliche, genauer gutachterliche Hilfe. Seine, Kerschenbaums, kostspielige Allianz mit Notar Dr. Holzapfel wird dann in ihre erste Bewährungsprobe geraten. Seine Hauptverteidigungslinie war markiert durch Dr. Beer und Dr. Holzapfel; beide honorige Repräsentanten des deutschen Rechtssystems auch nach der Wiedervereinigung.

Die Themen lösten einander jetzt schnell ab und die Vierergruppe löste sich bald auf. Alle Beteiligten wurden wieder vom Sog des Alltäglichen erfasst, redeten und bewegten sich viel. Nur Kerschenbaum blieb schweigsam. Er trat allein vor die Haustür, die strahlend weiße, nahm seine ablehnende Gleichgültigkeit gegen seine Familie wahr und entschied sich, die Küste jetzt in der umgekehrten Richtung zu einem Morgenspaziergang entlang zu gehen.

3. Inselbekanntschaft

Nicht selten ziehen kleine Inseln – zumindest tagsüber – große Menschenmengen an. Jersey ist solch eine Insel mit zwei Gesichtern: dem touristischen, überbordend mit Booten, Passagieren, Tagesausflüglern und dem stillen, windbewegten mit langen Wanderwegen und Segelrouten. Kerschenbaum mied das eine und berührte gern das andere Gesicht der Insel. Er berührte es mit seiner Wahrnehmung, einem aufkommenden Gefühl von Lebensfreude und mit seinen Füßen im festen Schuhwerk. Er wanderte alleine. Am liebsten auf 2-3 Stunden vormittags, oder kürzer vor der Teestunde. Meistens ging er mit Regenschirm und viel zu warm angezogen, weil er es verabsäumt hatte, Übergangskleidung für den einwöchigen Inselaufenthalt mitzunehmen.

So leidenschaftlich wie Helena redete, ging Kerschenbaum spazieren. Die Mitte dazwischen war ein Teehaus, eine ehemalige Orangerie mit botanischem Garten, in der sie sich während ihrer Jersey-Aufenthalte wiederholt trafen. Es blieben ihnen nur noch eine handvoll Tage nach dem Fest, um nicht nur die Familie, sondern den Insel-Ort zu erleben. Die alte Orangerie mit klassizistischer Gartenarchitektur, Pflanzengeruch und verschiedenen ostasiatischen Teesorten verströmte für Kerschenbaums Geschmack einen fast zeitlosen, langsamen Verfall. Dieser Gesamteindruck würdevoller Dekadenz wurde in seinem Erleben verstärkt durch die Queen-Victoria- und King-George-Büsten aus Gips. Mit leicht grünlichem Planktonbefall sahen sie von ihren Sockeln zwischen Palmen und Organgenbäumchen hin zu den Teetrinkern an den Tischen vor den mächtigen Glasfenstern mit Gartenblick.

Nach seinen Spaziergängen kehrte er dort gerne ein. Helena erwartet ihn zumeist schon mit irgendetwas Neuem: Mit ihrer neuen Frisur, ihrer neuen Handtasche, einer Neuigkeit. Ihre Treffen in der Orangerie hatten selbst für Kerschenbaum noch einen Hauch von Intimität und besonderer Gemeinsamkeit. Seit Bernadettes Umzug nach Jersey, seit sieben Jahren also und alljährlich, gönnten sie sich diese spärliche Mitte ihres Nebeneinanders. Beide waren sich bewusst, dass das ihr Teehaus und ihre Teestunde sei: Niemals brachten sie jemand dorthin mit, auch nicht aus der Familie. Selbst Alois, dem Biogärtner, und Marga blieb dieser Geheimtipp ungenannt. Um einen guten Tisch für die gute Zeit der Teestunde sicher zu reservieren, musste Kerschenbaum mindestens 5 Pfund dem Oberkellner in die Hand drücken. Ab dieser diskret verabreichten Summe gelang die Reservierung stets trotz hohem Touristenandrang.

Umso mehr verwunderte sich Kerschenbaum, dass es dieses Mal anders verlief als seit all den Jahren: An dem Tisch mit blauer Tischdecke saß Helena zusammen mit einem älteren Paar. Beide kannte er nicht. Ein Stuhl war noch frei. Helena wirkte angespannt. Ihre Art die Handtasche auf ihrem Schoß zu streicheln verriet ihm das. Sicher hatte sie dieses Paar nicht eingeladen, aber auch nicht mehr loswerden können. Ihre guten Manieren hatten ihr das wohl verboten, vermutete Kerschenbaum während seiner letzten Schritte auf den Tisch zu. Dort angelangt machte ihn Helena mit dem distinguiert wirkenden Ehepaar Margarete und Herbert Miller bekannt.

Freudig erzählte Helena, dass die Millers in Frankfurt wohnten und zwar im selben Viertel wie sie und Oliver. Beide würden seit Jahren als Privatiers viel reisen. Schon vor zehn Jahren habe Herbert seinen Autosalon samt Generalvertretungsrecht verkauft, um das Leben zu Zweit, in Haus und Garten, in Frankfurt und England genießen zu können. Herbert sei nämlich gebürtig in Kent. Erst in den 50er Jahren sei er bleibend nach Deutschland gekommen, hätte dort Margarete geehelicht und vom Wirtschaftswunder profitiert. Margarete bestätigte diese Angaben mit wortreichen Zugaben, während Herbert schwieg.

Während die Frauen redeten, sahen die Männer einander an. Herbert machte auf Oliver den Eindruck eines artigen Jungen, der wusste, dass ihm nichts passieren konnte, solange er nur freundlich schwieg. Dabei erweckte er den Eindruck, ein guter Zuhörer zu sein, der am Gesprächsfluss interessiert sei. Ab und zu lächelte er versonnen, blickte seine redende Frau liebevoll an und schwieg weiter. Herberts stille Freundlichkeit und Schweigsamkeit wirkten auf die Tischrunde besänftigend. So wurde es immer selbstverständlicher, dass Herbert nicht sprach, sondern zurückhaltend hörte, lächelte und Tee trank. Dabei zeigte er weder Langeweile noch verhaltene Unruhe, weder Beklommenheit noch Müdigkeit oder sonstige energetische Regungen. Auch wirkte er auf Kerschenbaum nicht sonderlich versonnen, wie ein stiller Denker, sondern eher wie ein Hirtenhund, der bei der Herde und dem Herrchen bzw. Frauchen treu aushält.

Länger schon ließ Kerschenbaum seine Einfälle gelten und zwar so, wie sie ihm kamen und ihn wieder verließen. Früher, viel früher in Familie und Firma, hatte er solche plötzlichen Eingebungen sofort abgewiesen. Wie bei Hausierern oder Zeugen Jehovas, die anläuten, sah er nur kurz durch den Spion, ließ die

Türe geschlossen und blieb im Gewohnten. Seitdem, als er abgeschoben mit Koffer vor Evas Wohnungstür stand, hatte er diese Abwehrhaltung verloren. Bald empfand er es als Bereicherung und Korrekturfaktor seines Lebens, die Hausierer, Jehovisten und Einfälle zuzulassen. Sie alle brachten ihm ihre Signale, Botschaften und Einsichten. Zugelassen waren sie ungefährlich. Abgewiesen kehrten sie nicht selten wieder, bisweilen maskiert in Albträumen. Im Wachzustand wurden ihm seine Einfälle zu einer Art Fernmelder, zu Scouts, die sich ihm vom Jenseits seiner Selbstwahrnehmung her annäherten. So lernte er zwischen Einfällen und Fantasien zu unterscheiden, wie zwischen Fremdwährung und wertlosem Spielgeld.

Der freundlich lächelnde Herbert erinnerte ihn jedenfalls an einen Hirtenhund. Kerschenbaums Interesse an Herrn Miller war geweckt. Dessen mattgoldene Manschettenknöpfe zogen es besonders an. Wirklicher Goldschmuck glänzt zurückhaltend, wie Menschen, die sich im Schweigen anmerken lassen, dass sie Wertvolles zu sagen hätten. Herberts Outfit war passend zu den Manschettenknöpfen und zur silbernen Krawattennadel. Das wärmende Tweed-Jackett lag maßgeschneidert um seine Hals- und Schulterpartie. Kerschenbaum registrierte respektvoll, dass hier das Jackett zum Mann gehörte und nicht umgekehrt, wie es bei der Billigkonfektion der Fall ist. Doch zu wem gehörte der Mann, der wie ein schottischer Hirtenhund zwischen den zwei Frauen an der Teetasse nippte?

Kerschenbaum beschloss, Herbert sanft und direkt anzusprechen. Er fragte ihn, seit wann er auf der Insel sei. Margarete antwortet, seit drei Tagen. Nochmals versuchte er es und fragte Herbert, wo sie auf Jersey untergebracht seien. Wieder antwortet Margarete und lächelte Herbert. Dann allerdings sprach er. Er sagte: Was für eine angenehme Teestunde mit so netten Menschen. Helena erwiderte das Kompliment. Der Kellner brachte Kandiszucker, was Herbert, der keinen bestellt hatte, freundlich bedankte. Gleich darauf wurden Sandkuchen und Brownies gereicht, als Kerschenbaum eine erneute Annäherung wagte. Er musste schnell sein, um Herbert nochmals anzusprechen, bevor der die Gabel zum Munde führte. Und diesmal war er erfolgreich.

Kerschenbaum fragte Herbert, an wen er seinen Autosalon wann verkauft habe und wie mit den Rechten zur Generalvertretung umgegangen wurde. Mit demselben freundlichen Gesicht von vorhin antwortete Herbert, dass er es nicht wisse, weil er sich nicht mehr daran erinnere. Blitzschnell setzte Kerschenbaum nach mit einer Folgefrage. Er wollte von Herbert hören, ob er sich noch daran erinnere, einen Autosalon besessen zu haben. Wieder antwortete der milde lächelnde Herbert, dass er sich auch daran nicht mehr erinnere. Dann führte er mit der Gabel in seiner linken Hand ein Stückchen Sandkuchen in den Mund, spülte aufmerksam mit dem lauwarm gewordenen Schwarztee nach und begann aus dem Fenster ins Weite zu blicken.

Selbst Helenas nicht sehr ausgeprägte Fremdwahrnehmung reichte jetzt aus, um in ihr ein unheimliches Gefühl seltsamer Enttäuschung aufkommen zu lassen. Weder wagte sie Oliver noch Margarete in die Augen zu schauen. Herberts Blick hatte sich ins Weite entzogen, hinaus aus der von Menschen, Gerede und Teegebäck überfüllten Orangerie, hinweg von Fragen und Erinnerung zu den dahinter treibenden Wolken mit Möwen dazwischen. Herbert war entrückt und unansprechbar geworden. Das konnten alle Drei am Tisch fühlen. Für wenige Sekunden schwiegen sie. Dann sprach Margarete. Mit Blick auf Oliver sagte sie, dass ihr Mann an der Alzheimer-Krankheit leide, sodass er sein Gedächtnis weitgehend verloren habe. Sein Sprach- und Reaktionsvermögen sei allerdings noch so weit intakt, dass er in einer gegenwartsbezogenen Konversation ebenso mitsprechen könne, wie wenn es um nicht zeitgebundene, abstrakte Themen gehe, zum Beispiel die Freude am Reisen oder an netter Bekanntschaft und einer guten Tasse Tee. Zwar leide Herbert seit vielen Jahren an Wortfindungsschwierigkeiten, an fortschreitendem Orientierungsverlust in Raum und Zeit, aber sie, Margarete, würde er nach wie vor erkennen und gefühlsmäßig stark an sie als Bezugsperson gebunden sein.

Ach ja, dann wäre da noch eine Kuriosität an Herbert, die aber medizinisch erklärbar wäre: Herbert könne nach wie vor hervorragend Schach spielen. Zwar könne er sich im Nachhinein an die gespielten Partien nicht mehr erinnern, aber im Schachspiel selbst sei er ziemlich unschlagbar. Er wisse zwar nicht, mit wem er spiele, dafür aber, wie er den nächsten Zug am geschicktesten zu setzen habe, um zu gewinnen. Zeit seines Lebens wäre Herbert ein geschickter Spieler, sie meinte Schachspieler, gewesen. Er könne die Regeln des Schachspiels zwar nicht mehr verbalisieren, aber er könne sie fehlerfrei anwenden.

Herbert schien taub geworden zu sein. Reglos verlief sich sein Schauen nach Draußen, während seine Frau über ihn, den Alzheimer-Betreuungsfall, redete.

Mit medizinischem Vokabular erklärte sie das derzeitige Krankheitsbild ihres Mannes, seine Intelligenzeinbußen, seinen Erinnerungsverlust, seine Unfähigkeit, das zu verstehen, was sie gerade beschreibe. Wichtig sei, dass die Vermedikamentierung stimme, sonst werde er unruhig und laut. Die derzeitige, kombinierte Dosis von Dementiativa mit Sedativa und Multivitaminpräparaten lasse ihn gemütsmäßig ausgeglichen, zufrieden und ruhig sein. Nur so, dank seiner Medikamente, könne sie ihn auf Reisen mitnehmen.

Freilich dürfe sie ihn, wie ein Kleinkind, nicht aus den Augen lassen, sonst wäre er hilflos verloren. Ein abendliches, leichtes Schlafmittel sorge dafür, dass Herbert bis zum Morgen durchschlafe. Dank des vorzüglichen Fach- und Betreuungsarztes von Herbert sei auch das nächtliche Inkontinenzproblem gut im Griff. Ein Pflanzenheilmittel, mit dem Schlafmittel verabreicht, sorge für die Verringerung des Harndranges. Im Wachzustand tagsüber wäre es für Herbert trotz 8jähriger Alzheimer-Erkrankung immer noch möglich, selbständig zu urinieren. Auch könne er sich selbst waschen, kämmen und ankleiden, sofern ihm Seife, Kamm und die Kleidungsstücke bereitgelegt würden. Keine Probleme habe er mit der Reihenfolge beim Bekleiden. Seine Manschettenknöpfe und die Krawattennadel liebe er. Immer noch könne er sie selbst zielgenau anbringen. Überhaupt würde Herbert keinen Deut zittern. Er wäre ja kein Parkinsonpatient. Seine motorischen Fähigkeiten wie seine Feinmotorik hätten bisher noch nicht gelitten. Erst im finalen Endstadium von Alzheimer würde dies für Herbert zu Defiziten bis hin zum Versagen der Normalmotorik führen. Dann, in der finalen Alzheimer-Demenzerkrankung, würde auch die aufbrechende Inkontinenz nach Windeln verlangen. Herbert würde schließlich ein totaler Pflegefall mit Pflegestufe III werden, prognostizierte Margarete.

Während seine Frau redete und Herberts Ende ausmalte, schwieg Herbert bewegungslos, blicklos, wie betäubt. Sie betäubt ihn, dachte Kerschenbaum, der seine Einfälle, wie gesagt, schon lange zuließ. Mit ihrem Reden, ihrem Wissen, mit ihrer Sicherheit um sein Ende in Windeln, mit den Sedativa und pflanzlichen Mitteln betäubt sie ihn. Sie redet andauernd über ihn, über seine Krankheit, seinen Urin und seine Kleider. Sie überredet ihre Zuhörer ihr zu glauben, dass ihr Mann schon aufgehört habe ein Mensch zu sein. Was für eine Allmacht des Wissens und Vorherwissens sich in der Diagnose „Alzheimer" verdichtet, um sich wortreich auf ihr Opfer zu entladen, so wie fette Hagelkörner aus gelben Wolken auf schutzlose Erde. So dachte Kerschenbaum und fühlte Scham darüber, hörender Zeuge dieser verbalen Entblößung geworden zu sein.

Er spürte in sich eine stumme Auflehnung, die seinen Magen, seinen Hals, sogar seine Augen ergriff und seine Stimme zuerst belegt werden ließ und dann versteinern. Er erkannte, dass Protest sinnlos sei, weil er auf Unverständnis und taube Ohren stoßen würde. Deshalb ging er anders in die Offensive. Ob er gerne mit ihm Schach spielen würde, fragte er den weitblickenden Herbert. Ein Glanz kam in dessen Augen und ein Räuspern in seinen Hals. Herbert hatte gehört und verstanden. Ja, das würde er gerne, lautete seine eher leise Antwort an Kerschenbaum. Jetzt schwiegen die Frauen. Kerschenbaum übergab Herbert und dann Margarete seine Visitenkarte, schlug ein baldiges Treffen im Frankfurter City-Hilton und ein Schachspiel in seinem Wintergarten vor. Mit ruhigem Blick nahm Herbert nicht nur die Visitenkarte an, sondern Kerschenbaums Vorschlag auf. Kurzzeitig kam eine männliche Haltung in Herberts Oberkörper, dann sagte er unerwartet: Beim Spiel werden wir einander näher kennenlernen. Darauf schwieg er wieder und nahm sein freundliches Lächeln von vorhin an. Kaum zu Wort gekommen hatte er auch schon wieder ausgespielt.

Margarete war jetzt am Zug. Mangels eigener Visitenkarte notierte sie die Adresse und Telefonnummer des Ehepaares Miller auf ihre Serviette. Helena nahm sie an sich und verwahrte sie in ihrer Handtasche. Die Frauen begannen wieder zu plaudern, die Männer zu schweigen. Wie alles im Leben verging auch die Teestunde, verlief sich der Spätnachmittag in den regnerischen Frühlingsabend, wechselten Nächte und Tage, Spaziergänge und Teestunden einander ab. Die Abreise Kerschenbaums nahte und geschah, ohne dass es zu weiteren Gesprächen mit seinen beiden Töchtern und Schwiegersöhnen gekommen wäre. Alois und Marga reisten zwei Tage vor Helena und Oliver ab. Susanna mit Familie blieb noch wenige Tage länger, wie viele genau interessierte Kerschenbaum nicht.

Sein Interesse hatte lange schon aufgehört, sich an Menschen festzumachen. Wenn überhaupt, dann interessierte ihn an Menschen, dass sie ihn in Ruhe ließen. Nicht mehr deren Opfer zu werden, das wollte er für die Restjahre seines gealterten Lebens. Seine Aufmerksamkeit hatte noch nie den Menschen gegolten, nicht einmal seiner Familie oder seinen Liebschaften. Seit seinem Rausschmiss durch Eva, seit seiner Entscheidung aus dem Begehren zu scheiden, begann er erstmals seine Aufmerksamkeit zu entdecken. Dabei stellte Kerschenbaum fest, dass seine, Olivers Aufmerksamkeit dem Leben galt und nicht den Menschen. Die Menschen nahm er wahr, auf das Leben merkte er auf, indem er die Gegenwart wahrnahm. Während seiner Spaziergänge auf Jersey rekapituliert er sein bisheriges Leben, so wie es ihm einfiel während er ging.

Dabei wurde ihm klar, wie tragisch er Aufmerksamkeit mit Angst verwechselt hatte. Seine Aufmerksamkeiten an Helena waren Täuschungen, Beschwichtigungen, gezielte Zuwendungen aus Angst. Je fremder er sich im Laufe erfolgreicher Jahrzehnte wurde, desto mehr Aufmerksamkeiten verstreute er. Die letzten gingen als ablösende Geldgaben an Helena und Holzpafel. Seine vorsichtigen Aufmerksamkeiten waren Köder zur Ablenkung. Alle erwiesen sich als bestechlich: Seine Mutter durch Tulpen mit Gedichtvortrag am Muttertag, sein Regimentskommandeur durch Respektbezeugungen, seine Frau durch großzügige Geschenke, sein Notar durch einträgliche Sondervollmacht. Aber der junge, beinamputierte Infanterist, der damals laut singend auf seinem Lazarettbett starb, der fiel ihm als unbestechlich ein. Der nahm den Tod an und keine Beschwichtigungen, keine Sedativa und täuschenden Reden, keine Prognosen und weiteren Bandagen. Der war angstfrei und aufmerksam auf sein Ende.

Bei seiner Abreise war sich Kerschenbaum bewusst, dass er seiner Familie jene Aufmerksamkeit nicht mehr schenkte, die sie als Preis für ihr Wohlwollen zwar nicht forderte, aber brauchte. Innerlich war er in diesen späten Tagen schon weitergegangen, unmerklich weg von dem Entgegenkommen, zu dem er sich seiner Familie gegenüber lange verpflichtet glaubte. Wohin ging es mit ihm? Zunächst einmal weg von Jersey und zurück nach Frankfurt. Noch war Helena bei ihm und das Schachspiel mit Herbert stand ihm bevor.

Senatorklasse flog er über London zurück zu seinem Wintergarten. Mit Limousinen- und Gepäckservice wurden Helena und Oliver in ihr Reiheneckhaus zurückbefördert. Dort fand Kerschenbaum eine kalte Wohnung und offene Rechnungen vor. Manche der Orchideen hatten unter seiner Abwesenheit gelitten. Die Porzellanfiguren standen unversehrt und die Blattpflanzen auch.

4. Der Filmriss

Die Obstbäume blühten entlang den Anhöhen des Taunus, der als waldreiches Bergland Frankfurt ähnlich flankiert wie der Wiener Wald Österreichs Hauptstadt. An der südlichen Absenkung des Taunuswaldes liegt Band Homburg vor der Höhe mit Dr. Holzapfels Notariat. Kerschenbaum fuhr mit der S-Bahn dorthin, um eine Kopie seines US-amerikanischen Passes dort beglaubigen und deponieren zu lassen. Holzapfel selbst riet dazu, da Kerschenbaum nach wie vor amerikanischer Staatsbürger geblieben war. Die Angelegenheit wurde zügig abgewickelt, brachte Kerschenbaum aber eine sachliche Wiederbegegnung mit Holzapfel, was zur Stärkung der wechselseitigen Allianz beitrug.

In ruhiger Stimmung mit einem Gefühl jugendlicher Leichtigkeit verließ der 73-Jährige die Kanzlei, nahm zu Fuß den sanft abschüssigen, gepflasterten Weg zurück zur S-Bahn und blieb stehen: Dreißig Kilometer weiter nach Süden, leicht abgesenkt, lag Frankfurts Silhouette im Horizont. Für ihn war Frankfurt nicht nur eine Großstadt, sondern ein langes Kapitel im Drehbuch seines Lebens. Er schaute hinüber und hinein, las in dessen Seiten und erkannte sich nicht wieder. Nicht, dass er sein Gedächtnis verloren hätte wie der für Alzheimer-krank deklarierte Herbert. Er hatte sein Wollen verloren; sein Interesse daran, sich zu erinnern und dabei sich selbst in der Erinnerung wiederzuerkennen.

Nicht mehr die Erinnerung, sondern seine Gleichgültigkeit wurde ihm beachtenswert. Also widmete er ihr seine Aufmerksamkeit. Nicht in seiner Erinnerung fand er sich wieder, sondern in der Wahrnehmung seiner Gleichgültigkeit. Zugleich überrollte ihn eine Woge von Freiheit. Sie fasste ihn von weither anrollend, ließ ihn eintauchen, hob ihn empor und trug ihn mit sich wie die Wellen der Ozeane. Je länger ihn die Woge forttrug, desto leichter fühlte er sich. Wenn es überhaupt so etwas wie ein Gefühl der Freiheit gibt, dann erfasste und erhob es ihn jetzt, so wie er da stand auf dem Kopfsteinpflaster.

Er brauchte sich selbst nicht mehr: den alten, ihm vermittels zahlloser Erinnerungen bekannten Kerschenbaum. Den, so wurde ihm zur freudigen Gewissheit, gab es gar nicht. Nur ein seltsam ängstliches Begehren in ihm trieb und veranlasste ihn dazu, immer wieder, in jedem Augenblick seines Lebens Kerschenbaum zu werden. Mit seiner ihm altbekannten Identität, nämlich Kerschenbaum zu heißen, verhielt es sich also wie mit einem Kinofilm. Nur weil die Bilder so blitzschnell hintereinander ohne zeitlichen Abstand aufeinander folgen, sieht der Kinobesucher einen dreidimensionierten Film. Nur deshalb kann der Zuschauer eintauchen in die filmische Fiktion eines anderen Raumes, einer anderen Zeit, einer die weiße Kinoleinwand überblendenden Realität. Wird dem Filmprojektor die Elektrizität entzogen, verliert sich mit der Bewegung der Bilder die Fiktion der Realität. Wird erst die Leinwand sichtbar, hat die filmische Faszination ganz ausgespielt.

Kerschenbaum erkannte sein Leben, seine Identität Dr. Kerschenbaum zu sein, als einem Film vergleichbar. Ohne die genügend schnelle Abfolge der gespeicherten Bilder kann kein Film ein Film werden. Das gilt sogar, wenn man die Bildfolge umkehrt und den Film rückwärts laufen lässt. Wer das Interesse an den Bildern verloren hat, den interessiert auch der Film nicht mehr. An diesem Desinteresse war Kerschenbaum angelangt. Ihn interessierte die Leinwand, nicht der Film; die Gegenwart, nicht die Vorstellung; die dunstige Silhouette der Hochhäuser, nicht die Stadt seiner Vergangenheit. Er dachte an Sisyphus, den tragischen Helden im griechischen Mythos. Seitens der Götter war er dazu verurteilt, fortwährend einen runden Stein von unten nach oben auf eine Anhöhe zu wälzen. Sisyphus rollt den Stein in der steten Hoffnung, dass er es dieses Mal schaffen würde. Dass dieses Mal das allerletzte Mal wäre und der Stein nicht wieder zurückrollen würde. Seine Hoffnung ist Sisyphus seine Verdammnis. An den Stein ist er nicht angekettet, wohl aber an die Hoffnung und das Eigenbild, dass er es schaffen kann mit dem Stein, dass er es dieses Mal schaffen werde.

Sisyphus ist ein süchtiger Spieler. Sein Suchtobjekt ist der Stein, seine Sucht seine Hoffnung und seine Hoffnung ist seine falsche Selbsteinschätzung. Nicht die Götter sind schuld, nicht der Stein ist Ursache für die fatale Gefangenschaft des Sisyphus. Niemand ist schuld an der traurig-süchtigen Bewegungsexistenz des mythischen Spielers. Auch Sisyphus nicht. Denn es gibt ihn ebenso wenig wie die Götter. Alles, was es gibt, ist ein an sich bewegungsloser Stein, so bewegungslos wie eine Leinwand und ein Auf und Ab im ständigen Wiederholungszwang. Würden dessen Bewegungen aufhören, würde Sisyphus enden, Sisyphus zu sein. Er ist nur vermeintlich Sisyphus, indem er immer wieder den Stein in Bewegung hält und dadurch fortlaufend zu Sisyphus wird.

Sisyphus, so folgerte Kerschenbaum, ist der mythische Mann, der niemals aus dem Begehren schied. Denn im selben Moment, in dem er Abschied von seinem süchtig verengten Begehren nähme, würde er seine falsche Identität verlieren. Er würde plötzlich nicht mehr Sisyphus sein. Diesen Filmriss lässt der Mythos ebenso wenig zu, wie das Eigenbild, dessen Mosaik sich aus Einbildungen und deren gefühlter Erinnerung formt. Zur Verdammnis des Sisyphus gehört, dass er niemals sterben kann. Selbst der Tod als ultimative Befreiung ist ihm versagt, denn es gibt ihn, Sisyphus gar nicht. Längst schon ist er aufgesogen worden durch falsche Selbsteinschätzung, Sucht und Wiederholungszwang. Weil Sisyphus bereits aufgehört hat zu existieren, weil er transmutiert ist in süchtiges Begehren ohne Bewusstsein, deshalb kann nicht einmal der Tod ihn erlösen. Sisyphus ist das Inbild des Verdammten, an dessen Verdammnis niemand schuld ist. So erkannte Kerschenbaum. Dann musste er niesen.

Wie das rhythmische Rauschen anrollender Meereswogen vernahm er seine sprechenden Einfälle. Erinnerungen sind wie Brunnen mit Sickerwasser. Andererseits gibt es einen einfallsreichen Zuspruch von ganz woanders her, von wo genau, blieb Kerschenbaum unsagbar. Aber vernehmbar wurde ihm diese andere Sprache und wahrnehmbar ihre ozeanische, präsentische Kraft. Eine Kraft, die ihn herauslöste aus dem Film seiner Selbstbilder, Vorstellungen und Erinnerungen. Eine ihm unverfügbare Kraft, der durch aufmerksames Bewusstsein der Gegenwart Raum gegeben wird. Verlief sein bisheriges, 32jähriges Leben in Frankfurt nicht wie eine stetig wiederholte Hafenrundfahrt in einer seichten Lagune? Sein Wintergarten gab ihm die bevorzugte Kajüte ab und sein Reihenhaus den alltäglichen Ankerplatz. Bereits seit seinem letzten Besuch bei Holzapfel, seit sie zu Alliierten wurden, roch er den Ozean hinter der Lagune, begann er das Rauschen der Wellen zu vernehmen.

Seither war ihm und in ihm ein Abschied nach dem nächsten geschehen. Diese äußeren und inneren Verabschiedungen empfand er jetzt als notwendige Trennungen, um endlich von Bord zu gehen, um auszusteigen aus den Jahrzehnte währenden Hafenrundfahrten der Kerschenbaum-Barkasse. Was Sisyphus der Stein, das war ihm die Routine geworden. In ihr, so dachte er, steigert sich die Erinnerung zur Wiederholungshandlung. Die Routine ist das Kino mit dem immer selben Film. Doch der hatte seine Magie über Kerschenbaum verloren und die Erinnerung ihre ihn bewegende Kraft. Nach so vielen Abschieden – von Eva, Firma, Geschäftsroutine, Vermögen und Familie – nahm er nun Abschied von seinen Erinnerungen. Sie entpuppten sich ihm als langweilige Bekannte mit heimlicher Täuschungsabsicht. Als Parasiten, die ihn an Versicherungsmakler denken ließen.

Mit ihren teuren Policen erwecken sie den Eindruck, man könne auch in Zukunft der Alte, sich selbst Bekannte bleiben. Jährlich wiederkehrende Zahlungserinnerungen sorgten bei Kerschenbaum dafür, dass er sie nicht vergessen durfte. Parasiten sind anhänglich wie Erinnerungen. Herbert hatten sie verlassen, wie Gläubiger einen hoffnungslosen Bankrotteur. Sogleich erinnerte ihn dieser Gedanke an das bevorstehende Abendessen mit Herbert und Margarete im City-Hilton. Um 20.00 Uhr sollten sich die beiden etwa gleichaltrigen Ehepaare dort treffen. Eines war ihm sicher, nämlich dass es für Herbert keine Wiederbegegnung sein wird. Erinnerungslos wird Herbert disponiert sein, ihm vorurteilsfrei zu begegnen, als wäre es das erste Mal.

Immer noch stand Kerschenbaum unterhalb des Notariats auf dem nassen Kopfsteinpflaster. Passanten gingen um ihn herum, als wäre er eine Verkehrsinsel. Schräg vor ihm hielt ein hellgelbes Taxi. Niemand stieg aus, Kerschenbaum ein. Er nutzte die Chance des Augenblicks. Ohne zu zögern gab er dem Fahrer Anweisung, ihn nach Frankfurt in das Hilton zu fahren. Er wollte den Ort des heutigen abendlichen Treffens sondieren. Das Arrangement seiner Begegnung mit Herbert mochte er nicht allein den beiden Frauen überlassen. Deren Begehren ahnte er, nämlich sich zu unterhalten, um in redender Unterhaltung beides zu vergessen: das Leben und die Gegenwart mitsamt den zwei Männern. Diesem mutmaßlichen Begehren Helenas wollte er nicht angepasst folgen. Er entschied sich, darin keine Rolle zu übernehmen, sondern daraus auszuscheiden. Deshalb also und weil sich ihm die unerwartete Chance dazu bot, fuhr er bequem Taxi.

Er schwieg während der Fahrt. Der farbige Taxifahrer mit vorsichtigen Deutschkenntnissen schwieg ebenfalls. Dafür spielte das Autoradio leise Walzermusik. Über ein Jahr war es nun her, dass sich Kerschenbaum entschieden hatte, aus dem Begehren zu scheiden. Seither hatte er seinen Entschluss weder bereut noch irgendwie zu revidieren versucht. Nur er wusste davon. Niemand sollte sein Verhalten entschlüsseln können, keiner ihn verstehen. Auch Verständnis ist Macht, so hatte er lernen müssen. Überhaupt, so überlegte er mit Rückblick auf den Taunus, hatte er überraschend Neues gelernt in diesem letzten Jahr: Wie gefährlich es werden kann aus dem Begehren der Anderen, der Ehefrau und Familie, auszuscheiden, diese Lektion lernte er auf Jersey.

Andererseits entdeckten sich ihm die Stille, das Schweigen, sein Desinteresse sowie seine Befähigung zur Aufmerksamkeit und bewussten Wahrnehmung der Gegenwart. Je mehr er das Leben wahrnahm, desto größer wurde sein Abstand zu den Menschen. Je mehr er dem Leben vertraute, desto fremder entrückten ihm die so genannten Nächsten, wie Helena, Susanna und sogar Bernadette. Er lernte die Allmacht der Diagnosen kennen und parallel dazu die Macht der Notariate, Psychiatrien und Fachkliniken. Er begann sensibel zu unterscheiden zwischen Einfällen und Fantasien, zwischen seiner Wahrnehmung und seinen Gedanken. Vorhin erst lernte er zwischen zwei Arten von Erinnerung zu differenzieren: Erinnerungen, die von vorne her aus seinem Bezug zur Gegenwart gleichsam als Einfälle auf ihn zukommen sind anders, als die parasitären Erinnerungen, die sich von hinten her aus der Vergangenheit und ihrem Bedenken anbieten. Über die einen verfügt der Augenblick, nicht aber der Mensch, so erkannte Kerschenbaum mit einem langen Ausatmen. Die anderen hingegen sind vom sich Erinnernden abrufbar, wiederholbar wie Bildsequenzen eines immer gleichen Films, wie Versicherungsmakler mit willigen Angeboten.

Das Taxi bog von der Schnellstraße über den Verteilerring ab nach Frankfurt City. Selbst der Blick in den Rückspiegel brachte Kerschenbaum kein Signal mehr von den blühenden Obstbäumen an den Hängen des Taunus. Auch seine stillen Freunde, die Kirschbäume, blühten jetzt dort. Mit Hilfe der Straßenschilder registrierte er, dass er in etwa zehn Minuten beim Hilton vorgefahren werde. Das Hotel kannte er noch von früheren Geschäftsbesprechungen: Unvergesslich blieben ihm die locker angespannten Geschäftsessen mit abschließenden Terminvereinbarungen, mit Austausch von weißen Visitenkarten und warmem Händedruck. Weil er seit seiner Collegezeit an Schweißfüßen und Schweißhänden litt, scheute er stets das Händeschütteln mehr noch als halbprivate Umarmungen. Schwäche und Schwitzen mussten freilich ebenso verleugnet werden wie Mundgeruch, Zittern, Erregung, Angst und schlechte Laune. Die Normalität der Verleugnung galt nicht nur für Körperregungen, sondern mehr noch für Flecken, Körpergeruch und Gestank. Ganze Industriezweige mit Vertretern, die bisweilen selbst unter Geruch leiden, profitieren davon.

Der Gedanke an diesen Kreislauf der Verleugnung ließ ihn erleichtert schmunzeln. Das Taxi näherte sich dem Mainufer. Aus dem Autoradio tönte der Walzer „Donau so blau". Kerschenbaum sah aus dem Fenster, dachte an Parfum und Sex. Seine Geschäftsessen, bei denen Frauen anwesend waren, waren eher selten. Früh schon lernte er die Regeln des Benehmens und hielt sich an den „guten Ton". Diese Regeln, so sah er es jetzt als Privatier, begünstigen die Männer: Für Männer reicht es aus, geruchlos im farblosen Schwarz-Weiß, charakterlos, aber korrekt sich zu benehmen. Charakter wäre schon ein Geschmacksverstärker und eine Zugabe, wie herb riechendes Rasierwasser und ein farbiges Einstecktuch. Alles Auffällige aber tendiert zum Regelwidrigen und stört eher die Spielregeln als dass es sie fördert. Männer – so resümierte Kerschenbaum sein 40jähriges Geschäftsleben – die mindestens 175cm hoch, schweigsam und nicht auffällig fett sind, gelten als korrekt, wenn sie farb- und geruchlos bleiben. Diese Grundregel gelte auch für deren Gedanken, Denkvermögen und Vermögen überhaupt. Wer zu viel zeigt, macht sich verdächtig in den Nasenlöchern, Ohren und Augen der Anderen.

Hinsichtlich der Frauen verhält es sich mit dieser simplen Grundregel eine Vierteldrehung anders: Deshalb waren Geschäftsessen mit Geschäftsmännern und Geschäftsfrauen für Kerschenbaum regelmäßig anstrengender als nur mit Männern. Als erfahrener Mann wusste er nicht nur, dass, sondern wie es zu explosiven Gemengelagen und Interessenskollisionen kommen konnte: Fast alle Frauen parfümieren sich; fast alle Männer – je älter desto mehr – neigen zu Körpergeruch. Trifft Parfüm auf Körpergeruch, Duft auf Schweiß, wird die Kombination für Dritte unüberriechbar. Geschäftsfrauen dürfen sich dezent parfümieren, auch in Andeutung dekolletieren. Sie dürfen ihre Knie, Oberarme und den oberen Brustbereich zeigen. Dasselbe gilt für die Eleganz ihrer Figur, den Glanz ihrer Haare und die Feingliedrigkeit ihrer Hände, Füße und Unterschenkel.

Sie dürfen zeigen, aber nicht herzeigen. Die Männer dürfen, ja sollen wahrnehmen, aber nicht erwidern, geschweige denn als Mann sexuell reagieren. Als farb- und hoffentlich geruchslose Geschäftsmänner werden sie zu einem besonderen Spiel der Verleugnung aufgefordert. Sie dürfen schauen, aber nicht hinschauen; riechen, aber nicht niesen; wahrnehmen, aber nicht erkennbar bemerken. Sie dürfen erotisches Ergriffensein vorsichtig andeuten, aber niemals aussprechen. Sie dürfen nicht nur, so verfeinerte Kerschenbaum sein Urteil, sie sollten sogar. Was aber, wenn eine Geschäftsfrau als Frau gefallen möchte und nicht gefällt? Wenn ihr Parfüm allergische Niesreaktionen und der Anblick ihrer Knie spontanes Fluchtverhalten beim Mann im Anzug hervorrufen? Auch dann gilt, so fand Kerschenbaum, die Grundregel der Verleugnung.

Wer sich in diesem Spiel wie in einem Gesellschaftstanz bewährt, wird belohnt. Ohne Spiel keine Belohnung. Ohne Aussicht auf Belohnung kein Spiel. Die Belohnung für die Geschäftsfrau wie den Geschäftsmann ist mehrfach: Anerkennung, Aufträge und nachgehende Angebote, die auf ihre Weise belegen, dass das lohnende Spiel Vorspiel war für sexuelle Vertiefung. Die Bettenbelegung im City-Hilton sei konstant hoch, sagte man Kerschenbaum früher auf dessen gelegentliche Anfrage. Nicht nur er, sondern sehr wahrscheinlich auch Herbert Miller war Mitspieler in diesem Spiel, das sich durch das Mitspielen erhält und multipliziert, beschleunigt und wie ein Film zur dreidimensionalen Fiktion von Beziehung und Wirklichkeit wird.

Herbert und er, Oliver Kerschenbaum, waren ausgemustert und abgetreten aus den Spielfeldern des Geschäftlichen und Gesellschaftlichen. Beide waren höchstens noch für ihre medizinhörigen Ehefrauen, ihre Steuerberater und Erben von Interesse. Sie galten nicht mehr als Mitspieler, maximal noch als zeitweilige Statisten oder als gelegentliches Publikum. Auf sie war keine Erwartung und kein Begehren mehr gerichtet, keine Angst und kaum Anerkennung. Insbesondere Herbert hatte Narrenfreiheit, die er aber nicht auffällig beanspruchte. Eher im Gegenteil: Im psychiatrischen Jargon war Herbert klassifizierbar als der adynamisch-stille Alzheimerpatient, also als jemand, der weder stört noch Ärger macht. Herbert war pflegeleicht, wurde aber als Pflegefall eingestuft. So wusste Margarete vor zwei Wochen beim Tee zu erzählen.

Und auch er, Kerschenbaum, bewegte sich in seiner Familie unter dem Generalverdacht des dementiellen Syndroms, womöglich der anfänglichen Alzheimerschen Erkrankung im dafür symptomatischen Erststadium (mit Wortfindungsschwierigkeiten, Erinnerungslücken, Black out, Desinteresse, Rückzug, Schweigen, gelegentlichem Verweigerungsverhalten usw.).

Das Taxi erreichte jetzt sein Fahrtziel. Es hielt vor der großen Drehtür des Hotels. Kerschenbaum zahlte mit reichlich Trinkgeld. Manches hat nicht nur seinen Preis, sondern seinen Mehrwert. Einer der Portiers konnte am Verhalten des hochzufriedenen Taxifahrers Kerschenbaums generöse Geste ablesen. So witterte er seine Chance auf Trinkgeld. Mit flinken Respektsbezeugungen führte er Kerschenbaum bis zum Restaurantmanager und wurde erwartungsgemäß belohnt, sodass das Spiel in die nächste Runde gehen konnte. Kerschenbaum wählte einen Ecktisch, erbat zur Sicherheit Tischkärtchen, um sicher zustellen, dass er gegenüber von Herbert Platz nehmen kann. Er hinterließ seine Visitenkarte mit genügend Trinkgeld, um als Herr Doktor verabschiedet und wieder erwartet zu werden. Dann verließ er das Hotelrestaurant nach hinten in den Stadtpark, ging und sah dem Tanz der ersten Mücken im Sonnenlicht zu.

5. Das Schachspiel

Das Abendessen gelang. Die von Kerschenbaum heimlich erhoffte Vereinbarung kam zustande: Monatlich sollten zwei Schachspiele zwischen Herbert und Oliver stattfinden und zwar wechselweise im Haus der Kerschenbaums und der Millers. Derselbe Limousinen-Service, der für die Lufthansa Zubringerdienste leistet, verdient auch gerne an anderen Terminfahrten. Nebenbei hatte Kerschenbaum dies nach seiner Rückkehr aus Jersey bei einem der Fahrer erfragt. Zusätzlich zum Chauffeur würde auf Wunsch weiteres Begleitpersonal gestellt werden, zum Beispiel mit Rollstuhl und sogar – für schwere Asthmatiker – mit Sauerstoffbombe, Atemmaske und Diplom-Krankenschwester. Für solchen Sonderservice hatte Kerschenbaum keinen Bedarf, dafür aber an der Routenberechnung mit Kostenvoranschlag. Dieser erwies sich als nicht billig, aber bezahlbar. Die Routenberechnung ergab computergestützt, dass für eine Strecke jeweils 15 Minuten zur Abholung und Fahrt zu veranschlagen seien. Für das Schachspiel mit Tee und leichtem Teegebäck kalkulierte Kerschenbaum 90 Minuten Dauer.

Die erste Partie fand als Probe eine Woche nach dem Abendessen in Kerschenbaums wohltemperiertem Wintergarten statt. Pünktlich zur vorgezogenen Teestunde um 16.00 Uhr brachte der Chauffeur seinen schweigsamen Fahrgast Herbert Miller bis zu Haustüre, klingelte und übergab ihn an Helena. Sie führte Herbert bis zum Schachbrett. Neben dessen 32 aufgestellten Zinnfiguren stand Oliver. Er blieb dort und begrüßte den langsam Nähertretenden erst, als er direkt vor ihm stand. Kerschenbaum reichte dem freundlich lächelnden Herbert die Hand, begrüßte ihn mit Vornamen und ließ ihn in einem gepolsterten Sessel platznehmen. Helena hatte genug gesehen und ging mit wohlwollendem Rundblick aus dem Zimmer. Jetzt saßen beide, Oliver und Herbert, in weichen Polstersesseln einander gegenüber. Zwischen ihnen hatte Kerschenbaum zwei kniehohe Tischlein aufgestellt mit dem Schachbrett auf dem einen und dem Teegeschirr auf dem anderen.

Spätestens seit dem gemeinsamen Abendessen im Hilton wollte Kerschenbaum auf Tischkarten nicht mehr verzichten. Vor sich selbst platzierte er mit großen blauen Buchstaben seinen Vornamen „Oliver". Sein Gast versank in der Polstergarnitur, vor der zweiseitig beschriftet neben dem Schachbrett „Herbert" auf der Tischkarte stand. Jeder von beiden saß also hinter seinem Vornamen und vor dem Spielbrett mit den noch unberührten Figuren. Kerschenbaum goss im Sitzen mit einigen Handbewegungen seitwärts den Tee frisch auf. Sodann drehte er die Tee-Uhr um, dass der weiße, feine Sand dünn zu fließen begann. Nach genau 3,5 Minuten erschöpft sich dieses lautlose Fließen. Die Sanduhr, so erklärte Kerschenbaum Herbert, sollte nicht nur Tee-Uhr, sondern auch Mess-Uhr sein für die Überlegungsdauer bis zum nächsten Zug.

Herbert willigte ein. Der Tee begann zu ziehen, die beiden Männer zu schweigen. Ohne Krawatte im Kaschmirpullover mit zweireihigem Dinner-Jackett machte Herbert einen verjüngten und freieren Eindruck als letzte Woche beim Abendessen. Kerschenbaum konnte an sich selbst wahrnehmen, wie sein Interesse zwischen dem Gast und dem Schachbrett schwankte. Gerne hätte er Herbert gefragt, ob er ihn wiedererkenne, ob er wisse, wem er gegenüber sitze. Er tat es nicht. Der Gedanke kam ihm, es wäre nicht fair, die Partie mit einem solchen Heimvorteil des besseren Gedächtnisses zu eröffnen. Eigentlich, so gestand sich Kerschenbaum ein, war es ihm egal, ob Herbert ihn mit dem Kerschenbaum identifizieren würde, den Herbert vor einer Woche abends traf. Eine solche Re-Identifizierung, die man Wiedererkennen eines Bekannten nennt, täusche nur über den Abgrund des Unbekannten hinweg.

Wahrheit war, dass sie einander nicht kannten; dass keiner von beiden das Leben und Leiden des Anderen kennen konnte. Ausgeschieden aus den Spielregeln des Geschäftlichen, Gesellschaftlichen und Erotischen kannten sie beide dennoch die Regeln des Schachspiels. Diese Brücke intelligenter Interaktion war ihnen geblieben. Ob Herbert sie betreten würde, wie er sie begehen und wann er sie wieder verlassen würde, war noch offen. Kerschenbaum bot ihm den ersten Zug an. Herbert tat ihn mit ruhiger Hand, ohne Zögern, sofort. Dann ging es behände Zug um Zug, bis Kerschenbaum nach einer halben Stunde die Partie verloren hatte. Beide spielten konzentriert und schweigsam, vergaßen sich selbst, ihr gealtertes Leben und ihre Umgebung. Selbst der Handgriff nach der Sanduhr hätte nur gestört, gleichsam als Rückgriff auf eine unnötige Prothese.

Kerschenbaum verlor an Herbert im schnellen Takt eine Figur nach der anderen. Zuerst waren es nur Bauernopfer, die ihm die Züge des flinken Anderen abverlangten, dann Hauptfiguren wie die Läufer und Springer. Schließlich blieben auf Kerschenbaums Seite nur mehr die Dame und der König als vereinsamtes Paar neben zwei Bauern zurück. Wieder kam Herberts feingliedrige

Hand zum Zug, bedrohte durch einen Springer den König mit „Schach" und veranlasste Kerschenbaums vorletzten Zug: Er opferte die Dame. Der König blieb mit zwei Bauern ungeschützt allein. Dann fiel auch er im „Schach matt". Das Spiel war aus. Dennoch gab es keinen Sieger und keinen Verlierer. Einen solchen Selbstbezug erlaubte das konzentriert vollführte Spiel seinen Mitspielern nicht. Wer wirklich im Spiel aufgeht, denkt nicht an Siegen oder Verlieren. Er konzentriert sich auf die Eigendynamik des Spiels, auf dessen unbewusste Logik, die sich immer erst ganz zum Schluss aufdeckt.

Das Spiel selbst, dachte Kerschenbaum während er seine Figuren wieder einsammelte, kennt weder Sieger noch Verlierer. Dem Spiel sind solche Prädikate fremd und gleichgültig. Erst die Zuschauer von außerhalb des Spielfeldes tragen sie nachträglich heran. Damit zentrieren sie das Spiel auf die Spieler, sodass sich der Eindruck aufdrängt, die Spieler machten das Spiel. Dabei ist es umgekehrt, wie Kerschenbaum fasziniert erkannte: Das Spiel braucht seine Spieler, formt und bewegt sie wie die Figuren des Schachbretts. Den Figuren selbst kommt überhaupt kein bleibender, das Spiel überdauernder Eigenwert zu. Sobald die eine oder andere von ihnen vom Schachbrett weg aus dem Spiel genommen und ausgemustert wird, ist sie nicht nur funktionslos, sondern identitätslos. Ein Läufer, ein Bauer, eine Dame, sie sind nur noch Zinnfiguren mit Eigengewicht, wenn sie auf dem Tisch liegen. Das gilt auch für den grenzwertigen König. Sein Dasein im Spiel ist Bedingung für das Spiel. Der Bauer, sogar die Dame können fallen und das Spiel geht dennoch weiter. Aber fällt der König, dann fällt das Spiel. An seinem Schicksal hängt das aller Spielfiguren. Deshalb also ist der König so mächtig, so begehrt, weil er das Weiterspielen garantiert.

Herbert wollte weiterspielen. Wortlos stellte er seine Figuren wieder auf, trank einige Schluck aus der Teetasse und wartete bis Oliver seine Phalanx positioniert hatte. Diesmal war Kerschenbaum als erster am Zug. Während er ihn ausführte, merkte er, dass er sein Interesse an der zweiten Partie weitgehend verloren hatte. Eigentlich spielte er Herbert zuliebe, der das Schachspiel liebte. Diese flinke, konzentrierte Leidenschaft hätte er ihm nie zugetraut. Wie in einer Muttersprache, die man zwar vergessen, aber nicht verlernen kann, artikulierte er sich vermittels des Spiels. Dessen Regeln waren ihm so präsent wie einem Tänzer die Drehungen, Schritte und Beziehungsmomente zur Tänzerin. Man merkte, er brauchte die Spielregeln nicht zu erinnern. Er war Spieler ohne Gedächtnis und deshalb erinnerungslos der perfekte Amateur. Seine Augen strahlten glücklich, seine Finger waren feingliedrig. Eine Figur nach der nächsten nahmen sie Kerschenbaum lautlos ab.

Ab und zu sah Kerschenbaum über die unbenützt gebliebene Sanduhr zur Wanduhr hinüber und ertappte sich dabei, wie er die Restzeit kalkulierte bis zu Herberts Abholung. Seine Seitenblicke fielen Herbert nicht auf, aber Kerschenbaum erschreckten sie. Sie bewiesen seinen Verrat und ihn selbst als heimlichen Verräter. Aller Verrat beginnt zunächst heimlich und harmlos, dachte er. Der Verräter ist wie ein Falschspieler, der noch eine Zeit lang so tut, als ob er mitspiele. Er nützt die konzentrierte, auf das Spiel bezogene Naivität der anderen Spieler aus. Solange er die Regeln beachtet, hat er die Chance unbeachtet zu bleiben. Jeder Verräter will in seinem Verrat unbeobachtet bleiben. Kerschenbaums Selbstbeobachtung hatte ihn allerdings selbst überführt: Er langweilte sich. Der Gegensatz zwischen seiner Langeweile und Herberts engagiertem Interesse wäre für ihn, Kerschenbaum, zu beschämend gewesen.

Was aber geschieht, wenn der heimliche Verräter zum Motiv seines Verrates steht? Kerschenbaum entschied sich, auf seine Langeweile zu schauen statt auf die Wanduhr, auf sein Desinteresse zu achten, statt auf Herberts zügiges Engagement. Diese Übung befreite ihn blitzschnell von Langeweile und Schamgefühl. Sie unterbrach die Identifikation mit dem Anderen, der seinerseits mit dem Spiel identifiziert war. Abstand stellte sich ein, der Kerschenbaum ein Gefühl für den Abgrund brachte, der beide Leben trennte und vor dem jeder von beiden stand. Herbert auf der einen, fast schon umnachteten Seite und Oliver auf der anderen, die kein Spiel mehr wollte. Weder wollte er weiter Schachspielen noch überhaupt weiter mitspielen an den Selbst- und Enttäuschungen. Sie alle beginnen so harmlos wie soeben Kerschenbaums Seitenblick auf die hintere Uhr. Seine Frauenbeziehungen, von denen Helena nie etwas erfuhr, begannen mit solchen Blicken, die einladende Rück-Blicke provozierten.

Die Schachfiguren sind blicklos. Sie schauen nicht zurück, ebenso wenig wie die Wanduhr und die Stöckelschuhe der Frauen. Sie reflektieren das Begehren nur zurück auf den Begehrenden und steigern es somit. Jetzt wurde es Kerschenbaum verstehbar: Weil Herbert nicht nur erinnerungslos, sondern beziehungslos war, spielte er so fasziniert Schach. Er brauchte Kerschenbaums Mitspielen, sein Mitdenken und seine Handbewegungen, die die Figuren setzten, um weiterspielen zu können. Ansonsten müsste er aus dem Spiel erwachen in die beziehungslose, erinnerungs- und namenlose Anonymität seines Lebens hinein. Das Spiel ist die Täuschung über dem Abgrund. Es zu beenden würde Herbert nicht nur enttäuschen, sondern in den Abgrund fallen lassen, ohne Schrei und ohne Aufprall.

Diesen Schock wollte Kerschenbaum Herbert nicht antun, deshalb also spielte er weiter mit heimlichem Blick auf die Uhr, mit Selbstverrat aus Rücksicht. Auf wen? Nicht nur auf seinen Gast, sondern auf sich selbst. Er wollte den Abgrund nicht verspüren. Er zog es vor, in die Spielverlängerung auszuweichen. Warum er 40 Jahre lang nicht aufhörte mit Helena, der von ihm Betrogenen, zusammenzusammenzuleben, das verstand er jetzt besser. Ihre Tritte im Vorzimmer konnte er hören, das Ticken der Wanduhr, Herberts Ausatmen, bevor er eine der Figuren versetzte. Kerschenbaum entschied sich, diese Partie zu Ende zu spielen. Er bemerkte, dass Herbert bevorzugt mit den beiden Springern operierte, legte sich mit seinen Läufern auf die Lauer und verlor das Spiel dennoch.

An einer dritten Partie war er keinesfalls mehr interessiert. Auch fiel ihm das Sitzen schwer. Herbert blieb sprachlos und verstand, dass er die Figuren nicht mehr aufzustellen brauchte. Oliver bat ihn aufzustehen, um ihm seine blühenden Orchideen zu zeigen. Herbert besah und beroch sie aufmerksam. Dann fragte er Oliver, ob er mit ihnen spreche. Ja, das täte er, antwortete Kerschenbaum und fügte hinzu, dass er ihnen abwechselnd Fachinger Mineralwasser und First Flush Ceylon-Tee gäbe. Herbert nickte verständnisvoll und streichelte mit der Kuppe seines Zeigefingers über eine der haubenförmigen Blüten. Dann meinte er, die Orchideen sprächen zu Oliver, indem sie blühten. Auch das Zyperngras, die Palmen und die Buchsbäumchen im Wintergarten würden sprechen, setzte Herbert fort. Wie? Das wollte Oliver skeptisch von seinem Gast erfahren: Indem sie wachsen, sich teilen, vermehren, vertrocknen und verholzen, erklärte Herbert.

Bald darauf sah er Oliver mit friedvollem Gesicht und ernsten Augen an, holte tief Luft und sagte auf Englisch: Alles spricht. Kerschenbaum, der neben seinem Gast vor einer Orchidee kniete, fühlte sich so überraschend angesprochen, dass auch er in seiner Muttersprache Englisch zurückfragte: Und was muss geschehen, Herbert, damit Du sprichst? Der Angesprochene schwieg konzentriert bis er sagte: Ich muss aufwachen. Und wenn Du schläfst? Wollte Kerschenbaum wissen. Dann, so antwortete Herbert, sage er Sätze aus dem Wörterbuch, sofern sie ihm noch einfielen. Meistens schlafe er: taub für die Erinnerung, ohne Interesse für das Desinteresse der Anderen, ohne in sich die Sprache und ihre Worte zu vernehmen. Was er dann höre, wäre eine Art von Rauschen ohne Klang, Silben ohne Sinn, Müdigkeit ohne Gefühl.

An eine Postkarte aus der Provence mit dem Bild einer zirpenden Zikade erinnerte sich Kerschenbaum. Oben auf der Karte, über dem geräuschvollen Insekt, stand zu lesen: Die Sonne macht mich singen. Was für die Zikade die Sonne, so kombinierte er, ist für Herbert das Schachspiel: Es weckt ihn auf aus jener schläfrigen Starre, die zur vermedikamentierten Demenz gehört wie der Sarg zum Scheintoten. Warum sollte Sprache nur den Menschen und die Auferstehung nur den Toten am Jüngsten Tag vorbehalten sein? Wenn alles spricht, ist Undenkbares möglich. Vielleicht braucht das Erwachen die Grenzberührung mit dem Undenkbaren, philosophierte Kerschenbaum. Jedenfalls – so fiel ihm ein – war er nie wacher und wachsamer als damals im Herbst 1944, im Vorrücken des Krieges auf das Rheinland zu. Das Denken möchte den Tod verdrängen wie ein heißer Tee die Kälte, assoziierte er mit Blick auf das Teegeschirr. Wenn aber der Tod als allgegenwärtig gespürt wird, hört das Denken auf. Das Wachsein setzt ein. Kein Denken kommt ihm gleich.

Herbert Millers spielerisches Denkvermögen wurde durch den Anblick des Schachbrettes geweckt. Das Schachspiel weckt ihn auf und aufgewacht spielt er wachsam, dachte Kerschenbaum mit Zweifel: Wie schnell aber würde Herbert wieder in den ihm so gewohnten Schlafzustand fallen? Soeben hatte er erwiesen, das er im Wachzustand nicht nur strategisch denken konnte, sondern auch mit Pflanzen und mit Oliver sprechen. Aus Schweigepausen sprach und antwortete sein Gast, so fiel Kerschenbaum auf, durchaus nicht ohne Erinnerung. Herbert Miller war nicht der Mann ohne Gedächtnis, als den ihn die Ehefrau Margarete im Verbund mit den Ärzten qualifiziert. Zugegeben, er konnte sich wohl kaum an Fakten, Daten, Namen und Begriffe auf Abruf erinnern. Aber wodurch konnte er mit solcher Gewissheit im richtigen Moment zu Kerschenbaum sagen, dass alles spricht? Doch nur auf dem Hintergrund von gemachter und jetzt erinnerter Erfahrung. Wenn nun Herbert, so wagte Kerschenbaum sich weiter zu fragen, gar nicht dement sei, sondern anders im

Sprachvermögen, in Intelligenz und Gedächtnisleistung, wozu dann die fortwährenden Gaben von Medikamenten?

Auf diese Frage gab es nur eine Antwort: Um ihn ruhig zu stellen. Deshalb musste Herbert die alltäglichen und allabendlichen Medikamentencocktails sich einverleiben. Vergiftet und eingeschläfert war er sprach- und willenlos, gefolgsam seiner Frau wie ein Hirtenhund ohne Schafherde, ohne Aufgabe, ohne Identität. Herberts Selbstsein durfte sich gerade nicht in dem dazu gehörigen Verhalten äußern. Besser sollte er sich für seine Umgebung gar nicht äußern, sollte verstummen und schläfrig verdummen auf das sprachlos folgsame Intelligenzniveau eines Dressurhundes. Dort angekommen darf man ihn bedauern und seine häusliche Pflege verstärken. Sieger und Verlierer, dachte Kerschenbaum, verdanken sich einander, wie Himmel und Hölle, wie arm und reich, wie Arzt und Patient.

Mit hohler Hand streichelte Herbert gerade das Zyperngras, sagte, es fühlte sich an wie Wind in der Hand, als Helena nach kurzem Klopfen eintrat. Der Chauffeur war gekommen. Die Zeit war um. Die Rückfahrt wartete auf Herbert. Der nestelte mit seiner rechten Hand an seinem Rollkragen als ob dort eine Krawatte säße. Kerschenbaum begleitete ihn bis auf den ledernen Rücksitz der Limousine. Beflissen legte der Fahrer den Sicherheitsgurt um den passiven, steifen Herbert. Sie reichten einander nicht mehr die Hände. Der Chauffeur war bereit die hintere Wagentür zu schließen. Kerschenbaum beugte sich von draußen leicht in den Wagen zu Herbert, sah ihm in die Augen und sagte ihm: Alles spricht. Dann fuhr das Auto ab.

6. Das Zyperngras

Die Nächte waren mittlerweile angenehm kurz, die Morgenstunden voller Vogelgezwitscher und die Abende lichtvoll lang geworden. Längst schon war Mai und die meisten Obstbäume am Taunushang verblüht. Dafür blühten allerorten die Allergien auf. In Frankfurts Parkanlagen roch es nach erstem Heu und Heuschnupfen, nach nahendem Sommer und bisweilen nach kühlem Gewitterregen. Natur, Schleimhäute und die Sexualität vornehmlich der jüngeren Generation waren in Schwellung begriffen. Auch Helena ergriff eine heftige allergische Reaktion. Gesundheitsbewusst ließ sie ihre Allergie austesten. Das Untersuchungsergebnis lautete auf: Zyperngras. Jahrelang hatte niemand daran Anstoß genommen. Außer Herbert hatte es kaum jemand beachtet. Überhaupt war der Wintergarten quer durch die Jahreszeiten Kerschenbaums ganz alleiniges Refugium geblieben.

Das änderte sich erst vor einem Monat durch die vierzehntätigen Teestunden und Schachspiele mit Herbert Miller. Der nämlich liebte Pflanzen, sprach mit den Orchideen, streichelte ihre Blüten und das Zyperngras, dessen Geruch er minutenlang einatmete. Obwohl der ehemalige Autoverkäufer Herbert Miller laut fachärztlichen Expertisen ein erinnerungsloser, schwerer Alzheimer-Fall sein sollte, ein alter Mann ohne Gedächtnis und Eigenschaften also, liebte er Kerschenbaums Pflanzen nicht weniger als das Schachspiel mit ihm. Zu diesem Urteil kam jedenfalls Kerschenbaum, nachdem bis Ende Mai wechselweise zwei weitere Schachpartien bei Millers und wieder bei Kerschenbaums stattgefunden hatten. So lernten auch die Frauen, Helena und Margarete, einander allmählich kennen, begannen ihre Familiengeschichten, die dementiellen Syndrome ihrer Ehemänner und die Ratschläge ihrer Ärzte zu besprechen.

Dadurch geriet Kerschenbaum bei Helena und den Töchtern nur noch stärker unter den Verdacht, sich bereits im ersten Stadium der Alzheimer-Krankheit zu befinden. Eigentlich erlebte er sich nunmehr dort angekommen, wohin er vor 1,5 Jahren aufgebrochen war: im Einzugsgebiet einer Diagnose, die kein Hinterfragen mehr zulässt. „Alzheimer", eigentlich der Eigenname eines bayerischen Psychiaters, wurde längst schon zum Synonym für „unheilbar", „Umnachtung" und „Unbrauchbarkeit". Spätestens mit der Verabreichung der Diagnose „Alzheimer" geben es die Steuerbehörden auf, einen zu verfolgen; hören die Freunde auf, einen zu besuchen und schauen einen die Familienangehörigen anders an als vordem. Unter dem schattigen Dach dieser Diagnose wollte er, der sensible und flüchtige Oliver, anders weiterleben als er bisher funktionieren musste. „Ein Leben für die Anderen", so dachte er öfters, könnte die Inschrift seiner Biographie und seines Grabsteins abgeben.

Aber „Alzheimer" löscht nicht nur das Gedächtnis, sondern solche Inschriften aus. Zunächst einmal befreit die diagnostizierte Demenzerkrankung ihre Subjekte aus dem Gefängnis ihrer Dauerverpflichtungen, Verantwortungen und Bestrafungen. Ja, selbst Strafen wie Liebesentzug, Beschämung, Ausschluss und Verurteilung werden sinn- und wirkungslos. Diese Strafexpeditionen laufen ins Leere. Sie treffen den niemals mehr an, den sie belangen sollten. Sogar der Aufwand der enttäuschten Vorwürfe wäre viel zu hoch, verglichen mit dem fehlenden Effekt des Leidens beim Anderen. Vorwurf wie Witz erlangen ihre Qualität schließlich durch die Reaktion des Anderen. Bleibt sie aus, wird die Anstrengung zu einer genusslosen Expedition in lustlose Zonen.

In der Antike, so erinnerte sich Kerschenbaum an einen Vortrag im Seniorenstudium, gab es Asylstädte. Wer sie erreichte und dort lebte, war sicher vor den Nachstellungen und Rachegelüsten seiner Verfolger. Nirgends ist überliefert, dass solche Asylorte besonders freundlich und bequem für die Asylanten gewesen wären. Dafür waren sie ausgewiesene und ausgemessene Orte einer geradezu absoluten Sicherheit. Freilich nur solange sich der Flüchtige innerhalb dieser festen Orte aufhielt.

Die Asylstätten damals wie heute sind durch Immobilität gekennzeichnet. Sie sind fixe Orte. Anders, so spekulierte Kerschenbaum, verhält es sich mit seinem Asyl „Alzheimer". Wie die Diagnose ist dieses Asyl mobil und transportabel. Wie ein Schatten folgt und begleitet es ihn. Wie eine Generalamnestie begnadigt ihn die Amnesie auf all seinen Wegen. Das weltumspannende Netz lückenloser ärztlicher Diagnostik, Prävention und Information wird ihm stets genau dort Asyl zumessen, wo er hinkommt und es braucht. Seit er sich, kaltgestellt vor Evas Tür als 72-Jähriger entschieden hatte, aus dem Begehren zu scheiden, studierte er die mobile Asylstätte „Alzheimer". Die von Kerschenbaum ausgewählten und besuchten Vorlesungen des Seniorenstudiums, die Busexpedition in die Memory-Klinik, seine psychometrischen Untersuchungen bei Psychiater Dr. med. Beer, seine regelmäßigen Schachtreffen mit Herbert Miller, all diese Unternehmungen halfen ihm, das Terrain zu erkunden, das in der Sammeldiagnose „Alzheimer" sich auftut.

Kerschenbaum hatte viel dazugelernt, sowohl was sein Ausscheiden aus dem Spielkasino des Begehrens anbelangt, als auch, was seinen Einzug in den Asylhort „Alzheimer" angeht. Die Diagnose „Alzheimer" lässt nämlich einen von Nichtfachleuten kaum beachteten Ermessensspielraum. Wer ihn kennt, kann ihn nützen. Wer sich damit auskennt, kann ihn vorsichtig gebrauchen, ohne sich benutzen und missbrauch zu lassen. Genau dazu war Kerschenbaum unwiderruflich entschieden. Auf die richtige Passform der Diagnose kam es ihm an. Wieder musste er an die Maßkleidung denken, die er so gerne trug: Der Maßanzug muss zu seinem Träger passen und nicht umgekehrt. Die Frage, wer wem dient, gilt erst recht für die Diagnostik. Gute Diagnostiker, so vermutete Kerschenbaum, sind so selten zu finden wie exquisite Maßschneider. Dr. Beer jedenfalls verkaufte seine Diagnosen wie Anzüge von der Stange. Deshalb konnte er mit dem Notariat Dr. Holzapfel so unkompliziert zusammenarbeiten; deshalb hatte Kerschenbaum den Psychiater Beer im März erfolgreich aufgesucht.

Dr. Beers Diagnose, als mehrseitiges Attest beim Notar Holzapfel hinterlegt, bescheinigte Kerschenbaum „Unbedenklichkeit" in Sachen Demenz. Darauf kam es Kerschenbaum an. Andererseits hatten ihn seine Frau Helena, seine beiden Töchter samt Familien und viele der wenigen ihm verbliebenen Bezugspersonen bereits unter die Verdachtsdiagnose „Alzheimer" entsorgt. Mittlerweile sprachen sie – Helena, die Töchter, die Haushaltshilfe und natürlich Margarete – offen darüber. Kaum ein Telefonat Helenas nach Sydney und Jersey, in dem sie nicht Olivers sich verstärkende Symptomlage gemeldet hätte.

Einmal, als er auf der Toilette eingedöst war, weckte ihn Helenas halblautes Telefongespräch mit Susanna. Helena teilte ihr mit triumphalem Unterton mit, dass sie mit ihrem verlässlichen Hausarzt Dr. Stiegler ein vertrauliches Zweiergespräch über Papas Zustand geführt habe. Stiegler hätte sich das Alltagsverhalten von Oliver genau schildern lassen und zweifelsfrei ferndiagnostiziert, dass bei diesem eine „inzipiente Alzheimerdemenz im Frühstadium" vorläge. Die Symptomlage spräche ihre eigene, deutliche Sprache. Besonders alarmierend seinen Papas Black-Outs, wie die Miniepisode zur Geburtstagsfeier. Zudem würden sich seine Vergesslichkeit, seine Wortfindungsschwierigkeiten und sein eh schon chronisches Desinteresse besorgniserregend steigern. Man müsse also, darin könne sie Dr. Stiegler nur zustimmen, schnell handeln. Eine den Krankheitsverlauf hemmende Vermedikamentierung sei dringend nötig.

Als Kerschenbaum die Toilettenspülung betätigte, war er durch das ungewollte Mithören des Telefonats hinreichend informiert. Jetzt wusste er, dass Dr. Stiegler in Allianz mit Helena und Susanna wahrscheinlich bald gegen ihn angehen werde. Unklar blieb ihm, wie und wann sich der Angriff zutragen wird und welche weiteren Helfer Helena unterstützen könnten. Er beschloss, darüber nicht zu fantasieren, sondern im eigenen Haus wachsam zu bleiben. Zunächst einmal galt es ihm, eine dringlichere Aufgabe nicht aus den Augen zu verlieren: Das Zyperngras in seinem kleinen Botanicum durfte dem Allergiewahn seiner Frau nicht geopfert werden. Er befürchtete die Ausrottung des fein duftenden Grases und zwar durch Betty, die langjährige Haushaltshilfe.

Dass die einfältige, fast 60jährige Betty die hörige Handlangerin seiner Frau abgab, das wusste er aus Erfahrung. Über die Stärken und Schwächen seiner Gegner hatte sich Kerschenbaum nie getäuscht. Das Kalkül der gegnerischen Potentiale gehörte seit über 50 Jahre zu seiner Vorsicht. Er musste, was das Zyperngras anging, gleich von zwei Stärken auf der gegnerischen Seite ausgehen: Erstens war Helena in ihrer tiefen Arztgläubigkeit hoch motiviert die identifizierte Allergiequelle „Zyperngras" zu beseitigen. Zweitens war er, der Hausherr, allein gegen das handlungserprobte Paar von Herrin und Magd.

Er musste also baldig verhandeln. Denn jetzt blühten beide, sein Zyperngras und Helenas Allergie. Wer verhandeln will, muss zu einem Angebot fähig sein. Schweren Herzens entschied sich Kerschenbaum, notfalls zum eigenhändigen Abmähen des Grases. Gleich beim Abendessen sprach er die rotäugige Helena darauf an, wie sie sich fühle. Statt des von Kerschenbaum erwarteten Klagens kam nur eine rätselhafte Kurzantwort zurück: Sie sei zuversichtlich, das es ihr spätestens ab Übermorgen besser gehen werde. Diese optimistische Auskunft veranlasste Kerschenbaum, sein Verhandlungsangebot zunächst bei sich zu behalten.

Am nächsten Morgen, den 30. Mai, ging die Sonne um 05.00 Uhr auf. Das frühe Licht brachte Kerschenbaum mit dem Erwachen einen Schub an Energie und seltener Bewegungsfreude. Der schlafenden Helena hinterließ er in der Küche die Nachricht, dass er vormittags unterwegs sei, sie aber mittags gerne in ein Gartenlokal ausführen möchte. Die hellen Vormittagsstunden vergingen ihm wie im Flug. Er fühlte sich lebendig wie seit Tagen nicht mehr, bewegte sich gedankenfrei, las die Morgenzeitung in einem der Parkcafés bei Schwarztee mit Butterhörnchen und spürte eine lange vermisste Lebensfreude wieder zu ihm zurückkehren.

Wohlgelaunt fand er mittags Helena mit Betty im Schlafzimmer bei weit offenem Fenster, geöffneter Balkontür und konzentrierter Hausarbeit. Sie „stöberten", wie Helena ihm erklärte. Sie gab die genauen Anweisungen, Betty exekutierte sie umgehen. Eine Stunde sollte das Reinigungsritual noch währen, wurde ihm gesagt. Dann erst könne man an ein Mittagessen auswärts denken. Kerschenbaum akzeptierte. Er duschte, zog sich um für den Restaurantbesuch, bestellte telefonisch einen Tisch im Garten und ging zufrieden in seinen Wintergarten. Nachmittags um 16.00 Uhr sollte dort turnusgemäß das Schachspiel mit Herbert stattfinden. Kerschenbaum bereitete die beiden Tischlein vor mit Schachspiel und Teegeschirr. Ob Herbert zumindest den Raum an seiner gleichbleibenden Ordnung wiedererkennen würde, fragte er sich?

Dann wandte er sich mit einem Rundblick den hinteren Pflanzen des Wintergartens zu und sah ein Loch. Zuerst meinte er, sich zu täuschen, vielleicht nur einen Schatten falsch wahrgenommen zu haben. Er ging langsam auf die vermutete Täuschung zu. Das Loch blieb. Die kurze Hoffnung auf Täuschung verging. Das Zyperngras war restlos weg. Geblieben war die schwarze Muttererde, ungleichmäßig verteilt mit löchrigen Absenkungen. Kerschenbaum kniete sich auf den Parkettboden, dann beugte er sich über die entleerte Fläche. Bei deren Anblick überraschte ihn die Redewendung: „Mit Stumpf und Stiel ausgerottet". Keine Spur mehr vom Zyperngras. Die Täterin – er hatte sofort Betty in Verdacht – musste mit brutaler Konsequenz vorgegangen sein. Sie musste sich sicher und im Recht zur Vernichtungstat gefühlt haben, denn sie strich nachher nicht einmal das Erdreich glatt, nachdem sie das frisch duftende Grün büschelweise ausgerottet hatte. Das Gras samt Wurzeln und Mineralerde dürfte sich jetzt vertrocknend in der hauseigenen Biotonne befinden. Morgen wird die Müllabfuhr auch diesen kläglichen Rest beseitigen. Auf dem Holzboden vor dem Terrarium war frisch gewischt worden. Er war staubfrei.

Dieser Hygienemaßnahme entnahm Kerschenbaum, dass Helena wohl nach Bettys Ausrottung des Zyperngrases den Tatort besichtigt und ein Nachwischen angeordnet hatte. Die ganze Gewaltaktion und deren saubere Abwicklung gingen zweifelsfrei von Helena aus. Der überraschende Überfall war ihr mit Bettys Hilfe gelungen. Weil sie sich alleine nicht traut, dachte Kerschenbaum, braucht sie immer Helfer für ihre Überraschungsangriffe. Alleine, so brachte er es auf den Punkt, alleine sei Helena machtlos. Deshalb brauche sie zupackende, aggressive Exekutoren, hinter denen sie sich verdeckt halten könne, während diese vorgehen: gegen das Zyperngras, gegen seine Entscheidungen, schließlich gegen ihn. Betty, Susanna, Dr. Stiegler seien solche Aggressoren in Helenas Sold. Sanftere Gemüter wie Bernadette, seine Schwiegersöhne, Margarete, Alois und Marga würden entweder wegsehen, schweigen oder betroffen zustimmen, wenn ihn Helena wie das Zyperngras entsorgen ließe.

Kerschenbaum erschrak jetzt mehr vor seinen eigenen Fantasien als vor der leeren Fläche zwischen den Buchsbäumchen. Er stand wieder auf und beschloss, sich weder provozieren zu lassen noch feige zu sein. Als Erstes ging er zum Telefon und verschob die Reservierung im Gartenlokal auf 16.15 Uhr. Nicht mehr in seinem kastrierten Wintergarten, sondern unter Kastanienbäumen werde er mit Herbert Schachspielen. Der Chauffeur wird sie für ein Aufgeld dorthin bringen und später abholen. Den geschändeten Wintergarten wollte er zumindest eine Zeitlang nicht mehr betreten. Seine Freude damit war ihm vergangen und er wusste, dass die Freude Zeit benötigt zu ihrer Wiederkehr.

Die Wiederkehr, so dachte er, kann man unmöglich erzwingen. Das unterscheidet sie von der Wiederholung und ihrer Automatik. Die Kastanienblüten, die Wildgänse und der Duft des Zyperngrases kehren zur Frühlingszeit zwar wieder, aber garantiert ist das nie. Vielleicht, so fühlte er, kann deshalb Freude aufkommen an den Blüten, dem Duft und den Zugvögeln, weil deren Wiederkehr nicht gesichert ist und gleichwohl geschieht.

Wann wird der feine Citrus-Duft des Zyperngrases wieder einziehen in sein Botanicum und sich vielleicht sogar mit dem Aroma seines Ceylon-Tees so kombinieren, dass Geruchsharmonie entsteht? Diese Frage war Kerschenbaum todernst. Wer keinen Platz mehr zum Leben hat, muss sterben. So einfach, so grausam ist das. Für ihn gab es nicht beliebig viele Plätze zum Leben, sondern seinen Wintergarten. In den war soeben eingebrochen worden, nicht von außen her, sondern aus dem Inneren jenes Hauses, dessen Kauf allein er vor vielen Jahren erwirtschaftet hatte. Er spürte, dass er alle Beziehung zu Helena nicht nur verloren hatte, sonder gar nicht mehr wollte. Vielleicht ist das die Grenze zum Hass, dachte er. Aber der Hass verbindet und bindet wohl noch unerbittlicher als die Liebe und das Standesamt. Hassen wollte er nicht, sondern sich wieder beruhigen, seinen inneren Platz der Ruhe finden jenseits von Revanche und aufgebrachter Emotionen.

Helena gab vor, mit Betty beschäftigt zu sein. Nach 40 Ehejahren kannte er sie nur zu gut in der gespielten Rolle der überaktiven Hausfrau. Sie begegneten einander halbwegs auf der Treppe. Kerschenbaum kam ihr von unten entgegen, blieb unüberholbar stehen, sah ihr in die geröteten Augen. Ohne Zögern kam er zur Sache. Er sagte Helena, dass der Wintergarten für ihn ein Ausnahmeort sei, sein Platz zum Leben. Zu den Pflanzen dort habe er eine stille, tiefe Beziehung, die ihm zu leben hilft. Das Zyperngras sei für ihn mehr als mutmaßlicher Allergieerreger, nämlich ein Ort einfacher Schönheit, die er brauche. Es sei ausgerottet worden aus seinem Botanicum. Damit wäre nicht nur ein gewalttätiger Einbruch in seinen Wintergarten hinterrücks geschehen, sondern auch ein Einbruch in sein Lebensgefühl. Er müsse seine Ruhe und seinen Platz neu finden, vielleicht mit Herbert, diesem unsäglich duldsamen Menschen, unter den Kastanien im Gartenlokal. Sie brauche mit Nichts auf ihn zu warten.

Helena reagierte betroffen mit Selbstverteidigung. Sie verwies auf ihre Zyperngras-Allergie, begann – im selben Atemzug – zu niesen und zu klagen, wie miserabel sie sich fühle. Kerschenbaum wandte sich um, ging die fünf Treppenstufen hinab und weg durch die Haustüre und den Vorgarten auf die Straße. Das Weggehen dessen, der weiß, dass er wiederkommen muss, ist anders als der Abgang dessen, der nicht mehr wiederkehren wird. Seine Erregung war dabei, einer ohnmächtigen Trauer zu weichen. Wusste er doch, dass er heute Nacht spätestens wieder Seite an Seite mit Helena liegen werde; dass er ihr nicht werde ausweichen können, trotz der 120 Quadratmeter Wohnraum.

Wie so oft, wenn er wirklich, d.h. unablenkbar traurig wurde, wenn die Traurigkeit ihn wie ein Würgengel ergriff, bedrängten ihn Kindheits- und Kriegserinnerungen. In den Parken, von seinem Vater sonntäglich ausgesetzt, fühlte er sich regelmäßig einsam und überflüssig, zu Hause ebenfalls. Nur kam in seinem Zimmer das Gefühl dazu, dass das Leben stets anderswo sei als dort, wo er sich gerade befinde. In den ihm schwierigsten Kriegsmonaten im Herbst 1944 wurde es ihm zur Angewohnheit, vor den Fronteinsätzen sich in den Baracken, die er verließ, genau umzusehen. Diese Dinge werden mich womöglich überleben, dachte er dann mit Staunen darüber, welchen Wert plötzlich Bettlaken, Matratzen, Holztische und die eigene Armbanduhr erhalten können, wenn die Wiederkehr so unsicher wird.

Damals als 23jähriger Lieutenant in Lothringen, so erinnerte er sich lebhaft, gab es Angriffswellen und Nächte, in denen er zwar den Tod akzeptierte, allerdings ohne auf sein Leben-Wollen zu verzichten. Wenn es sein musste, würde er sterben, ansonsten aber wollte er leben. Leben um jeden Preis, das wollte er nie. Als er in seiner Infanteriedivision von Südwesten her deutschen Boden betrat, als seine Fernmeldekompanie über den verschneiten Hunsrück zum Rhein vordrang, hatte er das Gefühl ins Leben zu fahren, neben Sergeant Jeffrey in seinem Jeep. Endet der lange Krieg, beginnt das wirkliche Leben. Dieser persönlichen Propagandaformel folgte er insgeheim. Sie gab ihm Kraft und Weggeleit bis nach Frankfurt, wo für ihn zur Aprilmitte 1945 der Krieg in Dauerstationierung endete.

Bald nach dem Krieg, den er unverletzt überlebte, wurde er im Spätsommer, nach Japans Kapitulation, aus dem US-amerikanischen Militärdienst entlassen. Als Oberlieutenant wurde er ehrenvoll mit dem Offizierssäbel des verdienten Frontkämpfers verabschiedet und auf eigenen Wunsch nach seiner Heimatstadt Springfield/Illinois rückgeführt. Dort erlebte er sich deplatzierter als im ruinierten Deutschland. Als kriegsentlassener Offizier ohne Beruf aber mit College-Abschluss besuchte er in Springfield von seinem Entlassungsgeld ein Dolmetscherinstitut.

Kaum zwei Jahre später hatten die meisten deutschen Universitäten ihren Notbetrieb bereits wieder aufgenommen. Kerschenbaums Urgroßeltern kamen aus dem Badischen. In seiner Springfield-Einsamkeit mit dem heftigen Wunsch, sein Elternhaus definitiv zu verlassen, ergriff er die seltsame Chance: Er kehrte zurück nach Deutschland und studierte Germanistik in Heidelberg. Dort traf und heiratete er jene Frau, die ihm zwei Töchter gebar, über die Familie sein Leben bestimmte und heute Morgen das Zyperngras heimlich ausrottete.

Von der gegenüberliegenden Straßenseite blickte Kerschenbaum halb hinüber, halb zurück auf den Holzbalkon seines Reihenhauses. Dort sah er zwei Frauengestalten weiße Bettlaken ausschüttel. Von Springfield nach Frankfurt, wieder zurück und wieder retour, so etwa verlief der Kreislauf seines Lebens, dessen Betrachtung ihn traurig zurückließ. Jeder Kreis hat seinen Mittelpunkt und auf den hin wollte er sein ihm noch verbliebendes Leben konzentrieren.

7. Das Gewitter

Herbert wurde vom Limousinen-Service gebracht, pünktlich um 16.00 Uhr. Kerschenbaum erwartete seinen Gast samt Fahrer vor der Haustür. Obwohl Regenwolken aufzogen, hielt er an seinem Plan fest, dieses Mal nicht im Winter- sondern im Kastaniengarten Schach zu spielen. Zuvor jedoch versuchte er mit dem stets freundlich lächelnden Herbert ein Experiment: Er führte ihn in den Wintergarten, vorbei an den Polstersesseln und direkt hin zu dem schwarzen Loch zwischen den Buchsbäumchen; also dorthin, wo das Zyperngras bis vor seiner Ausrottung wurzelte und grünte. Vor der schwarzen Erde blieb er mit Herbert stehen und fragte ihn, ob ihm etwas auffalle.

Herbert schwieg zunächst. Oliver fragte ihn ruhig nochmals. Beide standen schweigsam mit Blick auf die schwarze, löchrige Erde. Nach vielleicht zwei Minuten kniete sich Herbert auf den staubfreien Parkettboden und fuhr mit seiner linken, inneren Handfläche über den Erdboden. Er berührte ihn in keinem Moment, sondern glitt mit etwa zehn Zentimeter Höhenabstand über die wellige Erde. Dann stand er wieder auf, roch an seiner linken Handfläche und sagte „nein", es falle ihm nichts auf. Kerschenbaum bedankte sich mit einem Kopfnicken und der Gewissheit, dass sein Gast authentisch gehandelt und gesprochen hatte.

Ohne seine Erinnerung wiederzuerkennen und ohne sie sagen zu können, hatte „es" sich in ihm erinnert: Herberts Handbewegung zehn Zentimeter über der Erde war die gleiche, mit der er bei seinem letzten Besuch fasziniert über das Zyperngras streichelte, um sich mit der Berührung ein Geruchserlebnis zu verschaffen. Nachher nämlich hatte er, wohlerzogen wie er war, die linke Hand zur Nase geführt, um die Geruchsspuren in der Handfläche zu erriechen. Es musste, wie Kerschenbaum jetzt ebenfalls klar wurde, die linke Hand sein, weil Herbert Rechtshänder war. Die rechte Hand brauchte er – damals wie jetzt –, um sich beim Aufstehen vom Boden abzustützen.

Kerschenbaum war ergriffen vom Evidenz-Beweis seines Zyperngrasexperiments: Herbert, schwer alzheimerkrank, war erinnerungsfähig geblieben. Seine Erinnerung motivierte ihn zu seinen Handbewegungen und leitete sie, als wolle er das Vorhandensein des Grases imitieren und so nachempfinden: zunächst durch Berührung, dann durch Riechen. Herbert war im Hinknien hinabgestiegen in die damalige Szene mit den duftenden Grashalmen auf der

Erde. Nur konnte er das Damals nicht verbinden mit dem schwarzerdigen Loch jetzt. Diesen Akt der Verknüpfung des damals Erlebten in das Hier und Jetzt schaffte Herbert nicht. Die Erinnerung als bewusste und versprachlichte Verbindung gelang ihm zwar nicht, aber er war nicht der „Mann ohne Gedächtnis". Das zu Erinnernde, nämlich das Zyperngras samt Duft, war in ihm präsent. Nur vermochte er nicht es gegenwärtig zu setzen und den logischen Schluss daraus zu ziehen, dass es offensichtlich entfernt worden war.

Der Chauffeur wartete geduldig in der schwarzen Limousine. Keine fünf Minuten hatte das Experiment beansprucht. Dann stiegen beide in den Fond des Wagens. Herbert wurde umsichtig angegurtet. Oliver war zum Angurten selbst fähig. Ruhig und schweigsam nebeneinander sitzend fuhr sie der Chauffeur in jenes Gartenlokal, dessen Kastanienbäume Kerschenbaum so sehr mochte. An einem reservierten Tisch unter einer grün duftenden Edelkastanie nahmen beide Platz. Dem Kellner gab Kerschenbaum genügend Trinkgeld, um sich dessen Gunst für die nächste Stunde einzukaufen. Dann sollte der Chauffeur wiederkommen, um jeden von beiden zuhause abzusetzen. Aufziehende Wolken ließen ein baldiges Gewitter vermuten. Eine Wetteraussicht, die Kerschenbaum zunächst verdrängte. Unter dem breiten Blattwerk der Kastanie fühlte er seinen Atem ruhiger kommen und gehen als vorhin während der Fahrt. Tee mit Sandkuchen wurde gebracht. Kerschenbaum war am Zug. Alles normalisierte sich: sein Atem, sein Schrecken. Sogar seine Trauer lichtete sich, je mehr er sich auf den Spielverlauf konzentrierte.

Noch stärker als seine Gewitterwahrnehmung hatte er sein Bedürfnis zu urinieren verdrängt. Jetzt kehrten beide unleugbar wieder. Kerschenbaum stand auf, ging zur Toilette und suchte dann mit dem Kellner einen Ecktisch im Lokal aus. Mit dem Kellner ging er zurück zu seinem Platz unter der Kastanie. Dort standen die Schachfiguren unverrückt ohne Herbert. Er war entschwunden. Lediglich seine zerknüllte Serviette hatte er artig auf seinem Sitzkissen zurückgelassen. Die Begleitung des flinken Kellners half Kerschenbaum, nicht gänzlich in Schrecken zu fallen. Gerade jetzt durfte er sich seine Vermutung nicht anmerken lassen, nämlich dass Herbert sich durch den rechten oder linken Laubengang entfernt hätte. Dass ihm eine Rückkehr unmöglich sei, dessen war sich Kerschenbaum zweifelsfrei gewiss. So wie es für den Träumenden im Traum kein Zurück und keine Wiederkehr gibt, sondern nur ein Weiter und ein Weg, so würde Herbert sich irgendwohin verlaufen. Vielleicht würde er sich noch kurz an das Schachspiel erinnern, aber nicht mehr an seinen Platz unter der Kastanie, nicht mehr an den Garten, an das Lokal, an Kerschenbaum und den Chauffeur.

Darauf warten, dass Herbert zu seinem Schachbrett zurückfinden würde, erschien Kerschenbaum illusorisch. Also musste er alle Aufmerksamkeit darauf richten, ihn innerhalb der nächsten Minuten zu finden. Die ersten Windstöße warfen die ersten Schachfiguren um. Der Kellner räumte ab. An mehreren Nachbartischen entstand Unruhe: Manche wollten noch schnell zahlen, andere in das Innere des Lokals mit Kaffee und Kuchen wechseln. Weitere Kellner kamen in den Garten gelaufen, zeigten sich nervös und gaben sich hilfsbereit. Die bisherige Harmonie der Szene löste sich auf. Erste, kalte Regentropfen prasselten nieder. Plötzlich, wie beim Erwachen aus einem „Sommernachtstraum", interessierte sich jeder der Gäste und Kellner nur noch für seine eigenen Belange: die Handtasche, das Kaffeekännchen, den Hut, die Rechnung. Im Handumdrehen war auch der Kellner verschwunden, der gerade noch am Schachbrett herumhantierte.

Kerschenbaum war allein. Auf Hilfe konnte er höchstens beim Eintreffen des Chauffeurs rechnen. Der aber war ebenfalls unerreichbar anderswo. Erst in einer knappen Stunde sollte er zurück sein. Der Schreck, den Kerschenbaum soeben noch als Mischung von Starre und Klarsicht erlitt, löste sich auf in Erregung. Die angstvolle Erregung aktivierte in ihm einen kaum koordinierbaren Bewegungsdrang. Er lief, sein Jackett am Stuhl zurück lassend, durch den linken Laubengang an flüchtenden Gästen vorbei auf den Gehsteig. Herbert blieb unsichtbar. Der Gehweg gehörte zu einer wenig befahrenen Alleestraße, von der in leichten Biegungen beidseitig kleinere Straßen wegführten, an Gartengrundstücken und Einfamilienhäusern entlang. Kerschenbaum zweifelte, ob der scheue Herbert nicht vielleicht doch durch den anderen, rechten Laubengang in das Lokal zurückgegangen sei. Deshalb wandte er sich nun nach rechts, lief zurück durch den Laubengang, gelangte so wieder in den Garten und vom Garten in das Lokal, dessen Räume und Toiletten er verzweifelt absuchte. Herbert blieb unauffindbar.

Draußen hatte ein bösartiger Gewittersturm voll eingesetzt. Aus den schwarzgelblichen Wolken hagelte es spitze, kalte Körner. Der Wind hatte mittlerweile böig aufgefrischt. Kerschenbaum lief zum dritten Mal durch einen der beiden Laubengänge, stand wieder auf dem nassen Gehweg und sah schräg gegenüber eine männliche Gestalt, die sich rasch in eine der Seitenstraßen entfernte. Er lief dem Fremden nach und kam schließlich völlig durchnässt bei dem Mann an, der sich im Weitereilen kurz zu ihm hindrehte. Es war nicht Herbert.

Noch eine halbe Stunde lang lief Kerschenbaum völlig durchnässt bis zur Erschöpfung die Nebenstraßen ab, bald rechts, bald links von der Allee. Dann kapitulierte er, hörte auf zu laufen, begann wieder zu gehen und seine nasskalte Kleidung wahrzunehmen. Inzwischen war der Chauffeur angekommen. Der Restaurantchef wurde auf Kerschenbaum aufmerksam. Man reagierte verständnisvoll. Zuerst rief der schuldbewusste Kerschenbaum Margarete Miller an und beichtete ihr das spurlose Verschwinden ihres Ehemannes. Margarete verständigte umgehen die Polizei, dass ihr schwer alzheimerkranker Mann abgängig sei. Er würde wohl völlig durchnässt im Stadtteil Frankfurt Nord herumirren, könne aber auf Befragen noch seinen Namen sagen, nicht aber die Wohnadresse.

Bis die Polizei zwecks Protokollaufnahme eintraf, musste Kerschenbaum im Restaurant bleiben. Weil der Chauffeur einen Folgetermin wahrnehmen musste, fuhr er alleine ab. Im Polizeiwagen wurde gegen 19.00 Uhr Kerschenbaum nach Hause gebracht. Helena war von Margarete bereits vorinformiert als ihr Mann im Streifenwagen vorfuhr.

Er erinnerte sich an seine erste Heimfahrt im Polizeiwagen vor fast 70 Jahren. Damals war er mit dem Tretroller ausgerissen, diesmal war Herbert der Ausreißer und er der Verlierer. Nicht nur Herbert hatte er verloren, sondern der Vertrauensverlust seitens Margarete und Helena wog schwerer. Bei alledem fühlte er sich so überanstrengt, durchnässt und unterkühlt, dass er sich nicht einmal schämen konnte. Was er noch konnte, war sich heiß duschen und sofort zu Bett gehen, denn er fühlte sich fiebrig erregt und geschwächt zugleich. Es ging ihm so auffallend miserabel, dass Helena auf Vorhaltungen verzichtete. Schließlich begann das Drama – wie sie wohl wusste – mit ihrem Befehl an Betty, das Zyperngras aus dem Wintergarten kompromisslos zu entfernen. Was für Helenas Allergie gut sein sollte, wurde durch Olivers Reaktion zur Katastrophe.

Immerhin kam gegen 21.00 Uhr die beruhigende Nachricht von Margarete, dass Herbert wohlbehalten ebenfalls in einem Polizeiwagen nach Hause gebracht worden wäre. Aufgegriffen hatte man ihn nur zwei Seitenstraßen vom

Gartenlokal entfern. Wegen des Gewitters habe er sich an einer Zypressenhecke vorbei auf die überdachte Terrasse einer Villa geflüchtet. Dort saß er in der weich gepolsterten Pergola alleine, bis die heimkehrenden Hausbewohner ihn zu abendlicher Stunde fanden, als geistig verwirrt beurteilten und den Polizeinotruf betätigten. Problemlos hätte, so Margarte an Helena, die vorinformierte Funkstreife den abgängigen Herbert ihr übergeben. Der Vorfall hätte mit schrecklicher Deutlichkeit bewiesen, wie pausenlos man Herberts Verhalten kontrollieren müsse, um ihn und andere vor Schaden zu bewahren. Für weitere Schachexkursionen sei Herbert nicht mehr zu haben. Das Risiko sei einfach zu groß. Den Limousinen-Service werde Margarete während der nächsten Tage aufkündigen.

Im Schlafzimmer nahm Kerschenbaum Helenas Bericht leidenschaftslos zur Kenntnis. Er fühlte fiebrige Hitze, schwitzte am ganzen Leib und hatte Atembeschwerden, die er Helena verheimlichte. Flach zu liegen war ihm unmöglich. Mit mehreren Kissen im Rücken saß er halb im Bett mit Beklemmungen im Brustbereich. Schlafen konnte er nicht. Vor der Nacht und seinen Fieberträumen fürchtete er sich.

Seinen Träumen war er so hilflos ausgesetzt, wie Herbert orientierungslos den Tagesereignissen. Mit einem einzigen Gewitterregen, so dachte er, wurden beide Schachspieler schachmatt gesetzt. Der Hausverstand hatte gesiegt. Sein Experiment mit Herbert Miller war gekippt und wandte sich als Versagen und Verlust gegen ihn. Aber einige Schachspiele lang war es ihnen immerhin gelungen die Schwerkraft der Alzheimer-Diagnose aufzuheben, Konzentration, wechselseitigen Respekt und sogar Momente stiller Freude zu erleben.

Eine innere Stimme sagte Kerschenbaum, dass dieses Erlebnis so eigenartig, ja einzigartig sei wie der Preis, der ihm nachträglich dafür abverlangt wird. Alles hat seinen Preis, versuchte er noch weiterzudenken, merkte aber, wie seine Anstrengung sich in einem Gefühl umfassender Hitze auflöste. Eine Treppenlänge tiefer, unten im Korridor, klingelte das Telefon. Wie von Ferne her klang ihm Helenas Stimme herauf mit freudig erregter Schwingung. Dann eilte sie die Treppe hoch und verkündete: Susanna kommt übermorgen.

8. Die Einweisung

Die Nacht war voller Gewitterregen und Fieberphantasien, die Kerschenbaum mit sich fortschwemmten wie ein großer Regen. Sein Pyjama und das Bettlaken hatte er durchgeschwitzt. Deckte er sich ab, dann fror er. Deckte er sich wieder zu, war ihm die Decke unerträglich schwer. Die Sogwirkung der unwiderstehlichen Albträume brachte ihn auf den Untergrund seiner Tagesexistenz und gewohnten Selbstwahrnehmung. Was die Träume ihm in bewegten Bildern offenlegten, um es sogleich wieder zu überdecken, war seine Desorientierung, sein Getrieben-Sein, sein fortwährendes Entfliehen vor sich selbst. Eine Flucht, die sich in immer neue Fluchten überstürzte, in endlose Zimmerfluchten von alten Häusern, in lange Gassen ohne Wiederkehr. Halb lief, halb flog er in seinen Träumen, ohne wirklich davonfliegen zu können. Immer wieder stürzte er ab in Bruchlandungen, wurde eingeholt von nur hörbaren Verfolgern, erwachte, wenn Helena ihm kalte Fußwickel machte.

Einmal aber in dieser heißen Regennacht träumte ihm statt der Bilder eine Stimme, deren Antwort ihn aufwachen ließ. Im zitterigen Halbschlaf fragte er in seine Unruhe hinein: Wovor fliehe ich? Du fliehst davor wahrzunehmen, dass du nicht da bist, antwortete es ihm aus dem Fieber. Die Antwort bewies ihm, wie gefährdet er war. Als Kind in Springfield träumte er in Tagräumen das immer selbe Motiv in Variationen, nämlich dass das Leben anderswo wäre. Als Jugendlicher im College, als Lieutenant im Jeep, als Student im Heidelberger Hörsaal träumte er es weiter, heiratete Helena, hoffte auf profitable Verlagsgeschäfte, auf himmlische Liebschaften und lief sich dabei stets selbst voraus. Der Fluchtweg seines Begehrens – so träumte es ihm – sei überschreibbar gewesen mit dieser begierigen Vor-Eile in den stets zurückweichenden Horizont des Lebens. Aus dem Begehren zu scheiden, so entdeckte sich ihm zweifelsfrei, war sein ultimativer Versuch, endlich anzukommen und da zu sein, wo er gerade war, sich auf die Gegenwart bedingungslos einzulassen.

Was er an Herbert, dem schweigsamen Orientierungslosen, wie im Spiegelbild seiner selbst erleben konnte, war das Verschwinden der Person, die einige Schachzüge lang in unerwarteter Konzentration präsentisch wurde, um gleich wieder unterzugehen unter den Medikamenten, der dosierten Müdigkeit und Gleichgültigkeit dem Leben gegenüber. Wer die Beziehung zu sich selbst verliert, der bleibt auf Immer verloren. So dachte er, während der Fußwickel seinem Bein Hitze entzog. Wie aber die Beziehung zu sich selbst finden und wie sie halten? Diese Doppelfrage quälte den fiebrigen Oliver Kerschenbaum wie ein Moskito. Überfallartig wie die Moskitos des Nachts so lange wiederkehren, bis sie mein Blut gesaugt haben, phantasierte er im Dämmerzustand, wird diese Frage mich weiter bedrängen.

Damit schlief er für zwei Stunden ein, schlief schwer atmend durch von 02.00 Uhr bis 04.00 Uhr früh. Dann dämmerte der Morgen. Die unbeantwortet verbliebene Frage nutzte ihre Chance, kehrte wieder wie ein Moskito und erweckte in Kerschenbaum mit dessen Aufwachen die Antwort: Wer bewusstlos die Beziehung zur Gegenwart verfehlt, verliert sich selbst. Während es draußen mit vielstimmigem Vogelgezwitscher hell wurde, wurde ihm diese Wahrheit klar. Sie half ihm mehr als Medizin sein Bewusstsein nicht aufzugeben, aufmerksam zu bleiben für all das, was geschieht. Das Fieber war zurückgegangen, aber das Atmen fiel ihm schwer. Im Rücken zwischen den Schulterblättern spürte er ab und zu ein Stechen. Seine verstopfte Nase zwang ihn zur Mundatmung, die seine Kehle austrocknete. Es dürstete ihn. Er trank stilles Mineralwasser und nahm wahr, wie die kühle Flüssigkeit im Feuer seiner Brust aufging.

Helena hatte sich solidarisch und hilfsbereit gezeigt. Jetzt schlief sie neben ihm. Er fragte sich, ob er wohl sehr stinken würde und wie Helena diesen Schweiß- und Körpergeruch ertragen könne? Plötzlich fiel ihm deren gestriges Telefonat mit Susanna ein. Dass sie morgen schon ankommen werde, erschreckte ihn. Gerade jetzt fühlte er eine ohnmächtige Schwäche gegenüber der stets fordernden Stärke seiner ältesten Tochter. Er fürchtete sich vor der Begegnung und nahm sich vor, sie auf alle Fälle stehend in Augenhöhe zu begrüßen und nicht liegend im Bett mit Blick von unten. Sobald Helena erwacht und ansprechbar sein wird, wollte er sie darauf ansprechen, ob Susanna alleine käme, für wie lange und aus welchem Anlass. Eigentlich wollte er nur Eines erkunden, was Susanna wollte, womöglich von ihm wollte.

Susanna kam allein, ohne Ehemann Frederic, ohne die Zwillinge, aber mit dem heftigen Wunsch um eine Bürgschaft für die marode Weinhandlung in Sydney. Angeflogen mit einem Billigticket der Quantas-Airline wollte sie nach einer Woche wieder point to point zurückkehren und zwar mit der Bürgschaft auf 50.000 Australische Dollar. Noch am Vormittag, nachdem Kerschenbaum geduscht und Tee mit Joghurt gefrühstückt hatte, eröffnete ihm Helena wie wirtschaftlich gefährdet Susannas Existenz und die ihrer Familie sei. Selbstverständlich wollte Helena bürgen. Das wäre doch ihre Mutterpflicht, meinte sie. Kerschenbaum hörte nur zu, fühlte er sich doch zu schwach zu antworten. Mit einem Kopfnicken überließ er Helena die von ihr eh schon getroffene Entscheidung. Allerdings war er sich gewiss, dass diese Bürgschaft nur der Anfang einer Angriffswelle sei, auf die er sich in keinerlei Selbstverteidigung einlassen dürfte. Die Kunst läge darin, so erkannte er, sich ihr zu entziehen.

Auch während der folgenden Tage und Nächte blieben die Fieberträume, die Atembeschwerden und das Stechen im Rücken. Halb saß und halb lag er. Bald träumte, bald erwachte er. Lesen war ihm zu anstrengend, aufzustehen gelang ihm nur selten und mit Mühe. Dann ging er kurzatmig vom Schlafzimmer zum Bad, bisweilen in eine Decke gewickelt auf den Balkon. Er fühlte sich schwach, unfrei und beobachtet. Susanna hatte sich im Gästezimmer einquartiert, gegenüber vom Schlafzimmer. Helena und Betty umsorgten ihn, wechselten die Bettwäsche, brachten ihm kalte Fußwickel und heißen Bronchialtee, Eierspeisen, Obst und Eis. Während der letzten zwei Tage seit ihrer Ankunft hatte ihn Susanna täglich morgendlich besucht. Obwohl er es sich anders gewünscht hatte, fand sie ihn beide Male liegend im Halbschlaf vor. Von der Bürgschaft sprachen sie nicht, dafür übergab sie ihm einen von den Kindern handbemalten Bumerang. Sie blieben nie zu zweit, Vater und älteste Tochter, sondern Helena kam stets dazu, was Kerschenbaum entlastend erlebte.

Bei diesen Dreierbegegnungen am Bettrand wirkte Susanna auf Kerschenbaum unruhig, aber stark; aggressiv, aber gefasst. Eine starke, verzweifelte Frau, dachte er kurz. Ihr Eigensinn fiel ihm ein, mit dem sie ihn immer wieder seit ihrer Kindheit herausgefordert hatte zu falschen Neins und zu kapitulierendem Ja. Weil ihm das Sprechen schwer fiel und weil er keine Konversation wollte, musste er mithören, wie Susanna mit Helena über ihn sprach. Statt mit ihm, sprachen sie über ihn. Dabei verhielten sich Mutter und Tochter wie zwei Ärzte im Konsilium. Sie besprachen mit besorgten Gesichtern seine Symptomlage: Dass sein Fieber trotz so vieler Fußwickel eher steige als zurückgehe, sei bedenklich. Noch gefährlicher seien die stechenden Schmerzen zwischen den Schulterblättern. Wieder sprach Susanna als erste ihre Verdachtsdiagnose aus, nämlich: Lungenentzündung. Im Halbschlaf hörte Kerschenbaum mit. Dabei sah er große Thunfische am Sandstrand, deren Kiemen sich in letzten

Zuckungen aufgeregt bewegten, während sie mit ihren Schwanzflossen Muster in den Sand schlugen. Fische im Sand, atemlos und sterbend, dachte er.

Seit Susanna ihre Diagnose „Lungenentzündung" ausgesprochen hatte, waren sie zu viert im Schlafraum. Denn die Diagnose beanspruchte immer mehr Raum, wie ein entkorkter Flaschengeist, der bald schon den letzten Winkel besetzt, um überall zu lauern. Kerschenbaum nahm noch wahr, wie beide Frauen ihre Stimmen senkten. Sie sprachen jetzt so leise, dass er das Gesagte nicht mehr verstehen konnte. Sicher war er sich, dass sie nun nicht mehr über ihn, sondern über seine mutmaßliche Lungenentzündung sprechen würden. Betty kam, bekam unhörbare Anweisungen und verließ als erste das Zimmer. Helena deckte ihn nochmals zu, bevor sie mit Susanna auf den Balkon hinaustrat. Es mag nunmehr gegen Mittag geworden sein, als Kerschenbaum einschlief. Er träumte von gelblichen Zitronenfaltern, taumelnd über hohem Gras. Aus einem Kiosk wurde Zitroneneis gereicht. Kinder schleckten genüsslich daran. Ihm fiel das Eis am Stiel zu Boden und verschwand wie die Schmetterlinge irgendwohin.

Er wurde geweckt. Die Diagnose war zu einem leibhaftigen Menschen geworden, zu dem Facharzt für Allgemeinmedizin Dr. Stiegler. Der stand jetzt mit ernstem Gesicht hoch über dem liegenden Patienten und war kein Traum. Kerschenbaum erkannte ihn trotz hohen Fiebers sofort. Es war unnötig, dass Helena ihn vorstellte. Stiegler stand noch im rechten Winkel zum Bettrand, flankiert von Helena rechts und Susanna links. Diese Phalanx ängstigte Kerschenbaum. Er fühlte sich bedroht, wehrlos ausgeliefert einem Komplott von Sorge, Vorsorge, Fachwissen und Handlungszwang.

Als behandelnder Arzt musste Dr. Stiegler handeln. Dessen war sich Kerschenbaum sicher. Wofür sonst, als zu Behandlung und Medikamentierung wäre er gerufen worden, überlegte sich Kerschenbaum mit flimmernden Gedanken. Er hat die Macht, dich in eine Klinik einzuweisen und hospitalisieren zu lassen. Dr Stiegler hat das Recht auf seiner Seite, wenn er dich als Notfall abtransportieren lässt, auch gegen deinen fiebrigen, altersschwachen Patientenwillen. Er ist Arzt und steht aufrecht über dir. Du bis ein Kranker und liegst schwer atmend unter ihm. Helena und Susanna, deine nächsten Familienangehörigen, werden Zeugen sein, dass alles, was er anordnet, notwendig und nur zu deinem Besten geschieht. So sprach es in Kerschenbaum wie ein Urteilsspruch, der dem Beklagten mit teilnahmsloser Stimme verlesen wird.

Dr. Stiegler, ein seit 20 Jahren geübter Hausarzt, wollte nicht unnötig Zeit verlieren. Zu einem Patientengespräch kam es nicht. Warum auch? Helena hatte Stiegler längst schon informiert, wie es um den fiebrigen Kerschenbaum stünde. Der sah von unten, wie sich der Arzt mit einem Thermometer zu ihm herabbeugte, ihn bat sich im Bett aufzusetzen und ihm das längliche Messgerät unter den Pyjama in die rechte Achselhöhle schob. Dann horchte und klopfte er Kerschenbaums Rücken ab, während ihm das Pyjamahemd samt Unterhemd über den Kopf hochgestülpt wurde. Helena war behilflich. Stiegler horchte und klopfte im Wechsel, ließ Kerschenbaum mehrmals tief ein- und ausatmen. Der befolgte die ärztlichen Anweisungen und presste den Oberarm gegen seinen Oberkörper, um das Thermometer nicht fallen zu lassen. Nachdem auch der Brustbereich abgehorcht und abgetastet worden war, wurde am linken Arm Kerschenbaums Blutdruck gemessen.

Susanna stand wie eine Statue still mit verschränkten Armen, während Stiegler behandelte und Helenas Kopf jeder seiner Bewegungen folgte. Kerschenbaum war übel. Er befürchtete sich übergeben zu müssen, atmete tief und versuchte, sich in das Innere seines Kopfes wie in einen Bunker zurückzuziehen. Kaum hatte er sich dort verriegelt, begann Stiegler mit seinem Beschuss. Seine gezielten Fragen trafen Kerschenbaum in schneller Folge: Ob er sich hätte übergeben müssen; von wo ab sich der Atem schmerzhaft stauen würde; seit wann die stechenden Schmerzen heftiger waren; ob er vielleicht unter Diabetes leiden würde. Wo möglich verneinte Kerschenbaum, antwortete knapp und schwitzte heftiger. Die Frauen schwiegen beeindruckt. Kerschenbaum war sich sicher, dass Stiegler Argumente sammelte, um sein diagnostisches Urteil zu untermauern. Schließlich kam mit dem Pulsdruckmessgerät noch eine winzige Apparatur zum Einsatz, so groß wie ein Fingerhut. Der wurde Kerschenbaums rechtem Zeigefinger teils aufgesetzt, teils der Fingerkuppe übergestülpt. Wie Stiegler knapp informierte, würde das Gerät sichere Informationen hinsichtlich einer möglichen Lungeninsuffizienz liefern.

Dann war es soweit: Die Eröffnung der Diagnose stand kurz bevor. Die Untersuchung war beendet. Die Apparate nahm Stiegler zuerst an sich, dann verstaute er sie in seiner Arzttasche. Nur das Thermometer reichte er wortlos mit ausholender Geste an Helena. Die erschrak, nickte Stiegler zu und schwieg. Stiegler brachte sich wieder in die Vertikale seiner stattlichen 185cm, räusperte sich, sah auf Kerschenbaum herab und diagnostizierte: Eine linksseitige

Lungenentzündung sei unverkennbar im Aufkommen und zwar zusammen mit schwerer Bronchitis. Weil der Puls zu hoch und der Blutdruck des Patienten zu niedrig seien, wäre der Kreislauf instabil, die Herztätigkeit geschwächt. Das hohe Fieber von 39,7° würde das Herz-Kreislaufsystem des immerhin 74jährigen Kerschenbaum weiter schwächen und zwar so sehr, dass Gefahr im Verzug sei. Der Patient sei ernstlich gefährdet, wenn er nicht adäquat ärztlich betreut würde. Zuhause wäre dies nicht hinreichend gewährleistet. Auch müssten weitere Untersuchungen, z.B. der Blutwerte, vorgenommen werden. Eine Hospitalisierung sei schon deshalb umgehend geboten, weil erst dort, im Krankenhaus, nach weiteren Soforttests eine gezielte Vermedikamentierung und Behandlung aufgenommen werden könne.

Zu Helena und Susanna gewandt erklärte Dr. med. Stiegler, dass er jetzt statt eines Rezeptes eine Krankeneinweisung ausstellen werde. Die Telefonnummer für den ambulanten Sanitäts- und Rettungsdienst werde er ihnen gleich aushändigen. In etwa zwei Stunden, so schätze er, würde man Kerschenbaum sicher in das Klinikum transportieren. Von seiner Praxis aus werde er alles Weitere überwachen. Mit einer Mischung von mahnendem und verständnisvollem Blick sagte er seiner treuen Klientin Helena Kerschenbaum, dass es höchste Zeit gewesen sei, ihn, den Hausarzt, zu rufen. Auch Susanna wurde in sein strenges Wohlwollen miteinbezogen. Welch Glück im Unglück, so meinte er, dass Susanna ausgerechnet während dieser schwierigen Tage hilfreich zugegen sei.

Dr. Stiegler schrieb in Sekundenschnelle die Einweisung aus, klappte seine Tasche zu und schickte sich an, das Zimmer zu verlassen. Da richtete sich Kerschenbaum im Bett auf und schrie lauthals die drei Worte: Ich bleibe hier. Alle erschraken, hatten sie ihm doch eine so energetische Aufsässigkeit nicht mehr zugetraut. Wieder schrie er dieselben Worte, sah aber jetzt Dr. Stiegler ins Gesicht. Das wirkte augenblicklich. Stiegler verwandelte sich in eine Art Pilatus, der seine Hände in Unschuld wusch, d.h. er erklärte diplomatisch: Von der Untersuchung bis zum Ausstellen der Einweisung hätte er alles hausärztlich Nötige veranlasst. Mehr könne er hier nicht mehr tun. Wenigstens die beiden Damen hätten die Notwendigkeit zum entschiedenen Handeln verstanden. Für sie sei er jederzeit erreichbar.

Während Stiegler mit gezielten Schritten die Schlafzimmertür erreichte, insistierte Kerschenbaum zum dritten Mal: Ich bleibe hier. Dann fügte er den Nachsatz hinzu: Das ist mein Wille. Wie ein bloßer Nachhall dürfte diese gepresste Willensäußerung auf Stiegler gewirkt haben. Denn der war bereits durch die Tür in den Korridor vor die Treppe getreten. Helena lief ihm hinterher. Susanna folgte beiden die Treppe hinab zum Telefon. Allein im Schlafzimmer zurückgeblieben dröhnte es Kerschenbaum im Bunker seines Kopfes. Aus dem Dröhnen wurde ein Rauschen, aus dem Rauschen ein wogendes Meer von Getreidefeldern, gelblich gegen die hohe Sonne, unendlich weitläufig gegen den Horizont. Wie hatte er dieses weite Land in seiner Jugend geliebt. Jetzt holte es ihn wieder, nahm ihn auf in die duftenden Wogen seiner Hügel, seiner Felder und Fruchtbarkeit. Mit 40° Fieber kehrte er in seinen Träumen heim nach Illinois. Und schlief und schlief lange bis zum Morgen des nächsten Tages.

Sie hatten es nicht gewagt zu telefonieren und ihn abholen zu lassen gegen seinen erklärten Willen. Sie hatten sich ratlos mit Dr. Stiegler zurückgezogen in das Wohnzimmer vor dem Wintergarten. Dort wechselte Stiegler die Einweisung um in ein Rezept zur häuslichen Vermedikamentierung des Widerspenstigen. Mit letzter Kraft, so wurde Kerschenbaum bewusst, hatte er den Angriff abgewehrt. Er musste dabei schreien wie ein waidwundes Tier, dass es sein Wille ist, der aus ihm spricht und seine Würde, die zu vernichten sie kein Recht hätten. Sie waren zurückgewichen vor dieser Wahrheit und wegen Stieglers Vorsicht.

Helena saß jetzt neben ihm auf der Bettkante, wirkte ernst und sprach ihn freundlich an. Ohne dass er sie zu fragen brauchte, erzählte sie ihm von Dr. Stieglers verständnisvoller Haltung, von Rezept, Apotheke und Medikamenten. Kerschenbaum hörte ihr zu, hörte wie ihre Stimme von Dur in Moll wechselte, um die einzelnen Worte zu betonen: Du musst jetzt deine Medizin einnehmen, Oliver, insistierte sie. Er antwortete nicht. Sie griff zu dem halb vollen Wasserglas auf dem Nachtkästchen, nahm es in ihre linke Hand und reichte es ihm unter sein Kinn. Auf ihrer rechten Handfläche sah Kerschenbaum drei weiße Tabletten liegen. Er blieb reglos. Wieder im ruhigen Ton stellte sie ihn vor die Wahl, entweder er nehme von nun an in ihrem Beisein die Medikamente dreimal täglich regelmäßig ein, oder sie werde sich sofort und völlig aus seiner Krankenbetreuung zurückziehen. Sie wäre dann für ihn garantiert nicht mehr ansprechbar und nicht mehr erreichbar.

Die Erpressung gelang. Kerschenbaum schluckte die Drohung samt den Tabletten und schwieg. Er wollte nicht unnötig Energie in sinnloser Rede vergeuden, rechnete er doch mit einer zweiten Angriffswelle in Sachen Bürgschaft. Helena lobte sein vernünftiges Verhalten, so wie man einem leicht behinderten Fünfjährigen dazu gratuliert, dass er gurgeln gelernt habe. Dann wechselten wieder Ton und Tenor ihrer Sprache. Ein fixierender Unterton ihrer Rede verstärkte sich schnell und ließ ihn Gefahr ahnen.

Er fühlte ein zittriges Frösteln am ganzen nassen Leib. Erstmals verfiel er in Angst, vor Schwäche nicht mehr schwindelfrei aufstehen und gehen zu können. Dann wäre er dem Trio Stiegler, Helena, Susanna leibhaftig ausgeliefert. Ja, er musste wieder auf die Beine kommen, wenigstens während der nächsten 3-4 Tage von Susannas Hiersein. Das befahl er sich selbst, wie in einer Art Tagesbefehl zur Durchführung einer Notmaßnahme.

Seine Ahnung täuschte ihn nicht. Die nächste Angriffswelle war bereits im Anrollen. Helena, seine Ehefrau und Krankenbetreuerin, die ihn gerade zur Einnahme der Medikamente gezwungen hatte, enttarnte sich als eine Art Kundschafterin und als Voraustrupp einer breit angelegten Bewegung. Sie nutzten, dessen war er sich sicher, seine fiebrige, atemlose Schwäche, um ihre Interessen rigoros durchzusetzen. Dazu aber mussten sie ihm fiebersenkende Medikamente einflößen, damit er zwar schwach, aber minimal aufnahmefähig und unterschriftsfähig sei: Helena kündigte ihm an, das Fieber werde bereits in drei Stunden merklich zurückgegangen sein. Zusammen mit Susanna wolle sie gegen 11.00 Uhr, noch vor dem Mittagessen, mit ihm Nötiges besprechen. Jetzt aber werde ihm Betty Tee, Obst, Orangensaft und Früchtemüsli bringen. Er solle sich stärken und ausruhen, notfalls klingeln. Dazu stellte sie ihm ein Metallglöckchen auf den Nachttisch und verschwand.

9. Die Generalvollmacht

Kerschenbaum war entschieden, unbedingt wach zu bleiben. Dieser Entschluss durchzog seinen ganzen, matten Leib und hielt ihn zusammen. Seine Entscheidung wurde ihm zur Gewissheit, auf die er sich verlassen konnte: Sie werden ihn nicht schlafend und medikamentös betäubt vorfinden. Der Schlaf steigert das Fieber, stärkt die Schwäche und erlaubt ihr die Führung zu übernehmen. Das wusste er aus vorausliegenden Krankheitsepisoden. Wer aber der eigenen Schwäche folgt, ist verloren, liefert sich aus an die Anderen: an ihre Nächstenliebe, ihre Medikamente und ihr Wissen, was gut für einen sei. Hatte nicht Helena auf Jersey refrainartig erklärt, dass sie immer nur das Beste für ihn und die Familie gewollt habe? Wie aber, wenn gerade das für die Familie Beste das für ihn Schlechteste wäre?

Allein schon dieser Gedanke versetzte ihm wieder einen Stich und Schmerz am linken Schulterblatt. Gedanken sind Lebewesen, fiel ihm ein. Der, der sie denkt, kann ihr Erzeuger oder ihr Empfänger sein. Wie auch immer, Gedanken darf man nicht festhalten, ebenso wenig wie Wanderer, Pilger oder Hausierer. Sie kommen, um wieder zu vergehen. Nur festhalten darf man sie nicht, sonst verliert man sich an sie wie an das Fieber, wie an die Familie, wie an das Begehren nach Sicherheit. Während Kerschenbaum diese Gedanken heimsuchten wie einen müden Nachtwächter der Glockenschlag, hörte er auf dem Balkon ein lautes Krächzen. Vom Bett aus sah er auf die hölzerne Balkonbrüstung, auf der soeben eine Elster landete. Dabei wippte sie ausbalancierend mit ihren langen Schwanzfedern. Sie halten ihre Bewegungen in Balance und sind dabei federleicht. So leicht, dass sie gar nicht ins Gewicht fallen, dachte Kerschenbaum. Ohne diese Hilfe zum Ausbalancieren seiner Flug- und Laufbewegungen, so erkannte er, wäre der pummelige Vogel verloren. Er würde dann wohl ständig nach vorne überkippen und zur leichten Beute der Krähen werden.

Der Anblick der wippenden Elster gab ihm Kraft. Er fragte sich, was ihm in seinem bewegten Leben zum Ausbalancieren des Schweren helfen würde. Sogleich fiel ihm sein Wintergarten ein, dieser gläserne, hintere Anbau am Reihenhaus. Der Vergleich erschreckte ihn, dass für ihn der Wintergarten das wäre, was für den krächzenden Vogel am Balkon die Schwanzfedern sind. Begann sein Krankwerden nicht bereits damit, dass Helena und Betty zwar keine Federn, aber das Zyperngras aus dem Wintergarten ausgerupft hatten?

Diese heimliche Eigenmächtigkeit der beiden schien nicht weiter ins Gewicht zu fallen, blieben doch vor, hinter und neben dem ausgerotteten Zyperngras noch mehrere andere Pflanzen, sogar wohlriechende, wie die Buchs- und Zitronenbäumchen.

Ihm aber fiel das verbliebene Loch nicht nur auf, für ihn fiel es ins Gewicht. Von dem Moment an, als er es gesehen hatte, begann er seine Balance zu verlieren, wich aus auf den Kastaniengarten, verlor sich auf der verzweifelten Suche nach Herbert im Hagelgewitter. Schließlich stürzte er ab in jene erschöpfte Hoffnungslosigkeit, die Hausarzt Dr. Stiegler als „Lungenentzündung" diagnostizierte.

Mit seiner Einweisung in das Klinikum – dessen war er sich gewiss – hätte er sich auch um die Chance bringen lassen, aus sich selbst wieder zur Eigenbalance zu finden. Jede Krankheit, so sah er, ist ein Seiltanz am Abgrund und eine ultimative Herausforderung zum erneuten Ausbalancieren der eigenen Lebenskräfte. Jetzt konnte er das Fieber akzeptieren. Auch dem Fieber gestand Kerschenbaum zu, eine feurige Lebenskraft zu sein im glühenden Ausgleich zu wieder anderen Kräften in Leib, Seele und Familie. So verstanden stieg in ihm Zweifel auf. Die Medikamente gegen das Fieber, würden sie mit dem Fieber nicht zugleich die Rebalancierung verhindern? Der Zweifel wurde ihm zum Impulsgeber: Er stand auf, ließ seinen geschwächten Körper langsam ins Bad unter die Dusche gehen. Dort nahm er eine heiß-kalte Wechseldusche, spürte einen Schock zum Leben und fand zurück zum Bett.

Er stand noch aufgestützt am Nachtkästchen, als das Telefon unten läutete. Er horchte und hörte Helenas Stimme. Wenig später kam sie nach oben und teilte ihm im Türrahmen mit, dass Bernadette mit dem kleinen Steven angerufen habe. Sie würden ihm gute Besserung wünschen. Kerschenbaum durchfuhr es wie ein Schlag: Das entfernte Zyperngras, das verbliebene Loch, die langen Schwanzfedern, der Verlust der Balance, die Verkürzung dessen, was seinen Ort und seine Zeit braucht. „Ich entscheide selbst, mit wem ich nicht telefoniere", sprach Kerschenbaum im Aufstehen zu Helena. Dann ging er durch das Zimmer zur Treppe. Er gab seinem Körper alle Zeit und Zuwendung die er brauchte, um eine Stufe nach der anderen zu nehmen, um weiter zum Telefon zu gehen, den Hörer in die linke Hand zu nehmen. Seinem Gedächtnis ließ er, als wäre es ein sensibler Mensch, alle Zeit und Freiheit, ihm die ganze

Nummer zu geben, die er langsam – Zahl um Zahl – mit dem rechten Zeigefinger wählte.

Er wurde belohnt. Sein Gedächtnis übergab ihm, dem Alzheimer-Verdächtigen, die 11-stellige Nummer. Die Telefonverbindung nach Jersey gelang. Augenblicklich vernahm er Bernadettes Freude, ihn selbst zu hören. In seiner Wahrnehmung wurde Kerschenbaum zunehmend genauer, seitdem er aus dem Begehren schied. Bernadettes allererste, spontane Reaktion war Freude, dann erst überkam sie Verwunderung darüber, dass er nicht fieberkrank im Bett lag, sondern stehend und willensstark mit ihr durch den Hörer sprach. Steven fragte ihn, wann er wiederkäme, weil er ihm Vorgelnester zeigen wolle.

Als Kerschenbaum Schritt um Schritt seinen Weg zurück in das Schlafzimmer fand, überkam ihn das gute Gefühl, authentisch gehandelt zu haben. Bernadettes Freude zu fühlen und Stevens Einladung zu hören, stärkte ihn. Hätte er vermedikamentiert den Schlaf der Wechseldusche vorgezogen, wären ihm die wippende Elster und das liebevolle Telefonat ebenso entgangen, wie sein Verstehen des eigentlichen, verborgenen Krankheitsverlaufes, der den Verlust seiner Balance somatisiert. Seit zwei Stunden im Wachzustand widerfuhr ihm Stärkung. Die aber kam ihm nicht automatisch zu, sondern durch Wahrnehmung und Willensakt. Bedingung dafür wiederum war seine Entscheidung, das Wach-Sein dem Schlaf vorzuziehen. Bewusst war er sich, wie sehr er diese Stärkung brauchte, um den nächsten Angriff aufzufangen, der aus dem Inneren seiner Familie ihm entgegenschlagen wird. Dessen war sich Kerschenbaum emotionslos gewiss.

Gegen 11.00 Uhr kamen sie angerückt. Die gedämpften Stimmen Susannas und Helenas konnte er schon vernehmen. Weil er eine männliche Stimme zwar hören, nicht aber identifizieren konnte, nahm er an, dass es sich bei der dritten Person um einen Rechtsanwalt, Notar, Versicherungsmakler oder Bankberater handeln könnte. Jedenfalls, so kombinierte Kerschenbaum mit Ironie, war es ein gekaufter „Gefolgsmann", der den Frauen die Treppenstufen hoch folgte. Während sie näher kamen schob er sich noch ein Kissen hinter seinen Rücken, um möglichst aufrecht zu sitzen.

Bald waren die Stimmen vor der Tür. Helena klopfte kurz an. Nach 40 Jahren Ehe erkannte Kerschenbaum dies zweifelsfrei am Rhythmus und der Lautstärke des viermaligen Klopfzeichens. Sie trat auch als erste ein, begleitet von Susanna und gefolgt von einem schlanken Mann mittleren Alters mit Aktentasche. Susanna stellte ihn ihrem Vater vor als Notar Moor, der dankenswerter Weise den Weg bis in das Krankenzimmer auf sich genommen habe. Wieder stand Kerschenbaum einer Phalanx zweier Frauen mit einem Mann, diesmal am hinteren Bettrand, gegenüber. Statt Dr. Stiegler gab nun Notar Moor den Experten zwischen den Frauen ab. Nochmals ging die Tür auf und zwar ohne Klopfen. Betty brachte noch einen Stuhl. Auf Helenas Anweisung stellte sie ihn weit nach vorne, neben das Nachtkästchen an Kerschenbaums Seite. Helena nahm darauf Platz. Zwei weitere Stühle wurden neben den ersten gestellt. Susanna und Moor setzten sich wortlos.

Eine Pause trat ein. Wie im Theater bevor sich der Vorhang hebt, dachte Kerschenbaum, fühlte seine Augen fiebrig und entschied sich für das Hören. Ohren können nicht fiebrig werden, sagte er sich selbst. Er war nie Theaterspieler. Helena hingegen bewies während ihrer Heidelberger Zeit ihr dramatisches Talent auf Laienbühnen. Eine Dramaturgin war sie allerdings nie, erinnerte sich Kerschenbaum. Moor ergriff das Wort. Er sprach im geschäftsmäßigen Ton, deutlich und mit festem Blick auf den Bettlägerigen. Ab und zu wandte er sich seitwärts nach Susanna rechts und Helena links von ihm. Diese signalisierten alsdann ihre Zustimmung durch Kopfnicken. Moors Monolog zielte eindeutig auf eine Generalvollmacht, die Kerschenbaum seiner Ehefrau Helena vorsorglich erteilen sollte. Jetzt nahm Moor sie aus der Aktentasche, um sie zwecks Unterschrift zur Hand zu haben. Ihr bläulich marmorierter Umschlag fiel Kerschenbaum angenehm auf.

Das also war die Enthüllung des Rätsels, die blaue Generalvollmacht aus der schwarzen Aktentasche, so staunte er. Er staunte über sich selbst, über seine untrügliche Voraussicht und dass sie sich genau hier und jetzt erfüllte. Bereits vor der Jersey-Reise im März, als er in Dr. Holzapfels Notariat seine Verfügungen, Testamente, das psychiatrische Attest und die Nummer seines Anderkontos hinterlegte, ahnte er die Szene, die sich soeben abspielte. Schon vor Monaten gestand er sich seine ihm schier unglaubliche Gewissheit ein, dass seine Familie zuerst versuchen werde, ihn zu enteignen, dann ihn als Alzheimerkranken zu entmündigen, um ihn schließlich in eine Klinik abzuschieben. Dann wäre er endlich wertlos genug, um nicht mehr befragt zu werden. Den wenigen Freunden, Bekannten und den nachwachsenden Enkelkindern würde man als

Epilog des Dramas glaubhaft machen, dass der Großvater dort bei bester Pflege den Sonnenuntergang seines langen Lebens erfährt.

Moor hatte seine Erklärung beendet. Die Vollmacht lag unterschriftsbereit in Reichweite von Kerschenbaum. Der nahm all seine Kraft zusammen, um dem vor ihm sitzenden Notar zu antworten, während Helena und Susanna zu Boden schauten. Zunächst bestätigte er Moor, dass er, Kerschenbaum, den Sachverhalt gut verstanden habe: Durch seine Unterschrift sollte er Helena Kerschenbaum die allgemeine Vollmacht erteilen, an seiner Statt und gegebenenfalls ohne Einholung seiner Zustimmung alle ihn betreffenden Rechtsgeschäfte verbindlich vollführen zu können. Sogar die Möglichkeit Untervollmachten zu erteilen würde durch seine Unterschrift in der Vollmacht inkludiert sein. Auch für die Veräußerung von Grund- und Vermögenswerten würde die Vollmacht an Helena gelten. Der Notar bestätigte Kerschenbaums Zusammenfassung mit knapper Bejahung und meinte, dass man eine Generalvollmacht selbstverständlich auch ohne Untervollmacht erteilen könne, so wie der Vollmachtgeber es wünsche.

Helena begann sich gefühlvoll einzumischen. Mit Blick auf Oliver, den sie nun mehrfach mit Vornamen ansprach, verwies sie auf die nötige Rechtsvorsorge, auf die gute Ordnung und die Beruhigung, die ihr seine Unterschrift brächte. Weil aber auch ihr selbst etwas zustoßen könne, man wisse ja nie, möge er an seine Tochter Susanna die Untervollmacht erteilen. Selbstverständlich würde sowohl sie als auch Susanna nur im äußersten Notfall von der Generalvollmacht Gebrauch machen oder in vorheriger Absprache mit ihm zur praktischen Regelung von Rechts- und Verwaltungsangelegenheiten. Kurzum, er dürfe ihr nach über 40 Ehejahren vertrauen, dass kein Missbrauch geschehen würde. Aus Sicherheitsgründen sollte man die ausgefertigte, notariell gesiegelte Generalvollmacht am Besten im Notariat Moor griffbereit hinterlegen. So wäre die Vollmachtserteilung zum Besten aller Beteiligten solide regelbar.

Kerschenbaum ließ seine Frau so lange reden, bis sie unwidersprochen ausgeredet hatte. Er musste sich eingestehen, dass ihre Argumentation logisch und sogar psychologisch nachvollziehbar war: Sie klang für die Anwesenden plausibel. Susanna bekräftigte, dass das Notariat „Peter Moor und Partner" im gesamten Commonwealth durch Filialen vor Ort vertreten sei. So auch in Sydney. Die effektive Verbindung sei also im Gebrauchsfall gewahrt. Da sie nur noch drei Werktage in Frankfurt bleiben werde und wegen der Termindichte des Herrn Notar entschieden sie sich, Kerschenbaum heute trotz seiner angegriffenen Gesundheit im Haus aufzusuchen. Dafür möge er, der geübte Geschäftsmann, Verständnis aufbringen. Und schließlich, so fiel ihr Helena ins Wort, könne die Sache zügig abgewickelt werden. Er brauche jetzt nur zu unterschreiben.

Kerschenbaum erschrak noch mehr. Der Schweiß rann ihm über die Stirn auf die Nase. Er musste sich schnäuzen, dann trank er vom Wasser neben ihm. Sein Schrecken folgte seinem Verstehen wie der Schatten dem Sonnenuntergang. Es wurde ihm eindeutig, mit welch machtvoller Selbstverständlichkeit die Drei seine Unterschrift nicht einmal einforderten, sondern gerade jetzt einholen wollten. Er hatte sie zu erbringen. Eine vernünftige Alternative schien es nicht zu geben. Sich zu verweigern und nicht zu unterschreiben hätte ihn als grundlos misstrauisch, unvernünftig und störrisch abqualifiziert. Gestern erst hatte er sich Dr. med. Stiegler und der Klinikeinweisung lautstark verweigert, wie sollte er sich heute wieder verweigern? Eine hinhaltende Diskussion zu beginnen, dazu fühlte er sich zu schwach und zu isoliert. Zu unterschreiben käme einer bedingungslosen Kapitulation gleich. Damit würde er sich in längstens drei Sekunden selbst abschaffen.

Er nahm wahr, dass er sich in einem Dilemma befand, das ihm keinen Ausweg bieten konnte. Deshalb wagte er einen ultimativen Schritt: Seine einzige Chance sah er darin, sich entschieden an Moor zu wenden; nicht an den „Gefolgsmann" Moor, sondern an den Notar „Moor und Partner". Spreche ich ihn als Notar an, muss er mir als Notar antworten, überlegte Kerschenbaum. Dann ging alles sehr schnell. Als Erstes fragte er Moor in ruhigem Ton, ob er ihn für unterschriftsfähig halte, also als den Dr. Oliver Kerschenbaum, der im Vollbesitz seiner geistigen Kräfte unterschreiben könne. Moor bejahte sofort und uneingeschränkt. Die beiden Frauen bekräftigten das Urteil des Notars mit kurzen Ausrufen, wie: „Aber Oliver!", „Was soll das, Papa?" Diese erste Frage war die nötige Vorbereitung für die alles entscheidende zweite, die auf Moors Ehre als Notar abzielte: Würden Sie, Herr Notar, mir uneingeschränkt und vorbehaltlos zur sofortigen Unterschriftsleistung raten?

Diese Frage brachte die Phalanx zu Fall. Moor kippte um und fiel aus. Er hörte plötzlich auf, verlässlicher Bündnispartner von Mutter und Tochter zu sein. Ähnlich Dr. Stiegler machte er sofort einen Rückzieher, der einer Rolle rückwärts gleichkam. Jetzt erschraken die Frauen. Denn der Notar „Moor und Partner" begann sichtlich und wortkarg zu zweifeln. Seine Haltung war dahin. Moor führte aus, dass es einerseits keine zwingende Notlage für die sofortige Einholung der Unterschrift gäbe, andererseits wäre es nützlich zu unterschreiben. Die Letztverantwortung für die Erteilung einer Generalvollmacht läge immer bei dem, der sie unterschreibt, nie aber beim Notar. Der könne weder vorbehaltlos zur Unterschriftsleistung raten, noch davon abraten. Es sei denn, es wären ihm Gründe bekannt, die dagegen sprächen. Allgemein gelte, dass sich der Vollmachtgeber bei einer so wichtigen Unterschrift möglichst zweifelsfrei sicher sein sollte.

Kerschenbaum setzte genau hier zur Antwort ein und zwar bevor eine der Frauen dazwischen sprechen konnte. Er bestätigte dem Notar, dass keine „zwingende Notlage" gegeben sei, dass er, Notar Moor, ihm soeben die rechtswirksamen Vorbehalte gegen eine sofortige Unterschriftsleistung erklärt habe und dass er, Kerschenbaum, noch dazu in seiner jetzigen Verfassung, nur mit Zweifel unterschreiben könne. Jetzt wechselte Moor die Seite und lief zu Kerschenbaum über. Schließlich wollte er seinen guten Ruf nicht gefährden, indem er von einem fiebrigen 74-Jährigen trotz dessen geäußerter Zweifel eine Generalvollmacht im Krankenbett unterschreiben ließ. Moor nahm wieder Haltung an, saß aufrecht auf seinem Stuhl und erklärte mit amtlichem Oberton seinen Abgang. Da Dr. Kerschenbaum nach erfolgter Belehrung und Abklärung von Fragen deutlich Zweifel an seiner Vollmachtvergabe geäußert habe, könne nunmehr er, Notar Moor, eine Unterschriftsleistung Kerschenbaums nicht mehr verantwortungsvoll annehmen. Über deren bindenden Wert sei er sich als Notar zu sehr im vernünftigen Zweifel. Damit aber habe sich die Geschäftsgrundlage seines Kommens erledigt.

Moor erhob sich, gab die vorbereitete Vollmacht zurück in die Aktentasche, verabschiedete sich förmlich von Kerschenbaum und verließ mit konsequenten Bewegungen den Raum, gefolgt von Susanna und Helena. Von seinem Bett aus konnte Kerschenbaum noch nachhören, welche kurzen Worte des Bedauerns zwischen den Frauen und Moor gewechselt wurden. Etwas später kam, verwirrt und ziemlich kleinlaut, Helena in das Schlafzimmer zurück. Sie gab sich resigniert. Eine Haltung, die Kerschenbaum von ihr nur zu gut kannte. Immer bei Misserfolgen, wenn sie zwischen Einsicht, Schuldgefühlen und Vorwürfen schwankte, wich sie in die Resignation aus. Sie zeigte ihm dann eine Mischung von diffusem Bedauern und Weltschmerz, welche aber weder zum

Gespräch darüber aufforderte noch lange anhielt. So fragte sie ihn nur eher beiläufig: „Oliver, musste das sein? Ich wollte doch nur das Beste und jetzt bin ich ratlos". Zugleich brachte sie ihm grünen Tee, eine Gemüseomelette, Schwarzbrot und Medikamente. Es war 11.45 Uhr geworden. Er aß und trank, schlief und träumte, erwachte gegen 14.30 Uhr, war traurig und einsam.

Durch ein Manöver hatte er die Schlacht gewonnen, Moor zum Rückzug bewegt und sich so behaupten können. Sein Gesicht hatte er gewahrt, aber sein Herz war versteinert. Wie gründlich hatte er doch gestern und soeben heute erfahren müssen, was es beinhaltet, aus dem Begehren zu scheiden. Aus welchem? Was Susannas und Helenas, Stieglers und Moors Begehren anbelangt, so war es ihm nur mit letzter Kraft gelungen, sich deren Begehren zu entziehen, statt ihm zu folgen. Ansonsten läge er jetzt, eingeliefert in das Klinikum, als Patient, dem man seine Selbstenteignung per Unterschrift abverlangt hätte. Von seiner Beseitigung, Entmachtung und Enteignung hätten sie alle profitiert. Auszuscheiden aus dem Begehren derer, die von ihm profitieren wollen, war und blieb unverrückt seine Entscheidung. Gerade jetzt, mit pochendem Herzen, konnte er für sich feststellen, dass er bereit war, den dafür nötigen Preis weiter zu zahlen: Abstand und Einsamkeit.

Mehrere Tage noch blieb er im Schlaf- bzw. Krankenzimmer, versuchte sich in Ruhe und Bewegung seinem Leib anzupassen, wechselte viele Male zwischen Bett und Bad, Balkon und Bett. Helena und Betty versorgten ihn mit Essen und Trinken, frischer Wäsche und Medikamenten, die er bald schon nicht mehr einnahm. Die Nächte verbrachte er allein. Helena hatte sich im Wohnzimmer einquartiert. Sie schlief dort auf dem Sofa. Susanna blieb im Gästezimmer für noch weitere vier Tage. Die Generalvollmacht sprach sie nicht mehr an. Als ihre Abreise nahte, kam sie an sein Bett, schenkte ihm einen lichtblauen Bademantel und verabschiedete sich von ihm korrekt, aber kühl.

Am selben Abend nach ihrer Abreise teilte ihm Helena mit, dass sie Anfang Juli, d.h. in knapp einem Monat, zu Susanna fliegen wolle. Sie werde dort gebraucht und bis August bleiben. Betty werde ihn, Oliver, versorgen. Möglich sei es, dass Harald während ihrer Abwesenheit ihn für zwei Tage auf seinem Weg von Budapest über Frankfurt besuchen werde. Im Spätsommer seien sie beide wieder nach Jersey eingeladen. Zunächst aber werde sie ohne ihn einen Monat in Australien sein, worauf sie sich freue.

10. Der Unfall

Kerschenbaum erholte sich nur langsam. Immer wieder kehrte das Fieber zurück, um aufzuflackern wie ein Schwelbrand, der sich an seiner Brust entlang hinzog. Wie ein Schatten, der ständig zum Ausruhen und Träumen einlud, begleitete ihn Schwäche. Sie deprimierte ihn. Sie stahl ihm seine Geduld mit sich selbst und erst recht mit Helena. Sogar die Tonlage ihres Sprechens war ihm in seinen Schwächestunden unerträglich. Dabei erwies sie sich in ihrer Nähe und Rücksichtnahme auf ihn solidarisch. Bald schon war sie in das eheliche Schlafzimmer zurückgekehrt und ertrug geduldig seine nächtlichen Exkursionen zu Bad und Balkon.

Trotz der so fatalen Entfernung des Zyperngrases war Helenas Allergie nicht gewichen. Ihre Augen blieben gerötet und ihre Hoffnung umso mehr auf Australien gerichtet. Unter den dortigen Witterungs- und Vegetationsbedingungen erwartete sie fest, dass die Reizungen der Schleimhäute abklingen würden. Zurzeit litt sie jedenfalls – wie Dr. med. Stiegler diagnostizierte – nicht mehr unter einer Zyperngrasallergie, sondern unter einer Mischallergie, hervorgerufen durch Heublumen und Baumblüten, wie Linde und Kastanie. Die aber gäbe es in Sydney kaum und sicher würden sie dort im Juli nicht blühen. Vielleicht, so dachte Kerschenbaum, sind es nicht die Pflanzen, ihre Blüten und Pollen, die die Allergie schaffen, sondern umgekehrt: Helenas Erregung manifestiert und entlädt sich als allergische Reaktion mit Hilfe der winzigen Pflanzenpartikel. Schon die bloße Vorstellung an Lindenblüten, so gestand sie ihm, lässt ihre Augen tränen und ihre Nasenschleimhäute anschwellen.

Wöchentlich besuchte sie Dr. Stiegler in seiner Arztpraxis, nahm seine verschreibungspflichtigen Medikamente ein, inhalierte mit einem speziellen Gerät zu Hause und verließ das Haus nie ohne dunkle Sonnenbrille. Auch Kerschenbaum inhalierte und zwar den Dampf von Kamille. Zudem trank er Salbeitee bis zum Überdruss. Weil sein Verhältnis zum Wintergarten wie zu Helena immer noch gestört war, pendelte er zwischen Schlaf- und Wohnzimmer. Wie Helena die Allergie, so machte ihm seine Vergesslichkeit zu schaffen. Termine, Adressen, Namen und Telefonnummern vergaß er insofern kaum, weil er sie alle akribisch in doppelter Buchführung notierte: Zuerst schrieb er sie in sein schwarzledernes Adressbuch, dann in das blaufarbene Telefonbuch. Beide Notizbücher hatten ihre unverrückbaren Plätze in seiner rechten oberen Schreibtischschublade bzw. gleich links neben dem Flurtelefon. Selbst Betty respektierte diese Lageplätze. Anders verhielt es sich mit Kerschenbaums Erinnerungsvermögen bezüglich Gegenständen. Je kleiner und handlicher sie waren, desto eher verlegte er sie, sodass sie seine Vergesslichkeit geradezu herausforderten: Schlüssel, Fernbedienungen, Kreditkarten, Tabletten, Schnürsenkel und Krawattennadeln. Sie alle hatten eines Gemeinsam, nämlich ihm unauffindbar abhanden zu kommen. Deswegen schämte er sich vor Helena, verdächtigte bisweilen die unschuldige Betty und entwarf sich eine geradezu militärische Sicherungsstrategie gegen das Verschwinden der Dinge. Nichts half wirklich, außer der Verzicht.

In den begann er sich stoisch einzuüben. Eine verschwundene Krawattennadel, selbst eine verlegte Kreditkarte sollten ihn durch ihre Abwesenheit nicht mehr erschrecken. Zumeist, so bewies ihm seine Erfahrung, tauchten sie an unvermuteten Orten zu ihrer Zeit wieder auf, wie streunende Hunde und Katzen, die ihre Bewegungsfreiheit brauchen. Nur ab und zu kam in ihm Selbstbesorgnis auf, wenn er an Helenas fast vierwöchige Auszeit dachte. Betty würde ihm und dem Haushalt jedenfalls erhalten bleiben. Dasselbe gilt für ein unsichtbares Netz von Serviceleistungen, das Kerschenbaum über die im Telefonbuch vermerkten Servicenummern aktivieren konnte. Nein, er empfand kaum Sorge, sondern eher Erleichterung alleine zu bleiben. Seiner Welterfahrung und seinem Gedächtnis konnte er immer noch vertrauen, solange es nicht um konkrete Dinge ging, die er verlegen und vergessen konnte.

Was Helena, ihren Abflug und ihre baldige Abwesenheit anbelangte, so fühlte er ein ihm neuartiges Desinteresse. Ging er nämlich von dem großen Abstand zwischen ihnen aus, von Helenas wirklichen Interessen, ihrer Vorliebe für Susanna, Frederic und die adoptierten Zwillinge, dann sah er sie vielmehr in Sydney als in Frankfurt. Ihr Interessensmittelpunkt war wohl seit deren Geburt Susanna, später deren Familie. Dass Helenas Lebensmittelpunkt seit so vielen Jahren ein Frankfurter Reiheneckhaus war, mit Oliver Kerschenbaum als alzheimerverdächtigen Mitbewohner, brachte verleugnete Unzufriedenheit in beider Leben. Kerschenbaum erlebte sie als überaktiv und übergriffig, ja als gefährlich für seine Schwäche, die sie verständnislos an männliche Autoritäten wie Stiegler und Moor auslieferte. Dieses Mal konnte er sich noch verteidigen vor ihr und ihrer Allianz mit Susanna. Dieses Zweierbündnis dürfte sich, so überlegte er, in den nächsten Wochen von Helenas Dortsein weiter verfestigen. Schließlich bewegte ihn Helenas nahender Abflug weniger als die Frage nach ihrer Wiederkehr drei Wochen später. In welcher Verfassung und Haltung ihm gegenüber wird sie zurückkehren, wie das Kommando über Betty und den Haushalt übernehmen?

Er verbot sich fantasievolle Spekulationen, nahm aber seine Angst wahr. Schwäche und Angst sind ein Zwillingspaar, dachte er. Sie verstärken einander. Das wusste er aus den vielen Erfahrungen, in denen er sie überleben konnte. Sein Rezept dafür war das immer selbe: Weiterleben mit der Schwäche. Weiterleben Atemzug um Zug mit der Angst und zwar solange, bis das Leben Neues bringt und die alte Angst verschwinden könnte. Deshalb wollte er sich keine Gedanken um Helenas Rückkehr machen, denn solches Denken hätte seine Angst nur in feste Vorstellungsformen gegossen. Die aber, so erkannte er, würden ihn mit der Angst unauflöslich zusammenbinden. Dann erst wäre er ein angstbesessener Mann und nicht nur ein Mensch mit Ängsten.

So entschied er sich, Helenas Abflug großzügig zu unterstützen. Weil der lange Flug von Frankfurt über Singapur nach Sydney nur in der Komfortklasse erträglich wird, schenkte er ihr ein solches Ticket. Seine Freigiebigkeit beeindruckte sie und sie zeigte sich dankbar. Sie telefonierte jetzt täglich mit Susanna, was Kerschenbaum zunehmend irritierte. Das andere Ufer, Australien, rückte täglich näher. Ende Juni, gegen 22.00 Uhr, flog Helena ab. Kerschenbaum begleitete seine Frau bis zur Passkontrolle. Dort verabschiedete er sich von ihr mit einer Umarmung und den drei Worten: „Farewell my Dear". Gleich hinter der Passkontrolle winkte sie ihm durch die Glasscheibe nochmals zu. Dann ging sie fort von ihm, mit dem Rücken zu Kerschenbaum und dem Gesicht nach vorne, nach Australien, zu Susanna und ihrer neuen Rolle als erwünschter, hilfsbereiter Mutter, Schwieger- und Großmutter.

Kerschenbaum blieb allein inmitten einer bewegten Menge im Terminal. Langsam ging er zum Ausgang. Mit einem Taxi fuhr er nach Hause. Seine Taxifahrt in Berlin zu Evas Wohnung fiel ihm ein. Damals regnete es; er war unruhig und erwartungsvoll mit einem Koffer und einem Poncho als Geschenk. Damals war er ein Anderer: Ein generöser Bettler. Seither ist er unterwegs zum Anderen seiner selbst, jenseits des Bettlers. Eine schier unendliche Reise, zu der er vor über einem Jahr aufgebrochen war. Helena fliegt nach Sydney, einer Millionenstadt mit weltweit bekanntem Namen. Wer ihn hört, meint die Stadt irgendwie zu kennen, weil der Name „Sydney" nicht unbekannt ist. Helena ist unterwegs in das vermeintlich Bekannte. Doch diese Einschätzung sei eine

Täuschung, so urteilte er. Niemand wisse, was ihn oder sie wo erwarte. Keiner könne wissen, wohin die Reise mit ihm geht. Alle Vorstellungen sind Heuchler, entschied er. Sie geben mit ihrem Wissen eine Sicherheit vor, die trügerisch ist. Hinter diesen Trugbildern erstreckt sich die Wirklichkeit als ein weites, unerkanntes Land, in dem schließlich alle Reisenden dieser Welt ankommen müssen. Indem er sich gewiss war, das Ziel seiner Reise nicht zu kennen, fühlte er sich in all seiner Einsamkeit dem wirklichen Leben nahe.

Wohltuend empfand er die schweigsame Taxifahrt durch die warme Sommernacht bis hin vor seine Haustür. Er stieg aus, bezahlte und ging direkt in seinen Wintergarten. Von dort aus sah er mit erhobenem Blick die Sterne, auch jene, deren Licht noch strahlt, obwohl sie selbst längst schon erloschen sind. Die Stille des dunklen Raumes umfing ihn. Der frische Geruch der Pflanzen tat seiner Nase, seiner Brust und Einsamkeit wohl. Längst schon schätzte er die Dämmerung mehr als das helle Tageslicht, das Schweigen mehr als das Reden und die seltenen, sternklaren Nächte in seinem Wintergarten zu erfühlen, bedankte er als spätes Geschenk des Lebens. Seine neue Einsamkeit durch Helenas Abflug begann mit der Erfahrung einer lautlos nächtlichen Tiefe und unsichtbaren Weite, die ihm durch seine angespannte Nähe zu Helena seit Wochen verborgen geblieben war. Bis weit nach Mitternacht sah er dem Mond zu bei seiner präzisen Wanderung, war gedankenlos still und fühlte sich nach vielen Wochen von Fieber und Schwäche, Selbstbehauptung und Angst erstmals wieder gesund. Als wäre meine Seele wieder bei mir eingekehrt, so diagnostizierte er Oliver Kerschenbaums Befindlichkeit am Tage Null von Helenas Abreise.

Ab und zu fiel ihm ein, dass sie in einer riesigen Boeing-Maschine südostwärts um die halbe Welt flog, weit über der Erde und unermesslich weit unter den Sternen, deren Licht er auf seiner Netzhaut spürte. Müdigkeit holte ihn ab aus seinem Sessel, brachte ihn nach oben ins Schlafzimmer und zu Bett. Hell tönendes Vogelgezwitscher weckte ihn. Wie ein stummer Buttler beschlich ihn die Sorge, ob Helena wohlbehalten ankäme. Der Tag verging. Erst zur vorgerückten Abendstunde erreichte ihn der Anruf Frederics, dass Helena samt Gepäck gut angekommen sei. Eine halbe Stunde später konnte er mit ihr und Susanna telefonieren. Helena hatte ihren Zielort erreicht, ein geräumiges Appartement in Sydneys Zentrum, das Susanna und Frederic auf Kredit gekauft hatten. Dort, so nahm Kerschenbaum an, werde sie während ihres dreiwöchigen Aufenthaltes in Susannas Familie auch ihr Zuhause haben. Doch diese Annahme erwies sich bereits nach wenigen Tagen als Irrtum.

Wie zwischen ihm und Helena vorbesprochen, rief sie ihn nach vier Tagen an und teilte ihm mit, dass sie mit Susanna auf eine knappe Woche nach Perls fliegen werde. Sie wollten dort ein Gewölbelager für Champagnerweine zusammen mit einem Makler besichtigen und womöglich als operatives Depot anmieten. In den nächsten Tagen werde ihn ihr ausführlicher Brief erreichen. Manches solle man besser schreiben als fernmündlich sagen. Sofort tauchte in Kerschenbaum die Ahnung auf, dass eine neue Angriffswelle auf ihn zurollte, diesmal aber mit veränderter, brieflicher Strategie. Das Sprichwort fiel ihm ein: Ein Berg bewegt sich nicht. So wollte er es auch halten, den Köder nicht schlucken und sich keine Gedanken machen. Die Tage seines Alleinseins brachten ihm eine Achtsamkeit, Ruhe und Ausgeglichenheit, die ihm angenehm waren. Er begehrte nichts und brauchte wenig: Tee, leichtes Essen, Sauberkeit, Pflanzen und einige wenige Bücher. Bettys Basisversorgung reichte ihm vollkommen aus. Bernadettes Anruf und Haralds persönliche Nachfrage nach seinem Befinden freuten ihn. Die Pflanzen und Gräser seines Wintergartens gediehen so prächtig wie sein stilles Wohlbefinden.

Mit der Samstagspost wurde ihm vormittags Helenas Brief ausgehändigt. Er ging damit in das Wohnzimmer, setzte sich, hörte Betty im Schlafzimmer rumoren, öffnete und las. Aus seiner aktiven Geschäftszeit hatte sich erfahrungsgemäß in ihm ein intuitives Erkennen herausgebildet, wann er mit „sachlichen" Unterstellungen angegangen würde. Solche alarmierten ihn besonders, erwiesen sie sich doch stets weit bedrohlicher als emotionale Entgleisungen.

Helena hielt ihm in nüchternem Ton vor, dass ihm die wirtschaftlichen Belange der Familie gleichgültig geworden seien. Das gelte insbesondere für drängende finanzielle Notwendigkeiten wie Bürgschaft, Kredite, Absprachen und Handlungsvollmachten. Er erwiese sich unzugänglich für das Durcharbeiten solcher Themen und unwillig zu nötigen Hilfestellungen. Deshalb werde sie nun auf eigene Rechnung handeln. Zu seiner Information sei ihm mitgeteilt, dass sie die Bürgschaft über 50.000 Dollar für Susanna gegeben habe. Das Notariat Moor in Frankfurt habe die rechtliche Seite abgewickelt und zwar zusammen mit ihrem Bankberater. Nach ihrer Rückkehr aus Perls werden sie, Susanna und Frederic über eine wohl hinreichende Datenbasis verfügen, um die Höhe einer erweiterten bzw. zweiten Bürgschaft bemessen zu können. Susannas Existenz sei schließlich in Krise. Das Exportgeschäft müsse expandieren, um überhaupt konkurrenzfähig zu werden.

Dieser ersten Mitteilung, der Kerschenbaum die Vorbereitung eines Fiaskos entnahm, folgte eine zweite, Helenas Testament und die Erbschaft betreffend. Sie schrieb ihm, dass sie nach ihrer Rückkehr von Perls nach Sydney ihr Testament ändern möchte und es dort in einem Notariat hinterlegen werde, das mit „Moor und Partner" in Frankfurt kooperiere. Nicht mehr er, Oliver, solle im Fall ihres Ablebens der Generalerbe sein, sondern er und die beiden Töchter sollen zu gleichen Teilen erben. Eine derartige Neuregelung hielte sie für familiengerecht und klar strukturiert. Das von ihr im Notariat Dr. Holzapfel hinterlegte Testament werde seine Gültigkeit verlieren. Das Notariat Moor werde sich zur gegebenen Zeit diesbezüglich mit Holzapfels Kanzlei in Absprache bringen. Mit zwei praktischen Randhinweisen, Putzmittel und Bettys wöchentliche Bezahlung betreffend, schloss der Brief.

Wie fernes, heraufziehendes Gewittergrollen hörten sich die Briefzeilen an für Kerschenbaum, der sie mehrmals las. Helenas baldige Neufassung ihres Testaments berührte ihn nur insofern, als er darin jenen konsequent sich fortsetzenden Entzug wahrnahm, der sich in der Bürgschaft bereits realisierte. Der Mittelentzug hatte als Profiteurin Susanna, deren Angst und rigorose Eigenmächtigkeit er hinter den Zeilen herauslas. Von weit her hörte er das Geläut von Kirchenglocken. Samstags um 11.00 Uhr im Hochsommer dürften das wohl Hochzeitsglocken sein, so vermutete er und fühlte sich am Ende seiner Beziehung zu Helena und seiner Familie. Dann legte er den Brief zur Seite, wechselte in den hellen Wintergarten und las weiter in Calderon dela Barca „Das Leben ein Traum".

Die Zeit tat das, was sie immer tut, sie verging. Es wurde Montag, es wurde Abend, es wurde zur Dämmerstunde 21.15 Uhr. Diese genaue Minutenzeit prägte sich unauslöschbar ein in Kerschenbaums restliches Leben. Das Telefon im Flur klingelte und zwar laut genug, um von ihm auch im Wintergarten gehört zu werden. Als er den Hörer abgenommen hatte, vernahm er Susannas Stimme. Sie hatte jedweden Klang, jede Melodie und persönliche Note verloren. Ein elektronischer Weckdienst hätte so farblos informieren können wie diese versteinerte Stimme. Apathisch setzte sie ihren Vater davon in Kenntnis, dass Helena vor wenigen Stunden auf ihrem Flug nach Perls tödlich verunglückt sei. Die kleine Shuttle-Maschine sei mit brennendem Motor kurz nach Beginn ihres Landeanfluges auf Perls abgestürzt und ausgebrannt. Mama hätte wohl nur wenige schreckliche Sekunden leiden müssen. Nur durch Zufall habe sie, Susanna, für sich selbst eine frühere Maschine gebucht, sodass sie nicht zu Schaden kam. Eine lange Minute des Schweigens entstand und verging, bis Susanna mit gepresster Stimme sagte: Armer Papa. Wie im Reflex sagte es aus Kerschenbaum: Arme Helena.

Mehr konnte er unmöglich sagen oder gar denken. Es wurde ihm übel und es schien ihm, als ob es plötzlich ganz dunkel geworden wäre. Er sah nichts mehr, hörte Susanna aber noch sagen, dass er zuhause bleiben solle; sie werde ihn wieder anrufen. Bernadette sei schon verständigt. Ohne den Garderobenständer wäre Kerschenbaum zu Boden gegangen. Was ihm blieb, um aufrecht zu bleiben, war dieser hölzerne Ständer, der seine Last aushielt. Kein Mensch, sondern ein alter Garderobenständer stütze ihn. Und das reichte aus, dass er nicht fiel. Er ging nicht zu Boden, sondern hinüber in das Wohnzimmer, wo immer noch Helenas Brief offen auf dem Glastisch lag. Sitzend verbrachte er dort die Nacht bis zum frühen Morgen, bis zum Sonnenaufgang.

III. Kapitel: Veränderung

1. Die Beisetzung

Während Kerschenbaum Zug um Zug aus dem Begehren schied, war Helena plötzlich aus dem Leben geschieden. Beide Abschiede, der eine verdeckt und vorsichtig, der andere spektakulär und gewaltsam, überkreuzten sich jetzt. Helenas Tod verstärkte deren Präsenz für Kerschenbaum ins Unermessliche. Sie wurde allgegenwärtig durch ihre definitive Abwesenheit. Ihr Fehlen wurde zur Quelle und Qual einer Hilflosigkeit, die ihn befiel als eine ihm bisher unbekannte mächtige Schwäche. Wenn er sich über 40 Jahre Helenas verdeckten und offenen Ansprüchen ausgesetzt erlebte, so waren es jetzt die Familien seiner Töchter, die Ämter und Bestattungsinstitute in Sydney und Frankfurt, die ihn umkreisten wie Vogelschwärme ein Brachfeld, auf das sie bald schon geschwind einfallen werden.

Kerschenbaum kapitulierte. Erstmals und wie noch nie zuvor in seinem 73jährigen Leben gab er auf. Ohne Widerstand ließ er alles zu, was geschah. Er ließ es zu wie eine Vogelscheuche, die von den landenden Vogelschwärmen ignoriert wird und dabei starr verbleibt als eine Art stummer Weg- und Platzanweiser. Zuerst überfielen ihn nur die zahllosen Telefonate und Bettys Schrecken, dann flogen sie ein, landeten und kamen mit ihrem Aktionismus: Bernadette flog ein mit beiden Söhnen, während Harald einen Tag später ankommen sollte. Helenas Urne, symbolisch mit Asche gefüllt, wurde antransportiert und mit den nötigen Papieren dem Bestattungsinstitut übergeben. Susanna samt Familie flog ein. Alois und Marga sowie einige andere alte Freunde trafen am Vorabend der Urnenbeisetzung ein. Die evangelische Pfarrerin kam ins Haus, um etwaige Sonderwünsche zur Beerdigung mit der Familie durchzusprechen. Dr. med. Stiegler kondolierte per Telefon.

Das Haus wurde zur Anlaufstelle und Herberge für Ankömmlinge, für ihre Leiber, Kleider, Koffer und Reden. Kerschenbaum hatte jedes Bestreben nach Logistik aufgegeben. Nur den Wintergarten hielt er verschlossen, ansonsten standen allen alle Rume offen. Bernadette übernahm unaufgefordert die Organisation. Susanna stand merklich unter Schock, schwieg und weinte abwechselnd. Ihr Verhalten übertrug sich auf die Zwillinge: Der Junge zog sich auffallend in Schweigen zurück, während das Mädchen Weinkrämpfe produzierte. Die Erwachsenen hingegen deklarierten Beteuerungen, wie unfasslich Helenas Unfalltod sei, welche familienbewusste, offenherzige Mutter sie gewesen sei, wie unbedingt Kerschenbaum mit der Unterstützung seiner Familie rechnen dürfe.

Er selbst sprach wenig. Nur wenn er angesprochen wurde, konnte es sein, dass er kurz antwortete. Dafür spürte er intensiver denn je in seinem Leben. Am heftigsten und unter Verkrampfungen spürte er ein Verlangen nach Alleinsein. Bis auf den kleinen Steven störten ihn alle, sogar Bernadette, die mit dem Bestattungsinstitut und Pfarrerin Pieroth die Begräbnisfeier viel zu genau organisierte. Niemand wollte einen Fehler machen, alle sich tadellos hilfsbereit verhalten. Das spürte Kerschenbaum als die Strategie einer Selbstbestätigung, die ihn nur noch nervöser werden ließ. Um jeden Preis wollte er sich mit seiner Wachsamkeit seine Unabhängigkeit bewahren. Aus dem Unfalldrama – so musste er erkennen – sollte nun ein Trauer- und Bestattungsdrama werden mit Helena als tragischer Heldin und ihm als traurigem Helden. Alle, Familie, Freunde und Bekannte, Prokurist Scheible und sogar Notar Holzapfel unterstellten ihm Trauer bis hin zur heimlichen Verzweiflung.

In den Augen seiner Familie und von Hausarzt Stiegler litt er doch höchst wahrscheinlich unter seiner beginnenden Alzheimer-Erkrankung, unter Black-Outs und dementiellem Syndrom. Wie also sollte er nicht verzweifelt sein, dass ihm seine treusorgende Ehefrau, sein Fels in der Brandung der Alzheimerischen Vergesslichkeit so jäh entrissen wurde? Wie sollte es überhaupt mit ihm, dem so hilflos Zurückgelassenen weitergehen? Keiner der Anwesenden fragte so. Dazu wäre es noch zu früh gewesen. Das spürte Kerschenbaum ebenso wie die Gewissheit, dass das hoch emotionale Familiendrama mit der morgigen Bestattungsfeier keineswegs seine Grenze oder gar sein Ende finden werde. Susannas Habgier, Helenas tödlicher Absturz, sein geprobter Rückzug aus dem Begehren der Anderen, die teilnahmslose Schwäche seiner Schwiegersöhne, die Ärzte und Advokaten, alles das gepaart mit der tief menschlichen Sehnsucht nach mythischem Drama ließ ihn auf der Hut sein.

Nein, er trauerte nicht um Helena. Ihr überraschender Tod erschreckte ihn bis in seine Körperorgane, in Burst und Blase hinein. Andauernd spürte er Harn- und Hustendrang, die er bewusst nicht befriedigte. Nein, er fühlte sich weder verzweifelt noch von der Verstorbenen als hilfloser Alter zurückgelassen. Was er wirklich fühlte war Bedrängnis, Schwäche und eine erneute Gefahr für ihn seitens der Familie, die am bitteren Geschmack des Tragischen geleckt hatte. Kurzum: Er wollte nicht das nächste Opfer werden. Er wollte leben und sich dem tragischen Begehren der Anderen entziehen, die dazu tendierten, ihn in der fatalen Rolle des hilflosen Alten zu fixieren. Eine solche Rollenfixierung gäbe ihnen die willkommene Berechtigung, ihn aus seinem Haus und Vermögen zu nehmen, ihn besorgt zu versorgen, zu entmündigen und auszumustern aus den Kollektiven ihrer Begehrnisse. Beide Eheleute, Helena und er, wären dann ums Leben gekommen, sie durch physischen Tod und er durch den Verlust all dessen, was ihm sein eigenes Leben ermöglicht.

In der Nacht vor der Trauerfeier schlief er unruhig mit aufgeregten Träumen. Er vergaß sie allesamt sofort wieder, bis auf einen, der so unheimlich in ihm nachwirkte, dass er sich der Magie der zwei Traumszenen nicht entziehen konnte. Er träumte, dass er im Gästezimmer seines Elternhauses in Springfield nächtigte und zwar allein. An der Türe stand plötzlich im eleganten Abendkleid seine Mutter, fragte ihn, Oliver, nach ihrem verlorenen Schmuckköfferchen und wurde, während sie sprach, zu Helena mit ihrem langen Hals. Jetzt, im Traum, empfand er ihr gegenüber kindlich und gehorsam. Die Frage erfasste ihn als Suchbefehl, den er ängstlich befolgte. Sofort fand er sich auf dem staubigen Dachboden des Giebelhauses wieder, umgeben von Holzbalken und einer Schar abgestellter Koffer, nach denen er griff. Dabei entzogen sie sich ihm, lösten sich in Luft auf und hinterließen Löcher. Je mehr er hin griff, desto mehr Löcher im Dachboden erzeugte er. Schließlich vergaß er in Panik seinen Auftrag, fürchtete sich vor jeder Eigenbewegung, die Löcher in Boden und Gebälk erzeugte, erstarrte und erwachte.

Sofort suchte er nach Helenas Schminkköfferchen, das er ihr vor Jahren zu Weihnachten geschenkt hatte. Er fand es in ihrem Nachtkästchen samt halbleerer Parfümflakons. Deren Duft nach Moschus und Veilchen erweckte in ihm eine Vergegenwärtigung von Helenas Haut, Leib und Berührung. Er fragte sich, wann er aufgehört hatte, sie zu begehren, denn lieben konnte er sie nie. Die Antwort, die ihm einfiel, hätte er am liebsten sofort wieder vergessen. Doch dazu faszinierte sie ihn zu sehr. Er hatte Helena nie begehrt, weder als Doktorand vor seiner Ehe mit ihr, noch danach. Was er von ihr begehrte, war ihre weibliche Anerkennung. Dass sie ihm das Gefühl gab, der ausgewählte Eine zu sein, der wertvoll und verheißungsvoll genug sei, um Zugang zu ihr zu bekommen. Jeder Sexualakt mit ihr wurde ihm zur Zugangsbestätigung, auf die er schließlich entschieden verzichtete. Seit dem abrupten Ende seiner Quartalsbeziehung zu Eva, seitdem er entschieden aus dem Begehren schied, suchte er keinen sexuellen Zugang mehr zu niemandem. Aus das Spiel, dachte er, schloss das Nachtkästchen und erhob sich vom Bettrand.

Im Stehen und im Morgengrauen sah er noch einmal auf das leere Bett mit Helenas unberührtem Kopfkissen. Dann nahm er Abschied von diesem Anblick, ging ins Bad, kleidete sich sorgfältig an und begann den Tag mit schwarzem Kaffee und der festen Entscheidung, die Urnenbeisetzung wach zu erleben ohne dem emotionalen Sog des Tages zu verfallen. Sein Lebensweg, dessen war er sich bewusst, war in eine selbst für ihn überraschende Wende geraten, die ihn herausführen könnte aus all dem, wozu er längst schon auf inneren Abstand gegangen war. Der Tag, so ahnte er, werde für ihn zur Feuerprobe werden bei sich zu bleiben und nicht dem Tragik-Drama der Familie zu verfallen. Jeder lebt sein Leben und jeder muss seinen Tod sterben, so dachte er beim letzten Schluck Kaffee.

Für 10.00 Uhr morgens war die Trauerfeier festgesetzt. Sie fand in der evangelisch-lutherischen Friedhofskirche statt mit anschließender Urnenbeisetzung auf einem eigens dafür ausgewiesenen Areal des weitläufigen Friedhofes. Ein Trauermahl für die Familie und wenige geladene Gäste war von Bernadette für 12.30 Uhr eingeplant. So ziemlich alles verlief dann auch nach Plan, entsprechend der Zeit- und Handlungsvorgaben, die Bernadette mit dem Bestattungsunternehmen, Pfarrerin Pieroth und dem Restaurantmanager vorbesprochen hatte. Helena wäre mit der Perfektion zufrieden gewesen, dachte Kerschenbaum, während die Urne versenkt wurde. In ihrer Traueransprache zuvor in der Kirche lobte die Pastorin Helena als liebevolle Gattin und Mutter, die hingebungsvoll bis in ihren tragischen Unfalltod für die Familie sich eingesetzt hatte. Susanna hörte versteinert zu. Bernadette weinte und Kerschenbaum fiel auf, wie die Pastorin von Helena fortwährend in der Vergangenheitsform sprach.

Während er mit ihrem Namen nach wie vor ihre lebendige Gegenwart verband, signalisierte dieser bereits Vergangenheit. Dasselbe empfand Kerschenbaum hinsichtlich der Urne. Bei einem Sarg wäre dies anders gewesen. Auch die Präsenz eines toten Leibes strahlt noch die Gegenwärtigkeit des Verstorbenen aus und erweckt den Eindruck einer verstummten Existenz, die in das unendliche Schweigen zurückgefallen ist, das jeden Lebenden umgibt. Urnen hingegen bezeugen die totale Nichtung des Toten, dessen zu Asche gewordene Inexistenz. Während die Pastorin die Gebete zur Beisetzung sprach, während die Familien aus Jersey und Sydney im Halbmond um die mittlerweile im Erdreich eingelassene Urne standen, fühlte sich Kerschenbaum ruhig und unberührt von den Worten der Pfarrerin.

Diese Ruhe – soweit kannte er sich – überkam ihn wiederkehrend dann, wenn er eine Grenze in seinem Leben erreichte. Immer wenn ihm Unabänderliches widerfuhr, tauchte er in diese Ruhe ein. Sie überkam ihn mit einer Haltung des Verzichts und der Hingabe an das Geschehende, ihn Betreffende. In diesem Moment hätte er auch seinen eigenen Tod akzeptiert, aber keine Verleugnung und keine Vertröstung. Wenn ein Mann die Grenze der Todesbereitschaft erreicht hat, hört für ihn das Spiel auf. Dann zählt jeder Augenblick und es gilt jedes Wort. Was das Leben eines Mannes seines sein lässt, ihm Identität und Würde gibt, sind diese Momente der Grenze.

Sie lassen einen Mann rücksichtslos werden, dachte Kerschenbaum, während Kriegsszenen in ihm wach wurden, Gesichter und sogar vergessene Namen, Unterstände und Schnapsflaschen. Die einen mussten sich für den Einsatz betrinken, um berauscht und außer sich geraten das zu tun, was sie sonst nie getan hätten. Die anderen – und zu denen gehörte er – tranken keinen Tropfen, sondern schwiegen. Die, die weder tranken noch beteten, sondern schwiegen, überfiel zumeist und zunächst namenlose Angst. Die Angst ließ die einen frieren, die andere schwitzen, alle aber zittern. Auch diese Erdbeben der Leiber vergingen wie sie kamen, mit und ohne Gedanken, Urin und Exkrementen. Dann aber überkam die, die vor Tod und Töten, vor Verstümmelung und Vernichtung gerade noch zitterten wie Zyperngras im Wind, eine große Bescheidenheit. Sie kam ihnen zu aus den erschöpften Schweißporen und müden Gehirnen, aus ihren Leibern, die ausgezittert hatten, aus ihrer völligen Einsamkeit und aus ihrer sterblichen Endlichkeit, die sie schließlich vorbehaltslos und angstlos akzeptierten.

Die, die ihren Tod akzeptiert hatten, kämpften, töteten, starben oder überlebten anders als die im Rausch. Die einen wie die anderen waren rücksichtslos mit einem Unterschied: Wer den eigenen Tod akzeptiert hatte, tötete, weil er musste, wurde aber nicht zum Mörder. Aus dem fast wolkenlosen Blau des Hochsommertages, der den Friedhof umwölbte, tauchten Kerschenbaum die

147

Gesichter der Toten seines Fernmeldezuges auf und dann als letztes Helenas Gesicht: Das Gesicht der einzigen Frau in der langen Reihe derer, die an die Grenze geraten waren.

Wie ein Blitz durchzuckte ihn die Wahrheit. Sie ließ ihn aufhorchen auf das Rauschen einer Stimme, die nur ihm zu Ohren kam, indem sie simultan zu Pfarrerin Pieroths Rede sprach. Die Pastorin deklamierte Behauptungssätze christlicher Gewissheit über die Auferstehung der Toten. Das Stimmenrauschen in Kerschenbaums Ohr schwenkte sich hingegen ein auf die einzige, unhörbare Frage, die ihn durchzog: Hatte Helena den Tod akzeptiert, als sie starb, oder nicht? Auch wenn es unmöglich eine Antwort auf diese eine Frage geben konnte, war sie Kerschenbaum sehr wichtig. Vielleicht, so meinte er still, ist diese Frage deshalb wahr, weil ihre Suche durch keine Antwort befriedigt werden kann. Vielleicht rührt diese unausgesprochene, unlösbare Frage so sehr an Helenas gelebtes Leben, dass sie das Geheimnis dieses Lebens anders bewahrt als Trauerfeier und Urne. Diese Einsicht tröstete ihn. Sie versöhnte ihn mit der Toten, deren Tod allein ihr Geheimnis bleiben würde.

Die Gebete wurden zu Ende gesprochen, Blumengebinde wurden von den vier Enkelkindern an das Urnengrab gelegt, was ein Eichhörnchen am Föhrenbaum dahinter aufmerksam beäugte. Die Pastorin verabschiedete sich. Auf mehrere Wagen und Taxis verteilt fuhr die Trauergesellschaft zum Restaurant „Al Patrone". Kerschenbaum stieg in Haralds schwarzfarbigen Mietwagen ein, saß dort zusammen mit Steven und Eric, während Bernadette vom Beifahrersitz aus Harald den Weg wies. Alles geschah in guter Ordnung. Helena, so dachte Kerschenbaum, wäre stolz auf ihre Familie gewesen.

2. Das Testament

Je mehr sich Kerschenbaum dem Begehren der Anderen, seiner Umwelt und Familie entzog, desto weniger ließ er sich täuschen. Wie er bald herausfand, waren es weniger die Anderen, die ihn bewusst täuschen wollten, sondern er selbst, der sich täuschen ließ. Seitdem er bei Täuschungen nicht mehr mitspielte, seitdem er es nicht mehr unaufmerksam zuließ, getäuscht zu werden, überraschte er seine Umgebung mit spontanen Handlungen. Dank derer gelang es ihm zumeist, mit Aufmerksamkeit und Willenskraft Klarheit zu bewirken und Grenzen zu setzen. Besonders Helena und Susanna gegenüber war diese Strategie für ihn notwendig geworden, um seinen Lebensraum, sein Vermögen und seine Identität zu wahren. Eindeutige Zusagen oder Absagen, Angebote oder Entzüge retteten ihn vor der begehrlichen Übermacht der Familie, der Ärzte und Ämter, der Hausnachbarn und der Hausangestellten Betty. Hinsichtlich seiner Vermögensdispositionen, seines Eigenverhältnisses zur Medizin und zu Susannas Adoptivkindern beispielsweise, hatte er sich längst schon klar artikuliert.

Dass er sich nicht mehr täuschen ließ aus Schwäche und Harmoniebedürfnis, brachte ihm verdeckte Gegnerschaften ein, deren Allianzen in plötzlichen Angriffen ihn gerade dann überrollen wollten, wenn er schwach war. Obwohl ihn die Familie unter Alzheimerverdacht gestellt hatte, hatte er keineswegs vergessen, wie bedrängend Helena und Susanna im Bund mit Dr. med. Stiegler und Notar Moor gegen ihn angerückt waren. Noch vor wenigen Wochen, so empfand und erinnerte er es, ging es bei seiner Krankeneinweisung und der Generalvollmacht um sein Leben. Er wich nicht und er unterschrieb nicht. Dafür wich ihm Helena aus, nahm ohne Rücksprache mit ihm Bürgschaften auf ihr Vermögen für Susanna auf, flog zu ihr und wollte in Allianz mit ihr das Testament so ändern, dass es ihm sogar an die Wohnsubstanz im gemeinsamen Reihenhaus gegangen wäre.

Kerschenbaum hatte sich aus der Schwäche wieder so weit stabilisiert, dass er noch am Abend des Bestattungstages Fakten für die Familie setzen wollte. Beim Hauptgang des gemeinsamen Mittagessens wussten die Töchter und Schwiegersöhne noch nichts davon. Nur er und Notar Dr. Holzapfel wussten und wollten ein instruktives Familientreffen um 17.00 Uhr mit Testamentseröffnung. Kerschenbaums Aufmerksamkeit und Lebenswillen war es nicht entgangen, sondern überdeutlich geworden, dass allein dieser Termin als Zeitfenster für alle Beteiligten zu nutzen sei. Morgen schon würde mit dem Samstag das Wochenende beginnen und Dr. Holzapfel in die Sommerferien entweichen. Bereits morgen Nachmittag wird Harald nach London abfliegen und Bernadette dadurch abgelenkt sein. Schon ab morgen wird die die Familie zentrierende Kraft der Trauerfeier sich in Banalitäten ausdünnen.

Keine Selbstbeschwichtigung hätte Kerschenbaum hinwegtäuschen können über das egoistische Verfallsstadium der Familie und seiner Töchter. Heute noch, so verstand er, stehen sie unter jenem Bann von Tod, Schreck und Trauer, der sie abhält von ihren Egoismen und deren Befolgung. Sie sind alle gehorsame Gefolgsleute ihres Egoismus, so dachte er über die 20 Trauergäste bei Tisch, die er selbstverständlich von seinem Portfolio bewirtete. Selbstverständlich erwartete der Manager des „Al Patrone" ein größeres Trinkgeld bar in die Hand. Selbstverständlich lässt sich Holzapfel seinen Hausbesuch über das gut gefüllte Anderkonto notargemäß honorieren.

Kerschenbaum kannte die Selbstverständlichkeiten von Familie und Welt, von Zugaben und Dreingaben, die wie Wegzölle zu entrichten waren, um seinen Weg möglichst unbehelligt weitergehen zu können. Auch darin ließ er sich durch keinerlei Freundlichkeit mehr täuschen. Was die Familiensitzung mit Dr. Holzapfel betraf, sollte sie für die in seltener Vollständigkeit versammelte Familie sofort Helenas Letzten Willen rechtsverbindlich eröffnen, die Rechtsfragen der Erbschaft klären, die Bürgschaften in der Gesamtfamilie besprechen und so eine gegenseitige Zeugenschaft für eine einvernehmliche Lösung herbeiführen. Holzapfel hatte seinem langjährigen Mandanten Kerschenbaum versprochen, die Ergebnisse der Reunion umgehend noch vor den Kanzleiferien in dreifacher Ausfertigung den Betroffenen zuzuleiten.

Vor dem Nachtisch erhob sich Kerschenbaum. Diesmal sprach er ohne Black-Out mit fester Stimme und entschiedenem Sachverstand. Eine nachträgliche Trauerrede auf vollen Magen wollte er nicht halten, sodass er ohne Umschweife zur Sache kam, nämlich zur Testamentseröffnung um 17.00 Uhr im Wohnzimmer seines Hauses. Noch zwei Sätze lang informierte er alle Anwesenden, dass Helena und er selbst ihre Testamente in einem Frankfurter Notariat hinterlegt hätten, sodass Notar Dr. Holzapfel die Sitzung leiten werde. Seine beiden Töchter und Schwiegersöhne seien dazu eingeladen. Da Harald morgen schon abflöge und im Hochsommer die Kanzleiferien schon nächste

Woche begännen, wäre der Termin im Interesse aller fünf betroffenen Personen so kurzfristig wie zweckdienlich anberaumt worden.

Kaum hatte er ausgesprochen, wurden schon die Desserts, Kaffees und Espressi von den Kellnern gebracht. Niemand widersprach, alle nickten. Susanna auch. Es gab keine Widerrede. Nur Steven fragte in Englisch seinen Vater Harald, was Grandpa gesagt hätte. Er hat uns zum 5-Uhr-Tee zu sich eingeladen, antwortete Harald. Jetzt nickte auch Steven. Sofort nach Mascarpone und Espresso empfahl sich Kerschenbaum mit den Worten, die Anwesenden mögen es einem alten Mann an so einem Tag nachsehen, dass er sich vor dem 17.00 Uhr Treffen zu Hause noch ausruhen müsse. Zuvor hatte er sich ein Taxi bestellen lassen, um alleine, selbständig und ohne Verzögerung nach Hause gebracht zu werden.

Das geschah. Mittlerweile war es 15.00 Uhr geworden und die Außentemperatur auf über 30° angestiegen. Die Beisetzungsfeier, so dachte er im Schlafzimmer auf seiner Bettseite liegend, wird ihm in Erinnerung bleiben als ein heißer Tag voller blauem Himmel ohne Helena. Auch hierin wollte er sich nicht täuschen lassen, dass alle Magie der Beileidsbezeugungen, Riten und Gebete Helenas absolute Abwesenheit nicht relativieren konnte. Kurz erschreckte ihn die seltsame Frage, ob der Tod nur tötet oder ob er die Toten wohin verbringt. Schon im Halbschlaf erkannte er, dass die Frage nach dem Ort der Toten von mythischer Attraktivität sei. Sie reizt die Psyche zu Bildern, zu Fantasien, zur Erregung und schließlich zur Erschöpfung. Deshalb folgte er der Spur dieser fantastischen Frage nicht, spürte dafür seine tiefe Müdigkeit und schlief ein.

Er schlief fest und traumlos bis kurz nach 16.00 Uhr. Betty brauchte ihn durch Klopfzeichen nicht mehr zu wecken. Seine innere Weckuhr funktionierte. Während er sich ankleidete, musste er unaufhörlich an Susanna denken, wie fremd sie ihm war. Jetzt gleich, so wusste er, würde es mit ihr zur Nagelprobe kommen hinsichtlich der seitens Helena versprochenen zweiten Bürgschaft und des anderen Testaments, das sie in Sydney hinterlegen wollte. Jedenfalls hatte Helena ihm dies in sachlich kalter Form brieflich mitgeteilt. Allerdings dürfte es wohl nicht mehr zur Abfassung dieses zweiten Testaments gekommen sein, so spekulierte er.

Von Helena hinterlegt wurde es höchst wahrscheinlich nicht mehr. Ihr Tod hatte dies knapp, aber sicher verhindert. Was Kerschenbaum nicht wusste, war, ob Helena noch vor ihrer fatalen Flugreise nach Perls mit Susanna das neue Testament beraten und vielleicht sogar aufgesetzt hatte. Andererseits glaubte er nicht, dass ein von Helena unterschriebenes, privates Testament vorweisbar wäre. Falls ja, so fühlte er, würde sich Susanna anders, offensiver zu ihm verhalten. Ihre traurige, bisweilen lethargische Zurückhaltung allen gegenüber fiel ihm auf und sprach stumm für das gänzliche Fehlen einer testamentarischen Niederschrift.

Bereits kurz vor 17.00 Uhr, als Kerschenbaum die Treppe hinabging, waren alle Geladenen im Wohnzimmer versammelt. Die Stimmung wirkte gedrückt und angespannt. Dass Bezirksnotar Dr. Holzapfel mit einer jugendlichen Notariatsgehilfin erschien, verlieh der kleinen Versammlung eine fast feierliche Sachlichkeit. Kerschenbaum begrüßte den Notar, dankte ihm formell für seinen Hausbesuch, erklärte ihn offiziell zum Versammlungsleiter und übergab ihm das Wort.

Holzapfel war sein Geld wert, erwies er sich doch als geübter Profi in Sachen Testamentseröffnung und -vollstreckung. Als Bezirksnotar hatte er dazu Sonderrechte. Er saß an der Stirnseite des gläsernen Wohnzimmertisches mit seiner Protokollantin rechts neben sich. Beide sollten sich als eingespieltes Team erweisen, das zeiteffizient vorging. In dem hufeisenförmigen Ledersofa, von dem der Tisch nach hinten weggerückt war, saßen die zwei Paare: Susanna mit Frederic, Harald und Bernadette. Kerschenbaum platzierte sich separat in einem Sessel, der zwischen der Sitzgarnitur und dem Tisch stand. Holzapfel eröffnete die Sitzung und verfiel alsbald in jenen tranceartigen Sprechstil, den Kerschenbaum von ihm aus der Kanzlei kannte. Der Notar wirkte nach den ersten Schrecksekunden auf die Versammelten wie ein Automat, der keinen Ein- und Übergriff zulässt, sondern sein Programm vollführt: Testamentseröffnung.

Holzapfel, ganz zum Notar geworden und somit unantastbar, informierte zunächst die Anwesenden über sein Mandat und dass sowohl Dr. Oliver Kerschenbaum als auch dessen Ehefrau Helena Kerschenbaum ein jeweils eigenes Testament bei ihm hinterlegt hätten. In beiden Testamenten sei er als deren Vollstrecker ausgewiesen. Das Testament der Verstorbenen sei vor 1,5 Jahren, am 11.03.1992 in seinem Notariat abgefasst, beglaubig und seither aufbewahrt worden. Das ihm vorliegende Testament sei dann gültig und rechtswirksam, wenn keines jüngeren Daums vorzuweisen wäre.

Dieser Passus war entscheidend und Kerschenbaum hatte ihn mit Bangen erwartet. Wenn überhaupt, dann müsste Susanna jetzt ihren Einspruch anmelden. Dr. Holzapfel legte eine kurze Sprechpause ein, vollführte eine 180°-Bewegung mit seinem Kopf, blickte die Anwesenden einzeln dabei an und erklärte schließlich für die fünf betroffenen Personen im Raum und für das Protokoll, dass es zu dem ihm vorliegenden Testament kein konkurrierendes und keine Einwände gäbe. Wieder ließ er einige Sekunden von Sprechpause verstreichen, bevor er das mit dem Kanzleisiegel verschlossene Kuvert ergriff, es kurz hochhielt und das Siegel brach.

Konzentrierte Stille beherrschte das Geschehen: Das Brechen des roten Siegels brachte es mit sich, dass sich das pergamentene Kuvert wie von selbst öffnete. So also vollzieht sich der Moment der Testamentseröffnung, staunte Kerschenbaum. Ist das Siegel gebrochen, geschieht alles Nachfolgende wie das Reißen des Vorhangs mit konsequenter Zwangsläufigkeit. Während er, konzentriert auf den Vorgang, so dachte, wagte er einen Seitenblick zu Susanna. Depressiv und versteinert saß sie neben Frederic, dessen Hand sie nicht berührte. Das also, atmete Kerschenbaum auf, war die Nagelprobe. Seine Intuition hatte ihn nicht getäuscht: Helena hatte vor ihrer letzten Reise nach Perls weder ein Testament geschrieben noch es mit Susanna konzipiert. Offen blieb nur noch die nicht rechtsrelevante Frage, ob sie die baldige Neufassung ihres Letzten Willens mit ihrer Tochter vorbesprochen hatte. Susannas augenblickliche Verfassung signalisierte ihm, dass nicht einmal dies verbindlich geschehen war. Helenas letzte Wünsche, die sie ihm brieflich-provokativ mitgeteilt hatte, reichten nicht an ihren Letzten Willen heran, den Dr. Holzapfel nunmehr in seinen Händen hielt.

Die Verlesung des Testamentes begann. Kerschenbaum konnte ihr ruhig entgegen hören. Er kannte bereits jeden Satz des nicht einmal halbseitigen Papiers. Ihr Ehemann Oliver wurde von Helena Kerschenbaum als Alleinerbe benannt. Auf besondere Vermächtnisse verzichtete das Testament. Dr. Holzapfel wurde als Testamentsvollstrecker eingesetzt. Die lapidare Kurzform und Eindeutigkeit des Testamentes ließ keine Fragen mehr offen außer der nach dem Pflichterbteil der beiden Töchter, die Holzapfel beantwortete. Der Notar erklärte die Testamentseröffnung für beendet und versicherte allen Anwesenden, besonders jedoch Kerschenbaum, dass die Vollstreckung des Testamentes trotz Kanzleiferien problemlos binnen weniger Wochen durchführbar sei.

Die Vermögensverhältnisse und -anlagen der Verstorbenen seien ihrem Ehemann bekannt, zudem seien sie so geordnet und transparent, dass keine Verzögerungen zu erwarten seien.

Damit übergab Holzapfel das Wort an Kerschenbaum. Dieser bat um die Protokollierung seiner Ausführungen, wusste sich präzise und kurz zu fassen: Das Reiheneckhaus gehöre laut Grundbucheintrag ihm allein. Dessen Schätzwert belaufe sich auf ca. 500.000 DM. Vom Erlös seines Firmenverkaufes habe er Helena gut die Hälfte auf deren Konto überwiesen, nämlich 800.000 DM. Hinzu komme noch die getätigte Auszahlung von Helenas Lebensversicherung, die zu ihrem 60. Geburtstag fällig wurde, in Höhe von 250.000 DM. Helena habe konservativ in Wertpapieren und Bundesschatzbriefen angelegt. Eine Bürgschaft für Susannas und Frederics Firma belaufe sich auf 50.000 Australische Dollar. Eine zweite Bürgschaft wäre von Helena an Susanna fest in Aussicht gestellt worden.

Dem letzten Willen seiner Frau wolle er selbstverständlich entsprechen und zudem den bescheidenen Pflichterbteil sofort auszahlen, gehe es doch um das Wohl seiner erstgeborenen Tochter und ihrer Familie. Statt der Bürgschaften wolle er Susanna exakt die Hälfte der Lebensversicherung ihrer Mutter zukommen lassen, nämlich 125.000 DM á conto. Die andere Hälfte solle an seine Tochter Bernadette ausgezahlt werden. Damit wäre weit mehr als der gesetzliche Erbanspruch der Töchter vergeben. Als alter Mann von fast 74 Jahren denke er daran, sein Leben mit dem von ihm erwirtschafteten Vermögen und hoffentlich in Würde weiter und zu Ende zu leben. Seine beiden Töchter werden einmal die alleinigen Erbinnen seines Vermögens sein, dann, wenn er verstorben sein werde. Für ein vorgezogenes Erbe sei er nicht zu haben, weil es Verwicklungen und Abhängigkeit schaffe. Immer habe er nach der einfachen Ethik des „suum cuique" gelebt: „Jedem das Seine", nicht weniger und auch nicht mehr.

Damit hatte Kerschenbaum ausgeredet. Er hatte das Seine gesagt. Helena hätte ihm wohl zugestimmt. Sich vom Begehren der Töchter und Schwiegersöhne nicht einnehmen zu lassen und selbst nicht egoistisch mit falschem Maß zu messen, an dem Gelingen oder Misslingen dieser Aufgabe wollte er gemessen werden und zwar nicht von Menschen, sondern von seiner eigenen Einsicht, wie wann die Gewichte zu verteilen sind. Plötzlich, während Holzapfel seine Papiere in der Aktentaschen versenkte, kam ein Gedanke zu Kerschenbaum wie ein Trost ohne Tröster: Im Tode wirst du dich vor keinem Menschen verantworten müssen, sondern vor deinem eigenen Sinn für das gerechte Maß. Die Botschaft dieses Gedankens justierte augenblicklich Kerschenbaums Verhältnis zu den Akteuren des Familiendramas. Waren sie nicht alle Passagiere auf großer Fahrt zum anderen Ufer, jeder mit seinem Gepäck und seiner eigenen Verletzbarkeit?

Susanna schaute und sprach ihn an. Sie sagte ihm und allen, dass er ein gerechter Vater sei, dessen großzügige Entscheidung sie bedanke, wäre sie doch auch im Sinne der toten Mutter. Frederic bedankte sich. Bernadette begann zu weinen. Harald stand neben ihr auf, ging langsam auf den sitzenden Schwiegervater zu, verbeugte sich, sah ihm in die blaugrünen Augen und sprach ihn an: May our Lord bless your days and those of your family, thank you Father. Kerschenbaum gab ihm die Hand und Harald half ihm aufstehen, sodass er Dr. Holzapfel verabschieden konnte.

3. Einsamkeit

Die Familie war wieder abgereist. Aber nicht ohne zuvor ihre Besorgnis mehrfach vorzubringen, ob Kerschenbaum ein Alleinleben überhaupt auf Dauer zumutbar sei: Das 120qm-Haus sei für nur einen Bewohner zu groß, in Pflege und Heizung kostenintensiv und zudem würde er sich darin wohl zurückgelassen und vereinsamt fühlen. Wirkliche Freunde und Bezugsgruppen habe er keine. Betty sei zwar fleißig, aber ein einfaches Gemüt, mehr für Putzen als für die Haushaltsführung geeignet. Jederzeit sei er auf Jersey oder in Sydney willkommen, falls er die umständlichen Reisen auf sich nehmen wolle. Aber auch solche Besuchszeiten wären keine Lösung für sein Witwerdasein. Vielleicht solle er sich doch mit der Perspektive eines betreuten Wohnens anfreunden oder an den Wechsel in ein ausgewählt gutes Seniorenheim, meinten seine Töchter einmütig.

In bester Absicht und mit liebevollen Worten meldete sich das zähe Gespenst seiner Beseitigung zum Abschied wieder. So wie Helena stets nur das Beste für die Familie wollte, wollte nunmehr die Familie nur das Beste für ihn, ihren Vater. Dass sie ihn dabei zum Versorgungsfall degradierten, entzog sich ihrer vernünftigen Wahrnehmung, die auf Zukunftsplanung setzte und keinesfalls, wie er spürte, tatenlos zulassen wollte, dass er zur einsamen Altlast vergreisen würde. Noch drängten sie ihn nicht. Aber dass sie ihn aus seinem eigenen Leben mit besten Absichten verdrängen könnten, hielt er für realistisch. Zum Familiendrama würde es passen. Wie gut, dass Kerschenbaum mittlerweile darin geübt war, auf Abstand zu gehen. Sie durften ihre Sorgen und Vorschläge äußern, er brauchte sie nicht zu befolgen.

Im Sumpfgebiet von Trauer, verhaltenen Egoismen, Affekten und Sorgen blieb für Kerschenbaum die einzig relevante Frage, was er selbst wolle. Sich im familiären Abschieds-Furioso dieser Selbstanfrage bewusst zu stellen, stützte Kerschenbaums Identität und brachte ihn von selbst auf ruhigeren Abstand zu all denen, die es nur gut mit ihm meinten. Was er wollte, war Folgendes: Er wollte dem Leben eine Chance geben, ihm eine Chance zu geben. Um eine solche, nicht menschengemachte Offerte des Lebens annehmen und umsetzen zu können, bedurfte es seiner Erfahrung nach des Zusammenwirkens dreier Faktoren, nämlich Zeit, Bewusstsein und entschiedenes Handeln im Eingehen auf die Chance. Wie die Natur kennt das Leben weder Mitleid noch Barmherzigkeit, sondern die Wiederkehr einmaliger Chancen zur Vierteldrehung der persönlichen Existenz. Dessen war sich Kerschenbaum gewiss. Auf diese Gewissheit setzte er wie ein Angler auf den Fluss, der im Vorbeiströmen seine Lebendigkeit erweist und im Fang seine Fülle.

Am ehesten, so vermutete Kerschenbaum, hätte ihn wohl Harald als sensibler Mann und Bankmanager darin verstanden, wie sehr sich Begehren und Leben ausschließen: Je mehr Begehren, womöglich zu Gier und Sucht übersteigert, desto durchlöcherter der Lebensbezug des Begierigen. Die Gier hinterlässt Löcher, Ruinen, verbrannte Erde, Wunden, Kadaver. Und zwar einzig dadurch, dass sie willkürlich nimmt und platziert. Die Begierde, so stellte es sich ihm dar, ist wie ein schlechter Tänzer, wie ein miserabler Liebhaber. Beide können weder den Takt aufnehmen, noch den Rhythmus halten in der Dreierbeziehung zwischen sich, der Musik bzw. Erotik und der Frau. Sie verkürzen den Tanz wie die Liebe zur Zweisamkeit, um ihr genussreich die Höhepunkte für sich zu entlocken. Alsbald wiederholen sie abstandslos das Spiel des Begehrens. Das Spiel holt sich seine Spieler wieder und wieder und so fort bis zur Erschöpfung. Jede Partie hinterlässt ihre Löcher, dachte Kerschenbaum und fühlte Bedauern für Harald, dessen riskantes Geschäft es war, die Geldgier und Verlustangst seiner Kunden zu betreuen, Millionen je neu zu platzieren, um sie alsbald gewinnbringend woanders zu replatzieren.

Aus diesem Kreislauf von Casino und Begehren war er, Kerschenbaum, ausgeschieden. Mit deutlich über 70 Jahren war er eh hart an der Grenze ausgemustert zu werden. Evas Platzverweis gab ihm die nötige Initialzündung, um abzutreten. Er wollte kein Wiederholungstäter mehr sein, weder in der Liebe noch im Geschäft noch im Leben. Während die Begierde sich in Selbststeigerung mit immer neuen Opfern wiederholt, geht das Leben vorbei. So einfach, so gespalten ist das, sagte er sich selbst. Als 5-Jähriger, so fiel ihm ein, durfte er mit seinen Eltern von Springfield an den Michigan-See fahren. Er meinte am Ufer im Hinblick auf den so weitflächigen See, es wäre das Meer. Sein Vater erklärte ihm, dass es nur ein großer See sei. Das Meer sei nicht nur noch viel weiter, sondern vor allem viel tiefer. Aus der Tiefe des Meeres und des Lebens, von dort her, wo es noch keine Zeit, keinen Wellengang und kein begehrendes Ich gibt, kehren die Gezeiten wieder als stille Beziehung des Meeres mit Erddrehung und Planeten, des einzelnen Lebens mit dem unergründlich tiefen Leben dahinter. So dachte und glaubte Kerschenbaum lange schon still bei sich allein. Deshalb wollte er dem Leben die Chance geben, auf ihn zuzukommen wie der Seewind auf den Segler, wie das Meer mit seinen Gaben auf den Fischer.

Er wollte dem Leben nicht hinterher laufen wie ein begieriger Taschendieb, der seine Trickdieberei so lebenslänglich wiederholt wie die Investmentbanker, Hedgefond-Manager und Kleinkriminellen. Andererseits wollte er sich vor dem Leben und dessen Vorübergang nicht verbergen in Altersvorsorgeplänen, Kliniken und Seniorenheimen. Die Verdachtsdiagnose „inzipiente Alzheimerdemenz" behielt er wie eine Rettungsweste bei sich auf seiner Überfahrt aus dem Begehren ins Leben. Dass ihm die Diagnose „life vest" bleibt und nicht zur Zwangsjacke umgestülpt wird, darauf wusste er zu achten. Seine Familie schätzte ihn, wie er meinte, eher als „blinden Passagier" ein, also als einen, der bei einer großen Aus- und Überfahrt nichts mehr verloren hat. Sein fixer Platz im Altenteil des Lebens sollte freiwillig von ihm eingenommen werden, um dort in sicherer Pflege zu verbleiben. Nur der kleine Enkelsohn Steven hatte ihn vorgestern gefragt, ob er mit ihm in die große, weite Welt ziehen wolle, jetzt nach Großmutters Tod. Nur der 5-Jährige hatte ihm noch eine Drehung ins Leben zugetraut.

Kerschenbaum wollte auch nicht darauf warten, was das Leben ihm vielleicht bringt. Gestern noch, vor ihrer aller Abreise, hatten sie ihn mit dieser ihm zugedachten Formulierung falsch verstanden. Nein, Kerschenbaum wollte überhaupt nicht mehr warten. Auf niemand und nichts mehr wollte er hinwarten. Die Fantasie des Wartens gehört als nervöse Kehrseite zum Begehren. Wenn er etwas bis zum Überdruss durchlebt und bis zum Ekel durchschaut hatte, dann diese sich ständig wiederholende Intervallschachtelung des Begehrens. Von einem Zeitintervall zum nächsten und übernächsten wartet das Begehren, verfällt bald in Nah- und bald in Fernerwartung, fasst sich eine Zeit lang in Geduld, bis es seine Beute packen kann oder aber im frustrierten Aufschrei neue Fährten aufnimmt, die es Wert scheinen, die Wartezeit zu investieren.

Was also wollte Kerschenbaum? Statt ab- und hinwarten, was kommen wird, wollte er das erleben, was in jeweiliger Gegenwart geschieht. Wenn er sich nervös fühlte, wollte er nicht abwarten, wann endlich seine Nervosität vergangen sein wird, sondern er wollte seine Nervosität und sich selbst als nervös erleben. Nicht, wann endlich mit ihm etwas geschieht, wollte er abwartend erleben, sondern was gerade in, um und mit ihm sich ereignet, wollte er wahrnehmen, damit in Beziehung zum augenblicklichen Leben kommen und möglichst gegenwartsbewusst entscheiden, womit er sich verbinden wolle und was bzw. wen er unverbindlich vorübergehen lässt.

Weder in der erinnerungsvollen Vergangenheit mochte er sich beheimaten noch in der spekulativen Zukunft. Er wollte jede Nacht und jeden Tag erleben ohne voraus-, zurück-, nach- und darüber hinwegdenken zu müssen. Jenseits des Begehrens wollte er etwas so Einfaches, dass ihn zumindest seine Töchter darin nicht verstanden. Von seinen beiden Schwiegersöhnen hatte er hingegen eher den Eindruck, dass sie sich nicht erlaubten, ihn zu verstehen. Dazu waren sie viel zu eingespannt in die Knechtschaft des Begehrens, von deren Profit ihre Familien lebten.

Endlich allein in seinem von Betty gepflegten Reiheneckhaus empfand er es gar nicht als zu großräumig für seine Witwerexistenz. Es gefiel ihm, durch die Räume zu gehen ohne sofort auf Wände und Haustüren zu stoßen. Offene Zimmer mit weit geöffneten Türen und großzügigen Fenstern hatten es ihm angetan. Betty sorgte für penible Sauberkeit. Kerschenbaum umsorgte mit allen Sinnen seinen Wintergarten. Bereits während der ersten Tage nach der Bestattungsfeier, Testamentseröffnung und Abreise seiner Familie fühlte sich Kerschenbaum in seinem Haus zuhause. Soweit er zurückdenken konnte, wurde ihm nur höchst selten passend zugemessen. Bei Anzügen, Hemdsärmeln, Schuhen, Hüten und Krediten, bei Hotelzimmern, Wärme- und Frischluftzufuhr, meistens waren die Angebote eine Nummer zu klein. Mit Helena an seiner Seite und an der Seite Helenas gewöhnte er sich an die Täuschung. Er tolerierte sie zunächst, dann akzeptierte er sie um der Ordnung und des Friedens willen. Stets, so musste er erkennen, hatte er dabei zurückgesteckt, sich täuschen lassen und – schlimmer noch – das ihm zugehörige Maß verraten. Er hatte es dem Urteil der anderen geopfert und wurde dafür preisgünstig belohnt: Für kurze Zeit wurde er in Ruhe gelassen, bis die Verleugnung in die nächste und endlos übernächste Runde ging.

Alleine drehte er seine Runden in Haus, Lektüre und Wintergarten, in Spaziergängen im nahen Taunuswald und in seinen Gängen zu den Ämtern, zu Bank und Bestattungsinstitut, zum Friedhof und einmal vergeblich zum Notariat Dr. Holzapfel. Dieses war wegen Kanzleiferien geschlossen, was Kerschenbaum vergessen hatte. Auch mit seinem Vergessen ging er freundlich um. Er akzeptierte es, so wie es ihm zustieß. Mit der Gegenwart, inklusive der seines manchmaligen Vergessens, akzeptierte er sein Leben. Diese Erfahrung war erst- und einmalig für ihn, so wie der heitere Hochsommertag, dessen milde Luft er vor der verschlossenen Kanzleitür einatmen durfte. Seine Vergesslichkeit, über die er noch weniger verfügen konnte als über seine Erinnerungsgabe, hatte ihm einen wundervollen Tag im schönen Bad Homburg beschert. So wie er diesen Tag in den Parkanlagen der Kurstadt als Geschenk annahm, nahm er seine Vergesslichkeit an als zu seinem Leben gehörig.

Bald interessierte ihn mehr, was er erinnerte und was der Augenblick ihm zuspielte, als was er vergaß. Sein Interesse am Leben war erweckt. In ihm war Oliver aufgewacht, der wie Dornröschen im Märchenland so viele Jahrzehnte in Deutschland in Tiefschlaf verfallen und verbleiben musste. Oliver musste betäubt das Leben vergessen, weil Dr. Kerschenbaum bis zur Perfektion funktionieren sollte. Das Tabu dieser mythischen Sollvorschrift war jetzt gebrochen. Er selbst hatte aufgehört es zu befolgen, sodass es sich verflüchtigte wie ein Gespenst, dem nicht mehr geglaubt wird. Heimlich war er ausgetreten aus der weltumspannenden Glaubensgemeinschaft der Zukunftsplaner, Prognostiker, Versicherungsmakler und Vergangenheitsbewältiger. Vergangenheit und Zukunft wollen sie glaubenseifrig bewältigen, Mitttäter gewinnen und die Gegenwart überspringen, dachte er. Kerschenbaum aber hatte die Gegenwart entdeckt und die Gegenwart ihn.

Im Rosengarten des Parkcafés angekommen lächelte er über den seltsamen Einfall, dass die Gegenwart ihn entdeckt habe. Dass er mittlerweile in solchen Umkehrungen wahrnehmen und denken konnte, empfand er als Ausdruck der sensiblen Freiheit zu der Oliver erwacht war. Diese neue Freiheit vertrug sich gut mit seiner neuen Einsamkeit. Fast täglich rief ihn eine seiner besorgten Töchter an, um sein Einsamkeitsverhalten zu kontrollieren. Legte er den Hörer wieder auf, fühlte er deren ungläubige Enttäuschung: Er konnte nicht klagen, um es mit einer deutschen Redewendung zu sagen. Deshalb konnten sie ihn nicht trösten. Sie, die sie das Beste für ihn wollten, mussten zur Kenntnis nehmen, dass es ihm außerordentlich gut ging. Das warf sie zurück auf ihre eigenen Leben und Klagen, die sie ihm wiederum nicht zumuten wollten. So dünnten die Telefonate nach wenigen weiteren Wochen aus, wurden beidseitig zur Kontrollübung und Nebensache.

Hauptsächlich kümmerte sich Kerschenbaum um nichts mehr. Das heißt nicht, dass er einsam verwahrloste und seine Existenz zum Alzheimerfall zusammenschrumpfte. Im Gegenteil: Oliver Kerschenbaum wurde zum Entdecker und Abenteurer. Sein Leben lang, beginnend mit seinem Schicksal als Einzelkind, fühlte er seine Einsamkeit. Dabei ist es, wie ihm klar wurde, ein elementarer Unterschied, ob sich jemand einsam fühlt oder, so wie er, Oliver, seine Einsamkeit fühlte. In seiner Kindheit war er sich, ohne es sagen zu können, seiner Einsamkeit neben seinen Eltern bewusst. Damals war er einsam und als Einzelkind allein. Die Hypochondrie seiner Mutter und das Desinteresse seines Vaters waren konstitutiv für diese Einsamkeit. Als Kind erlebte er sie bewusst. Später nicht mehr. Man gab ihm nämlich kaum mehr eine Chance zum Alleinsein.

Seit seiner College-Zeit war er umgeben und seit der Kriegszeit umlagert von Menschen. Heirat, Familiengründung und Geschäftsleben beanspruchten nicht nur seine Tage, sondern nächtens sogar sein Unterbewusstes, seine Träume und seine Ängste, die er mit Tagesanbruch wieder zu kontrollieren hatte. Mit Helena an seiner Seite war er nie mehr allein. Scheible, der Prokurist, wurde ihm zum allgegenwärtigen Aufpasser und seine beiden Töchter zur andauernden Aufforderung, die Vaterrolle wie eine zweite Haut nie abzustreifen.

Bis zu Helenas Tod vor wenigen Wochen war er nicht mehr allein, aber einsam geblieben. Die Qual des Einsamen ist nicht seine Einsamkeit, so analysierte Kerschenbaum sein Leben, sondern quälend ist das fortwährende Paradox, einsam nicht allein zu sein. Hinausgeschmissen und allein vor Evas Wohnungstür stieß damals seine Einsamkeit wieder mit voller Wucht zu ihm. Einen unermesslichen Moment lang mit Koffer in der Hand war er abgelehnt, einsam und allein. Diese einmalige Dreierkombination bewirkte eine explosive Reaktion in ihm, nämlich die Entscheidung aus dem Begehren zu scheiden.

Er hatte mittlerweile seinen Platz gefunden an einem separat eingedeckten Gartentisch neben dem rotblauen Rosen-Lavendel-Beet. Weil in den deutschen Cafés nur geschmackloser Beuteltee angeboten wird, bestellte er beim Kellner Cappuccino. Er sah in den hellen Park, atmete das Duftgemisch der Pflanzen und dachte: Rosen und Lavendel, Einsamkeit und Alleinsein, hier und jetzt kommen sie zusammen und verbinden sich zur Gestaltkraft des Augenblicks. Oliver, der Entdecker in Kerschenbaum, erschloss sich täglich mehr die Verbindung von Einsamkeit und Alleinsein, von Identität und Abstand zu Menschen und Welt. Kerschenbaum vertraute Oliver und gab sich dem Abenteuer hin zu erleben, wie die Zukunft gerade zur Gegenwart wird, die gleich schon vorbeigeht, um so dem sich unaufhörlich erneuernden Augenblick Zeit-Raum zu geben.

Viele Wochen und mehrere Monate hindurch experimentierte Oliver Kerschenbaum mit seinem Alleinsein. Er lebte seine Einsamkeit vorbehaltslos. Lediglich im September folgte er der telefonischen Einladung Stevens, auf eine Woche nach Jersey zu kommen, um die Klippenvögel zu beobachten. Die ersten Dezembertage brachten überraschend ein Schneetreiben nach Frankfurt und einen fremdartigen Anruf zu Kerschenbaum.

4. Der Anruf

Im Dämmerlicht des Nikolaustages schneite es senkrecht vom Himmel. Ein nasser, schneller Schnee, der bei der Berührung mit Hausdächern, Teerstraßen und Glasscheiben zu Wasser zerfloss. Kerschenbaum beobachtete von seinem Wintergarten aus diese Momente der Verwandlung von weiß in farblos, von Schweben in Verrinnen. Der Schein trügt, Nichts bleibt und Alles verwandelt sich, dachte er mit Blick auf die Glasscheiben hinter den blühenden Orchideen. Sein Wintergarten war ein Gewächshaus für einheimische und emigrierte Pflanzen. Hier, auf 25 Quadratmetern, erblühten und verblühten sie nebeneinander, still und konkurrenzlos: Die Oliven- und Zitronenbäumchen aus mediterranen Gefilden, Lavendelbäumchen und neu gepflanztes Zyperngras aus der Provence, Orchideen aus Brasilien und Äquatorial-Afrika, sensibles Farnkraut und sogar ein kleiner Trompetenbaum, ein Geschenk Susannas aus Australien.

Sein Wintergarten mit Kerschenbaum als Gärtner war beides, real und fiktiv: Eine realisierte Fiktion, wie mein Leben, so urteilte er. Wie die Orchideen und der Trompetenbaum war auch er Emigrant. Zuerst Emigrant, so rekapitulierte er, und dann – weil Emigration als Dauerzustand unerträglich ist – Immigrant: Damals in ein ruiniertes Land, zerteilt in vier Besatzungszonen. Zuerst kam er mit den mächtigen Besatzern als junger Herr, der nicht lange blieb. Dann, zwei Jahre später, kehrte er wieder; ohne Uniform, aus Springfield als Emigrant. Seine Emigration gehörte zu seiner Einsamkeit und seine Einsamkeit, damals schon in Illinois, ließ ihn weggehen. Für die anderen, für seinen Doktor- und Schwiegervater Gottfried und Helena, für die Prüfungs-, Gewerbe-, Pass- und Steuerämter wurde er zum Vorzugsimmigranten. In seiner Eigenwahrnehmung blieb er Emigrant. Bald verheiratet, aber unbehaust, später behaust, aber unbeheimatet, schließlich ein Getriebener und Flüchtling, der die Diagnose „Alzheimer" als Asyl-Ort anpeilte. Hatte er also in seinem Wintergarten nicht sein flüchtiges Leben botanisch in Szene gebracht? Falls ja, so resümierte er, dann mit umgekehrten Vorzeichen, mit sich als Asylgeber, als Bewahrer und Gärtner. Vielleicht liebte er deshalb seinen Wintergarten auch im Sommer, weil er sich in seinem Eigenverhältnis zu dem gläsern ausgemessenen Schauplatz nicht mehr als Emigrant, sondern als angekommen und platziert erlebte.

„Deplatziert", war eines der Lieblingsworte Helenas gewesen. Wie sich Kerschenbaum erinnerte, zog sie diese Vokabel wie ein Schiedsrichter die rote

Karte. Das Telefon läutete im Flur. Kerschenbaum stand auf, ging hin und hob ab. Eine englischsprachige, männliche Stimme meldete sich mit Peter Barrington. Sie fragte, ob Dr. Oliver Kerschenbaum aus Springfield/Illinois am Apparat sei. Kerschenbaum bejahte. Dann setzte die fremde, sachlich klingende Stimme zur eigentlichen, höflichen Frage an: „Sir, ich rufe von Helena aus an und erlaube mir, Sie zu fragen, ob Sie mein Onkel sind?"

Kerschenbaum erstarrte. Er vergaß zu atmen, erinnerte sich an einen Roman, über den er damals auf dem College in Springfield zu referieren hatte. „Der Ruf aus dem Jenseits" lautete sein reißerischer Titel. Ein Ruf aus dem Jenseits, nein eher ein makaberer Scherz, eine bösartige Anspielung vielleicht, aber worauf? So dachte es in Kerschenbaum, der sich ausgeliefert fühlte. Helena ist nicht tot. Sie lebt und hält sich versteckt. Niemand sah sie einsteigen in die Unglücksmaschine. Für ihren Tod gibt es keine Zeugen und keine Beweise, nicht einmal eine verlässliche biochemische Spurenanalyse, so galoppierte der zu Gedanken gewordene Schreck mit ihm weiter.

In seinem ohnmächtigen Erschrecken kapitulierte Kerschenbaum. Er legte den Hörer nicht auf, sondern wollte herausfinden, was der, der sich Peter Barrington nennt, wirklich will. Kerschenbaum fragte zurück: Wie können Sie sagen, dass Sie von Helena aus anrufen, meine Frau ist seit Monaten tot? Diese Gegenfrage verwirrte den höflichen Anrufer hörbar. Er räusperte sich, zögerte und erklärte, dass er den Tod von Frau Kerschenbaum bedauern würde. Dennoch verstehe er die Logik der an ihn gerichteten Frage nicht. Er, Peter Barrington, würde von Helena aus dem US-Bundesstaat Montana anrufen, einzig mit der Bitte zu klären, ob Oliver Kerschenbaum sein Onkel sei. Ob er mit Helena eine Person oder einen Ort meine, fragte Kerschenbaum zurück.

Damit begann sich der Knoten zu entwirren. Natürlich einen Ort, nämlich Helena, die 28.000 Einwohner zählende Hauptstadt des 41. US-Bundesstaates Montana, erwiderte der Anrufer. Von dort würde er aus seiner Wohnung mit Kerschenbaum in Frankfurt telefonieren. Von Helena/ Montana nach Frankfurt/ Deutschland würden sie beide jetzt sprechen. Kerschenbaum informierte nunmehr seinerseits und weniger erschreckt Barrington, dass seine verunglückte Frau Helena heiße, eine Namensgleichheit, die Verwirrung gebracht hätte, jetzt aber aufgeklärt sei. Nein, so bestätigte Kerschenbaum zudem, er sei sicherlich niemandes Onkel, da er Einzelkind seiner längst verstorbenen Eltern geblieben sei. Diese hätten zudem in erster Ehe ohne Scheidung bis ins hohe

Alter miteinander in Springfield gelebt. Korrekt sei, dass er, Oliver Kerschenbaum, 1921 in Springfield/Illinois als eheliches Kind geboren wurde. Allerdings würde ihn interessieren, woher Barrington seinen Namen, seine Daten und die seltsame Vermutung habe, er würde womöglich mit seinem Onkel telefonieren.

Barrington verstand es, sich kurz zu fassen und dabei auf Kerschenbaum glaubwürdig zu wirken. Der fühlte sich wie ein Theaterbesucher hinter dem Souffleurkasten in der ersten Reihe vor leicht bewegtem Vorhang. Das Stück, zu dem Barrington soufflierte, spielte in Springfield vor beinahe 70 Jahren. Kerschenbaums Vater war der sexualaktive Hauptakteur und der kleine Oliver hatte eine Nebenrolle, langweilte sich an den Wochenenden in den Parks und wartete stundenlang, bis sein Vater ihn wieder mit dem Auto abholte und beide nach Hause fuhren. Barringtons Informationen fügten sich zu Kerschenbaums frühen Kindheitserinnerungen, zu seiner Einsamkeit als Einzelkind und zum Desinteresse, das sein Vater ihm zeigte. Peter Barringtons Mitteilungen hoben den Vorhang und öffneten die Parkszene auf eine Tiefendimension von Sex, Leben und Lüge, die die Parke wie eine Kulisse vor der Wahrnehmung abschirmen sollten.

Regelmäßig an den Wochenenden brachte ihn sein Vater in den Park, forderte ihn auf, dort mit anderen Kindern zu spielen und auf ihn zu warten, bis er wieder käme. Ebenso regelmäßig fuhr er sofort ab, angeblich um mit einem befreundeten Versicherungsagenten Schach zu spielen. Die Wörter „Schach" und „Schachspiel" hörte der 5jährige Oliver mit Sehnsucht. Zu Hause hatte sein Vater Spielbrett und Figuren auf dem Fensterbrett stehen. Oliver nahm sie oftmals ehrfürchtig in seine Hände, prägte sich ihre Platzierungen, Formen, Gesichter ein und stellte sie wieder zurück auf ihre Felder. „Schach spielen" war seither für ihn gleichbedeutend mit dem Begehren seines Vaters, dem Wochenendschachspieler. Wenn Oliver eine der Figuren berührte, umfing ihn Sehnsucht, das zu verstehen, was sein Vater begehrte. Er wollte Schachspieler werden. Er hatte Sehnsucht, seinem Vater in dessen Sehnsucht zu begegnen und nicht anderen Kindern im Park. Jetzt, ein langes Leben danach, erkannte er, warum er mit ihnen dort nie spielen wollte. Er wollte mit seinem Vater spielen, um dessen Interesse zu spüren. Es hätte nicht einmal ihm, seinem Sohn gelten müssen, wenn es sich nur überhaupt gezeigt hätte.

Es verhielt sich aber anders. Alles verhielt sich anders, als der 5-Jährige auch nur ahnen konnte. Insbesondere sein Vater und dessen Begehren nach Sex statt nach Schach verhielten sich anders. Wie es sich damals verhielt und verbarg, das zeigte und dechiffrierte sich jetzt durch Barringtons Nachforschungen, Daten, Zeit- und Ortsangaben. Unschwer konnte Kerschenbaum rekonstruieren, was tatsächlich in den Jahren 1925 und 1926 hinter den Parkanlagen geschehen sein musste: Olivers Vater hatte Wochenendsex mit einer 25jährigen Sekretärin, die im selben Hochhaus wie der befreundete Versicherungsagent wohnte. Dort wurde im Juni 1925 Olivers Halbschwester Alexandra gezeugt und im Februar 1926 als uneheliches Kind in der St. George-Klinik in Springfield geboren. Den Namen des Vaters gab Alexandras Mutter als „unbekannt" an. Erst wenige Monate vor ihrem Tod im Jahre 1985 übergab sie ihrer Tochter Alexandra eine Schatulle mit zweifelsfreien Beweisen, wer der bis dahin anonyme Erzeuger gewesen war, nämlich George Kerschenbaum, Olivers Vater.

Zu Alexandras Familien- und Lebensgeschichte erzählte Barrington, dass seine Mutter bis zu ihrem 18. Lebensjahr zusammen mit seiner Großmutter Sahra in Springfield unter dem Namen Ahorn gelebt habe. Sie hätte dort während der frühen 40er Kriegsjahre eine der High Schools besucht und sich zur Köchin ausbilden lassen. 1944 hätte sie in Montana in einem Mennonitendorf nahe Helena eine Anstellung bekommen als Haushälterin und Köchin. Kerschenbaum hörte Barrington so aufmerksam zu, dass er die Parallele seiner Lebensbewegung zu der seiner Halbschwester ziehen konnte: Beide lebten sie in ihrer beider Geburtsstadt Springfield bis 1944. Er war damals bereits junger Lieutenant und wurde nach der Invasion der Alliierten im Sommer 1944 nach Frankreich abkommandiert. Alexandra ging nach Westen, in die Berge von Montana. Ihn zog es nach Osten, an die Front, nach Deutschland, schließlich zu Helena, seiner Frau. Nahe der Kleinstadt Helena heiratete Alexandra 1946 den Farmer und gläubigen Mennoniten Lucas Barrington, Peters Vater. Lucas war bei seiner Verehelichung 25jährig, so alt wie Kerschenbaum. Peter wurde als der erste von drei Söhnen 1948 geboren, also zu der Zeit, als Kerschenbaum emigrierte und in Heidelberg als amerikanischer Sonderling Germanistik studierte.

Wie Barrington zu berichten wusste, bewährte sich die Ehe seiner Eltern. Auch deren Rinder- und Pferdezucht gedieh prächtig. Besonders in den 50er Jahren, während Kerschenbaum seine Familie gründete und den Verlag ausbaute, konnten sie die Farm erheblich erweitern und vom Fleischexport in das hungrige Nachkriegseuropa profitieren. Peter studierte in Bozeman/ Montana Viehwirtschaft, wurde Agraringenieur und übernahm die Farm sowie die Fleischexport-Firma. Sogar die große Dürre von 1988 überstanden sie mit Gottes Hilfe und Solidarität untereinander. Als Old Order Mennonits würden sie im Familienverbund und in der Glaubensgemeinschaft nach der Heiligen Schrift leben, auch seine Mutter Alexandra Barrington, die sich noch in der Zeit des großen Krieges habe taufen lassen und seither gläubige Mennonitin sei.

Während Kerschenbaum seinem neu gefundenen Neffen Peter Barrington still zuhörte, fühlte er sich schwindelig und leicht wie einer der Luftballons, die er als Kind so gerne los ließ, weil er ihnen den Flug in das Unermessliche gönnte und sich das Nachsehen. Eines wollte er von Peter schließlich noch erfahren, wie er ihn ausfindig gemacht habe. Durch archivierte Militärunterlagen, antwortete ihm Barrington. Kerschenbaum sei ja immer noch US-amerikanischer Staatsbürger mit Heimat- und Wahlrecht und zudem sei er eingetragenes Mitglied der Veteranenvereinigung der Frontoffiziere des Staates Illinois. Über deren Register sei er auf seine Spur gekommen, die er seit ziemlich genau 1,5 Jahren verfolge. Er sei nämlich überzeugt, dass es seine Aufgabe sei, den anderen, so lange verborgenen Zweig der Familie zu finden. Was dann geschieht, das läge nicht mehr in seiner Hand.

Kerschenbaum sagte dem Anrufer, dass er ihm jedes Wort glaube und bedanke. Er sei so tief bewegt, dass er jetzt nicht mehr sagen könne, als dass sich ein Vorhang geöffnet habe auf ein anderes Leben, das er nicht verleugnen werde. Barrington schlug seinem Onkel eine baldige Begegnung vor. Am 17.-18. Dezember werde er auf Zwischenstopp in Frankfurt sein. Kerschenbaum lud ihn für den 17. zum Abendessen in sein Haus ein. Peter Barrington nahm dankend an und verabschiedete sich. Kerschenbaum legte den Hörer auf, ging zurück in seinen Wintergarten und saß dort still und ehrfürchtig als einer, dem vom Leben Großes überraschend widerfährt.

5. Das Treffen

Peter Barrington kam pünktlich und mit Fotoalben. Um 19.00 Uhr am 17. Dezember klingelte er an Kerschenbaums Haustür. Der öffnete und stand einem hoch gewachsenen, etwa 40jährigen Mann mit großen Händen gegenüber. Er ließ ihn eintreten, den langen Wintermantel ablegen und im Wohnzimmer Platz nehmen. Kerschenbaum nahm sich Zeit, seinen Gast wahrzunehmen. Das Erste, was ihm an diesem auffiel, war seine Sprache. Er sprach deutlich akzentuiert ein altes, eher antiquiertes als modernes Amerikanisch, das aber zu seinem Benehmen passte. So ruhig und betont, fast schon pedantisch wie er sprach, bewegte und saß er auch. Er trug einen nicht mehr ganz neuen, dunklen Anzug mit angenehm blauer Krawatte. Die wirkte abgestimmt auf seine ebenfalls blauen Augen und dunkelblonden Haare.

Eine Atmosphäre freundlicher Sachlichkeit stellte sich ein, die Kerschenbaum gut tat. Sein Neffe Peter wirkte alles Andere als neugierig auf ihn, sondern zurückhaltend und interessiert. Beider Interessen galt den Familien, deren Geschichten und derzeitiger Verfassung. Unterstützt durch die zahlreichen, mitgebrachten Fotos wurde Kerschenbaum mit Namen, Gesichtern und Biographien der Familie seiner neugefundenen Halbschwester Alexandra bekannt gemacht. Währenddessen bereitete Betty im Esszimmer den Tisch. Im Betrachten der Fotos und Hören der Verwandtschaftsbeziehungen beeindruckte Kerschenbaum das weitläufige Gebirgspanorama, das immer wieder den Hintergrund zu den Personen anbot. Er fand, dass Alexandra in diese Familie und zu diesem weiten Hochland gehörte: Die Statur der fast 70jährigen Frau wirkte fest und bäuerlich, ihr Gesicht wie das einer schlichten, schmucklosen Frau, die am Fotografiertwerden nicht interessiert ist. Ihr Ehemann Lucas machte einen ruhigen und ein wenig verschlossenen Eindruck auf Kerschenbaum, der im Übrigen die prachtvolle Farmanlage mit den zwei großräumigen Wohnhäusern bewunderte. Beide aus massivem Holz, stattlich und gemütlich, wie es ihm schien.

Kein Zweifel, die Barringtons waren vermögend, konservativ und seit Generationen ortsfest in Montana. Was Mennoniten sind, darüber hatte sich Kerschenbaum während der letzten Tage erkundigt. Als noch eingeschriebenes Mitglied des Seniorenstudiums konnte er die Bibliothek gezielt nutzen. Er recherchierte, dass es sich bei den Mennoniten um reformierte, protestantische Christen handle, die als alleinige Autorität in Glaubenssachen die Bibel anerkennen. Die weltweit 1,3 Millionen Mennoniten nennen sich immerhin seit dem 16. Jahrhundert nach dem Reformator Menno Simons, einem Niederländer. Dass die Familie seiner Halbschwester sowie Peter und seine übrigen beiden Neffen samt Familien den Old Order Mennonits angehörten, bedeutete wohl so viel, dass sie besonders konservativ in Glaubens- und Lebensfragen wären. Anschließend beim Abendessen wollte Kerschenbaum von seinem Neffen dazu Genaueres erfahren.

Zunächst aber wurde es feierlich zwischen Barrington und Kerschenbaum. Der nämlich hatte genug gesehen und gehört. Er legte das Fotoalbum zur Seite, wandte sich Barrington zu, sah ihm in die Augen und erklärte ihn mit klaren, dankbaren Worten zu seinem Neffen. Barrington bot seinem Onkel Oliver an, ihn Peter zu nennen und sich als Mitglied der großen Familie zu wissen. Beide standen auf und umarmten sich. Kaum war die entante cordiale geschlossen, rief Betty zum Abendessen. Weil Kerschenbaum nicht wissen konnte, ob Mennoniten Vegetarier seien, hatte er das 3-Gang Abendessen fleisch- und fischlos geplant. Auf Tomatensuppe folgten Champignon-Omelette mit Antipasti und Pflaumenkompott als Nachtisch. Die Pflaumen stammten übrigens aus dem Taunus. Helena selbst hatte sie noch zu Kompott verarbeitet, in Gläser abgefüllt, die Gläser mit Datum versehen und von Betty im Keller abstellen lassen. Als die Pflaumen serviert wurden, wies Oliver Peter darauf hin, der sie umso bedächtiger aufaß.

Während des Essens ließ Kerschenbaum stilles Mineralwasser reichen, nachher, wieder im Wohnzimmer sitzend, bot Betty samtroten Hibiskus-Tee mit Mandelgebäck an. Peter reagierte sichtlich zufrieden auf das Angebotene und erklärte sich fleischlos zufrieden, obwohl es Mennoniten – wie er informierte – gestattet sei Fleisch und Fisch zu essen. Alkohol und Kaffee würde man in seiner Dreigenerationenfamilie allerdings ebenso wenig trinken, wie schwarzen, starken Tee. Alles, was das Bewusstsein trübe, die Mehrlust am Genuss steigere und so in unnötige Erregung versetze, lehne sowohl er selbst als auch seine Familie ab. Dies gelte übrigens auch für das Essen, das schmackhaft, aber nicht stark gewürzt sein soll. Mit einem Seitenblick auf Kerschenbaums noch verschlossene Fotoalben fügte er sachlich hinzu, wie ein Mensch esse und trinke, würde er auch leben.

Das Thema gab Kerschenbaum die Chance nachzufragen, was es im Besonderen damit auf sich habe, Old Order Mennonit zu sein. Peter gehörte offenbar zu den Menschen, die auf eine Frage nicht mit Erklärungen reagieren, sondern sie beantworten. Erklärungen, so Kerschenbaums Gesprächserfahrung, stimmen nie, sollen es aber. Deshalb zumeist ihre Weitschweifigkeit. Anders verhält es sich mit Antworten. Die sind recht selten, so erlebte er es. Erklärungen werden einem meistens fraglos aufgedrängt und wollen nur Eines: glaubhaft sein. Erklärungen sind wie Kreditangebote, die Kerschenbaum nie in seinem Leben beanspruchte. Antworten hingegen sind wie Bürgschaften, die der Sprecher möglichst Adressaten bezogen und begrenzt hinterlegt. Die meisten Erwachsenen, so fiel Kerschenbaum schon als stilles Kind auf, mogeln bei ihren Erklärungen. Nur wenige, die antworten, lügen. Um nicht zu antworten, erklärt man, um nicht bewusst und direkt den Anderen anzulügen, mogelt man; erklärt und erklärt so lange, bis der Andere endlich weghört.

Diese Strategie kannte Kerschenbaum von seinem Vater, der dem kleinen Oliver auf dessen Frage, wo er gewesen sei, nie mit Orts- und Personenangaben antwortete, sondern mit weitausholenden Erklärungen. 70 Jahre später brachte Oliver die Begegnung mit Peter die Antwort. Aus dem Realen des Lebens und zwei Generationen später stellte sich überraschend die große Antwort ein, auf eine einfache Frage des kleinen Olivers: „Wo warst Du?". Sein Vater mag da und dort gewesen sein, dass er jedenfalls auch bei Peters Großmutter Sahra Ahorn war, blieb nicht spurlos. Zum Spurenlesen saßen sie vor Fotoalben, alten Briefen und Dokumenten zusammen, Oliver und Peter, um die Antworten einzusammeln, die wie Strandgut vor ihnen auf dem gläsernen Tisch lagen.

Barrington beantwortete Kerschenbaums Frage nach dem Besonderen der Old Order Mennonits mit dem Ältestenrat und dem Gehorsam der Familien und Gemeinde diesem Entscheidungsorgan gegenüber. Was der Ältestenrat in wichtigen Angelegenheiten entscheidet, das gilt. Die Antwort des Rates, auf Anfrage erteilt, gilt. So einfach und so bestimmt sei das, meinte Peter ohne weitere Erklärung. Eine Sprechpause trat ein. Beide Männer saßen im rechten Winkel schweigend beieinander. Aus der Küche kamen keine Geräusche mehr herüber. Betty war wohl schon gegangen. Mit der Stille im wohltemperierten Haus konnte Kerschenbaum seinen eigenen Atem hören. Wie lautlos die Pflanzen atmen und wie ruhig Barrington den Blick seiner Augen bei sich behält, dachte Kerschenbaum. Draußen, hinter den Fensterscheiben war Nacht, kalter Nieselregen und die Gleichgültigkeit der Welt.

Barrington zeigte Interesse an Kerschenbaums Alleinleben. Er fragte ihn, wie er ohne Helena hier lebe. Diese Frage berührte Kerschenbaum wie ein sanfter Händedruck. Eigentlich wollte er seinem Neffen möglichst prägnant antworten, dass er schon längst an die Einsamkeit gewöhnt sei und so wohne er hier in stiller Ordnung mit Pflanzen, Büchern, Tee und Telefonaten. Sein Alleinsein als Witwer erlebe er als die authentische Form und Fassung seines Lebens. Doch dann sprach es weiter aus ihm mit Worten, Sätzen und Erinnerungen, die ihn selbst überraschten. Entgegen seiner Absicht geriet er ins Erzählen. Sein Gast hörte ihm so aufmerksam zu, dass dessen Zuhören zum einladenden Hafen wurde, in dem die gefühlten Erinnerungen und Einsichten wie Passagiere an Land gehen konnten. Hatten sie doch eine lange Überfahrt hinter sich gebracht, von Springfield/ Illinois über Heidelberg bis in das Reiheneckhaus in Frankfurt-Nord. Sollten sie gerade jetzt angekommen sein, ausgesprochen im Gespräch mit einem Mennoniten aus Montana, einem ruhigen Mann mit gutem Benehmen und der richtigen Frage in vorgerückter Stunde?

Die Reise begann vor so vielen Jahrzehnten in Springfield, einer Stadt ohne Hafen, aber mit Verladebahnhof. Kerschenbaums Vater zeugte damals in den 20er Jahren mit Sahra Ahorn Olivers Halbschwester Alexandra. Sie heiratete den Farmer Lucas Barrington und gebar als ersten von drei Söhnen Peter im Sommer 1948. Kerschenbaums Vater war also Barringtons Großvater. Bei ihm setzten Kerschenbaums Erinnerungen ein, die bei seinem Neffen freilich offene Ohren fanden. Kerschenbaum erzählte von seinem Vater, der kleinen Familie mit dem Einzelkind Oliver, seiner langen Militärzeit und dem großen Krieg, der ihn als Emigranten entließ in den fortwährenden Kampf ums bessere Leben in Deutschland. Von seinen Nächten neben Helena erzählte er ihm, in denen er bis heute immer wieder in Amerikanisch träumt, vom Krieg und von Reisegepäck, von Anforderungen und Ängsten, die er sein Leben lang niemandem in Deutsch und Deutschland sagen konnte, am wenigsten Helena.

Auch von einem Sinneswandel erzählte er ihm, der ihn seit etwa 1,5 Jahren wie eine Bekehrung erfasst und nicht mehr losgelassen habe. Gegen Ende seines Lebens wollte er nicht untergehen und begraben werden unter dem Begehren der Anderen, ihren Erwartungen, Vorgaben, Wünschen, Verführungen und Verpflichtungen an ihn, Oliver Kerschenbaum, den Vater und Verleger, den Financier der Familie und Verlierer seiner Identität. Barrington nickte und meinte, dass er die Bekehrung seines Onkels wohl verstünde. Viele würden sich verzweifelt zu Gott bekehren, weil sie nicht zum Leben fänden. Er aber habe sich zum Leben bekehrt, das ihm aus dem realen Geschehen heraus antworte, wie Gott dem Hiob aus der Gewitterwolke. Die andere Seite von Kerschenbaums Leben, die westlich von Springfield begänne und weiter nach Westen bis zur Stadt Helena in Montana führe, täte sich ihm nunmehr auf. Von dieser anderen Seite her sei er als Neffe Peter gekommen, um eine Begegnung beider Seiten zu ermöglichen. Diese geschähe jetzt und beide wären Betroffene und Zeugen dafür.

Deshalb, so fuhr Barrington fort, wolle er seinen Onkel Kerschenbaum hiermit herzlich einladen zum baldigen Besuch nach Montana. Helena, so sprach er mit gesenkter Stimme, sei tot. Helena in Montana, der Ort der Familie am anderen Ufer, würde ihn erwarten. Diesem Stern solle er folgen und erleben, wohin er ihn führe. Jetzt also sprach Barrington und Kerschenbaum schwieg. Er konnte gut schweigen und die Einladung seines Neffen hören, hatte er doch die Gewissheit, dass er alles gesagt habe, was zu sagen war. Er hatte sein Leben ausgesprochen, seine Einsamkeit und sogar sein Geheimnis, nämlich sein Ausscheiden aus dem Begehren, das ihn so weit weggeführt hatte und so viel erleben ließ.

Barrington konkretisierte seine Einladung auf den 15. Februar hin. Dies sei der Geburtstag der Mutter. Sein, Peter Barringtons, Geschenk an sie solle die gelungene Verbindung mit ihrem Bruder Oliver sein. Kerschenbaum sei der Familie als bisher verborgenes Mitglied und als Gast willkommen. Seine Einkehr bei den Barringtons werde ihm einen Einblick eröffnen auf die andere Seite seiner Familie, vielleicht sogar seines Lebens. Oliver Kerschenbaum nahm die Einladung an, entließ seinen Gast zu später Stunde. Barrington fuhr mit Taxi zurück zu seinem Hotel am Flughafen. Kerschenbaum löschte die Lichter und ging zu Bett. Als er am dunklen Morgen des 18. Dezembers erwachte, fühlte er Helligkeit, sogar Heiterkeit, die er nicht weiter hinterfragte.

6. Die Reisen

Weihnachten kam schnell. Kerschenbaum feierte es, von Bernadette und Harald eingeladen, auf Jersey. Wenige Tage blieb er dort in dem ihm bekannten Gästezimmer unter dem Dach, über das nasskalte Sturmwinde hinwegfegten. Aus Island über Schottland nach Cornwall kamen sie mit Eisregen, mächtigem Geheul und nächtlichen Erinnerungen. Die drei zusammen ließen Kerschenbaum ruhelos werden. So ruhelos wie ein vereinzelter Klippenvogel im Wintersturm. Nirgends fand er seinen Platz und nichts gab ihm Halt, sodass er immer wieder auffuhr in bebilderte Gedanken ohne Zusammenhang. Das Weihnachtsfest und -essen brachte ihn noch einmal vor dem warmen Kaminfeuer zusammen mit der kleinen Familie im weitgetünchten Haus.

Seine Tochter, aber auch Harald zeigten sich aufrichtig um sein Wohl besorgt. Steven, sein mittlerweile 6jähriger Enkel, schenkte ihm ein selbstgebasteltes Segelboot aus blau bemalter Korkrinde mit weißem Baumwollsegel für den Sommer. Kerschenbaum nahm es achtsam in beide Hände und fragte Steven, ob er immer noch mit ihm in die große weite Welt ziehen wolle. Der 3jährige Eric übergab ihm sein mit Plastikfarben gemaltes Bild, eine runde Sonne mit pulsierenden Strahlen voller Licht. Harald und Bernadette schenkten ihm einen warmen Wollpullover und die Zusicherung, dass das „Gästezimmer" von jetzt an jeder Zeit für ihn offen stehe. Als Symbol dafür überreichten die beiden Enkel ihrem Großvater ein hölzernes Schild mit den schwarz eingebrannten Worten „Grandpa's room". Gleich am nächsten Morgen brachten es Harald und Steven oben an der Türe des Gästezimmers an.

Auch Kerschenbaum überreichte seine Geschenke, die Betty ihm sorgfältig verpackt und beschriftet hatte. Dabei hatte er das Gefühl einer freigebigen Geste, die im Geben einen Abgrund überdeckt. Nächtens bliesen ihn die Eiswinde in die Spalten dieses Abgrunds, in Träume und Erinnerungen, die einen seltsam trockenen Husten in ihm hervorriefen. Er fühlte sich unbehaust in „Grandpa's room" und zwar so sehr, dass er beim Erwachen regelmäßig erschrak, wo er wäre. Vor seiner Abreise erzählte er Bernadette und Harald von seiner Begegnung mit Peter Barrington, seinem neuen Neffen. Er informierte sie in wenigen Sätzen von der aufgetauchten Existenz seiner Halbschwester Alexandra und ihrer Familie in Montana, von der Einladung dorthin und davon, dass er sie angenommen habe. Im Februar des neuen Jahres, also bereits in sechs Wochen, werde er über Chicago und Billings nach Helena in

Montana reisen. Ein Weg nach Westen über seine alte Heimat Illinois hinaus, auf den er sich, wie er bekräftigte, entschieden einlassen werde.

Beide, Bernadette wie Harald, reagierten zurückhaltend auf die Mitteilungen und zeigten auffallend wenig Eigeninteresse an dem neuen Familienzweig. Zudem äußerten sie vorsichtig Sorge um Kerschenbaums einsame Reise in die Rocky Mountains zu der fremdartigen Mennonitenfamilie. Jedenfalls bot Harald als erfahrener Vielflieger konkrete Hilfen an, um Kerschenbaums Flüge so sicher und komfortabel wie nur möglich zu gestalten. Seit Helenas plötzlichem Tod gewann Kerschenbaum den vorsichtigen Eindruck, dass sich in Haralds Verhalten zu ihm eine Verschiebung eingestellt hatte. Als ob sein Schwiegersohn auf ihn als Person jetzt erst aufmerksam würde. All die Jahre zuvor wusste sich Harald zwar gut zu benehmen. Aber Haralds eher vermeidendes Verhalten bezog sich – wie Kerschenbaum nun erst klar wurde – stets auf das Ehepaar Kerschenbaum, nicht auf ihn, Oliver, den Schwiegervater. Vielleicht gab es mich für Harald bis zu Helenas Tod gar nicht, überlegte Kerschenbaum mit einem Gefühl von Traurigkeit.

Dann sprach er länger mit Harald, der sich für das Gespräch als zugänglich und dankbar erwies. Weil Helena fehlte, die Kinder bereits schliefen und Bernadette still neben dem Feuer zuhörte, konnten die beiden Männer erstmals miteinander sprechen. Kerschenbaum tat dies im Bewusstsein des Abschieds, der Konzentration auf das Wesentliche schafft. Wesentlich für Kerschenbaum wurde die Einsicht, wie sehr sein Schwiegersohn unter seinem flugintensiven Beruf als Bankmanager litt, der seine sensible Existenz aufsog wie ein Tornado ein Holzhaus.

Während Kerschenbaum zuhörte, dachte er nicht nur an sein eigenes, langes Leben mit Helena und der Firma, mit dem Prokurist Scheible und dem Finanzamt, sondern an einen Mythos vom Fährmann. Auf den Ruf „Fährmann hol über" hat der die immer gleiche Fahrt zu erledigen bis zu dem Moment, an dem ein anderer einwilligt die Ruder zu übernehmen. Dann erst, so der Mythos, kann der Fährmann aufstehen, das Ruderboot verlassen und für immer weggehen. Verpasst er den Moment dauert es lange Zeit und viele Fahrten, bis die Chance wiederkehrt. Woran man den Moment der Befreiung erkenne, fragte ihn Harald. Du kannst ihn nicht erkennen, antwortete ihm Kerschenbaum. Der Moment selbst gibt sich dir zu erkennen. An dir liegt es dann, ob du das anerkennst, was sich dir zu erkennen gibt, ob du aufstehst, die Ruder übergibst und ohne umzuschauen gehst.

In diesem Moment hatte Harald durch Kerschenbaums Antwort beider Männer Leben verstanden, aber auch den Abschied, den sein Schwiegervater morgen von ihm nehmen werde. Sie gingen zu Bett. Das Kaminfeuer wurde zur Glut, die Glut zu Asche, grau und noch warm als Kerschenbaum morgens um 08.00 Uhr das Wohnzimmer betrat. Dort war bereits mit dem düsigen Morgen die Unruhe erwacht, die er aus seinen eigenen Familientagen so sehr kannte, dass er sich von ihr spontan distanzierte wie vor einer Infektionsgefahr. Weil Eric leichtes Fieber bekommen hatte, blieb Bernadette zu Hause.

Harald und Steven fuhren Kerschenbaum zu dem kleinen Flughafen, wo er in ein kleines Flugzeug einstieg und bald schon in einer Schleifendrehung auf die kleine Insel herabblickte wie auf ein Bruchstück seines Lebens. Den Abflug erlebte er als Abschied. Das Café in der Orangerie hatte er nicht besucht, wie er überhaupt von jeder sentimentalen Erinnerung Abstand hielt. Manche betäuben sich durch Alkohol, andere durch Sentimentalität, beide bleiben eigentlich gefühllos, so dachte er mit Tiefblick hinab aus der Maschine auf die grauen Wasser des Ärmelkanals.

Am Frankfurter Flughafen wurde er bereits vom Limousinen-Service erwartet. Der Abholer hielt ein Pappschild hoch mit dem fehlerhaften Namen „Kerschenstein", was Kerschenbaum nicht weiter störte. Angekommen in seinem Reiheneckhaus erwarteten ihn Betty, Rechnungen und Neujahrswünsche. Sein Weinlieferant und mildtätige Stiftungen, der Limousinen-Service, die Postbank, sein Steuerberater, das Notariat Dr. Holzapfel, das Bestattungsinstitut und sogar Pfarrerin Pieroth machten mit ihren guten Wünschen auf ihre guten Produkte, ihren noch besseren Service und auf sich selbst aufmerksam. Übertroffen wurde diese Klimax von der mitfühlenden Pfarrerin, die ihrem Gemeindemitglied Kerschenbaum in ihrem Neujahrsschreiben einerseits abklingende Trauer unterstellte, um ihm so andererseits den fortwährenden Trost einer für Kerschenbaum seltsamen Gottheit zuzusprechen, die für jeden Menschen angeblich „Mutter und Vater" zugleich sei, also Muttergott und Vatergott in Einem.

Allein dieser fromme Neujahrswunsch brachte seinen Empfänger unwillkürlich zum Widerspruch. Was die Religionen aus Gott schon alles gemacht haben, dachte er. Aber Gott als hermaphroditer Transvestit, als menschenfreundliches Mannweib, das empfand er als unüberbietbar clowneske Vorstellung. Pfarrerin Pieroth hätte ihn sicherlich belehrt, dass das alles ganz anders gemeint sei. Aber Kerschenbaum, der Alte, verstand es eben so, buchstäblich, und nicht gleich anders. Er legte die Neujahrskarten zur Seite und horchte auf. Die Papiere lagen vor ihm wie tot auf dem gläsernen Wohnzimmertisch. Betty verstaute wohl die Koffer im Keller. Um ihn in Zimmer und Haus war es absolut still. Erst die Stille lässt Entfernungen anders wahrnehmen. Die Stille weitet, so fühlte Kerschenbaum. Dann fiel ihm ein Gedanke zu wie eine Sternschnuppe, die kurz die Unendlichkeit beleuchtet. Die Neujahrswünsche, Vorstellungen und Bilder reichen nie an das Reale heran. Unendlich weit, Lichtjahre sind sie davon entfernt. Fatal ist nur, dass sie so tun, als würden sie hinreichen an die Wirklichkeit. Fatal ist, wenn man sich verführen lässt und ihnen glaubt, und sei es nur eine Sternschnuppenlänge.

Betty tauchte aus dem Keller wieder auf. Sie begrüßte ihn herzlich. Mehr noch. Sie brachte Kerschenbaum Ceylon-Tee, heißes Wasser und rosinenbesetzten Sandkuchen auf einem Tablett. Das setzte sie im Wintergarten ab. Kerschenbaum setzte sich daneben, entließ Betty, ließ den Tee eine kurze Weile ziehen, bevor er mit dem ersten Schluck empfand, wieder zu Hause zu sein.

Beinahe sechs Wochen blieb er zuhause. Betty betreute ihn regelmäßig dreimal wöchentlich. An Fürsorge mangelte es ihm nicht. Er war versorgt und allein, einziger Bewohner eines Hauses voller Erinnerungen. Sie waren seine unsichtbaren Mitbewohner, deren verführerischen Appellen er nur selten nachgab. Weder machte er sich Gedanken noch hing er Erinnerungen nach, nur um dadurch etwas zu spüren und die Langeweile zu füllen. Im Gegenteil: Er langweilte sich nie. Auch bemitleidete er sich nicht. Auf die für seine Töchter so naheliegende Frage, was im hohen Alter aus ihm werden solle, ließ er sich nicht ein. Er verbot es sich zu fantasieren, auch wenn sich die Fantasien als Zukunfts-, Betreuungs- und Altersversorgungspläne ausgaben. Solange er noch leben durfte, wollte er die Gegenwart erleben. Von ihr her und nicht von selbstgemachten Gedanken und Erinnerungen aus wollte er das Leben, seine Ansprüche und Gaben wahrnehmen. Täglich übte er sich in diesen Gegenwartsbezug ein, wie ein Mönch in die Versenkung, wie ein Wächter in seine Runde.

Den Silvesterabend verbrachte er erstmals in seinem Leben allein in seinem Haus. All die Jahrzehnte an Helenas Seite musste er mitspielen beim Spiel der guten Laune und der euphorischen Wünsche zum Jahreswechsel. Jetzt endlich hatte es sich ausgespielt mit dem „Prosit Neujahr". Weit vor Mitternacht ging Kerschenbaum zu Bett, wurde durch Böllerschüsse, Feuerwerksraketen und Prosit-Rufe geweckt ohne schlaflos zu werden. Der laute Spuk verging. Er ging Kerschenbaum nichts mehr an. Der war schon ganz woanders angekommen als in der Neujahrseuphorie: Über eine Grenze hinaus hatte er sich weggewagt, die mit der Datumsgrenze nichts zu tun hat. Susanna hielt ihn für einen Alzheimerkranken und Bernadette glaubte ihrer Schwester unsicher mit Zweifeln. Das wusste Kerschenbaum illusionslos. Er aber nahm mit Staunen wahr, wohin sein Ausscheiden aus dem Begehren ihn bewegte: Es brachte ihn zur Selbstvergessenheit. Immer weniger interessierte er sich für die Vorstellungen über sein eigenes Leben. Deshalb reagierte er seiner Vergesslichkeit gegenüber akzeptierend bis gleichgültig. Dr. Stiegler, so fiel ihm ein, wäre diese Gleichgültigkeit sich selbst gegenüber wohl besonders verdächtig gewesen im Sinne von Selbstverlust und drohender Selbstverwahrlosung.

Aber keines von Beiden traf auf Kerschenbaum zu. Er blieb sauber, ordentlich, freundlich und vergesslich. Seine Entscheidung, seine Halbschwester Alexandra, seinen neuen Neffen Peter Barrington und dessen Familie in Montana zu besuchen, vergaß Kerschenbaum allerdings nicht. Tag um Tag im neuen Jahr organisierte er seine Flugreise und seinen Aufenthalt in Helena/ Montana. Dabei leiteten ihn weniger die Flugpläne und schon gar nicht die Flugpreise, sondern seine Lebenserfahrung. Die sagte ihm, dass alles seinen Preis hat, der auch zu entrichten ist. Nur weil etwas billig ist, ist es noch nicht gut. Billigflüge verneinte er wie Fast Food, Rabattverkäufe und Billigkopien. Sie täuschen alle, dachte er, indem sie so tun, als ob es mit weniger Qualität und wenig Geld auch ginge. „Billig" bedeutete für Kerschenbaum risikoreich und störanfällig. Je billiger, desto größer das Risiko der Selbstschädigung als unliebsame Überraschung.

Er wählte die Senatorklasse für seinen Amerikaflug und den erprobten Limousinen-Service für seine An- und Abfahrt zum nahen Flughafen. Der Preis, so wusste er aus seinem langen Leben, ist die Eintrittskarte. Wer Senatorklasse bezahlt, wird auch als „Senator" behandelt. Nicht nur er, auch sein Gepäck, sein Pass, seine Wünsche, Gebrechen und etwaigen Vergesslichkeiten werden als zur Senatorklasse gehörig behandelt. Diese Sonderbehandlung konnte und wollte er sich erkaufen – und zwar aus Angst um sein Leben und im Bewusstsein eigener Schwächen. Von Frankfurt über New York sollte der Flug in Chicago enden. Den Anschlussflug nach Billings/ Montana wollte er erst nach zweitägigem Zwischenstopp in Chicago antreten. Er hatte es gelernt Pausen einzulegen, auch wenn sie zeit- und kostenintensiv waren.

Pausenlos stundenlang bis Montana fliegen, das wollte er auf keinen Fall. Dafür war er zu klug und zu weitsichtig. Würde er in einem fort von Frankfurt bis Billings fliegen, umsteigen und gleich weiter fliegen, dann käme er in Helena als halbe Leiche an, angewiesen auf die Gunst und Führung durch Menschen, die er nicht kennt. Er würde sich ihnen als alter, überanstrengter Mann präsentieren und ausliefern. Damit würde sich vom ersten Moment seiner Ankunft an die Reise verunsinnigen und er sich gefährden. Niemand ist interessiert an einem übermüdeten Alten, höchstens an einem Botschafter des Neuen, so rekapitulierte er die Aufgabe seiner Reise.

Wer Senatorklasse fliegt, braucht sich um seine Unterbringung in entsprechenden Hotels nicht weiter zu bemühen. Dasselbe gilt für das Gepäck, das in Kerschenbaums Albträumen regelmäßig zum Verschwinden neigt. Von Woche zu Wochen fand Kerschenbaum mehr Gefallen an der bevorstehenden Reise. In Billings sollte er von Peter Barrington selbst erwartet und mit dessen PKW nach Helena gebracht werden. Sein neuer Neffe bot ihm mit überzeugenden Worten die Gastfreundschaft seines Hauses an. Ebenso überzeugt lehnte Kerschenbaum ab. Gastfreundschaft verpflichtet nicht nur. Einmal angenommen, lässt sie praktisch keine Kritik und keine andere Wahl mehr zu. Nein, in der Gastfamilie mitwohnen, diese Billigvariante von Besuch, beinhaltet Ein- und Unterordnung, Verpflichtung zur Dankbarkeit, Verlust der Autonomie und die Unmöglichkeit, Nächtens durch das Haus zu streifen, über die eigene Toilette jederzeit zu verfügen und um 05.00 Uhr morgens Tee zu trinken. Genau das aber war Kerschenbaum seit Helenas Tod zuhause zur Gewohnheit geworden.

Folglich wählte er in der waldreichen Umgebung von Helena ein erstklassiges Ressort, das ganzjährig liquide Gäste empfing und ebenfalls Limousinen-Service, aber auch Reitpferde und Skilehrer, Wellness und Ausflüge zu Indianerreservaten anbot. Dort ließ Kerschenbaum sein Zimmer mit Bad und Südbalkon reservieren. Von dort sollte er nach 14 Tagen und Nächten wieder abgeholt und nach Billings zum Abflug gebracht werden. Für den 5. Februar hatte er den Hinflug gebucht, um nach mehr als 20 Jahren erstmals wieder in die USA zu reisen, um diesmal über Illinois hinweg und hinaus nach Westen zu fliegen, dorthin, wo er noch nie war.

7. Montana

Am späten Abend des 5. Februar flog Kerschenbaum mit einer Boeing-Maschine in einer Schleifendrehung über seinen Wintergarten. Während ihm ein Glas Champagner zum Abendessen in der Senatorklasse gereicht wurde, überflog er den Ärmelkanal. Zum Nachtisch überquerte er Schottland und während er in aufgebetteten breiten Sitzen komfortabel schlief, überflog er den Nordatlantik, erreichte die Neuenglandstaaten und zum Pancake-Frühstück schaute er auf Pennsylvania herab. Wenig später landete die Maschine in Chicago.

Bei der Passkontrolle und an der Hotelrezeption wurde er sich jener Selbstverständlichkeit dankbar bewusst, die er seit seinen fast 50 deutschen Jahren zunehmend ausgeblendet hatte, nämlich US-amerikanischer Bürger zu sein. Er hatte ein natürliches Recht hierher zu kommen und hier zu sein. Das signalisierte ihm der Passbeamte mit der respektvollen Art, wie er Kerschenbaum das Dokument mit einem „Thank you, Sir" zurückgab. Das bewies ihm der distinguierte Rezeptionschef dadurch, wie er ihm den Zimmerschlüssel übergab und ihm dabei ein gutes Ausruhen nach langer Reise wünschte.

Die Reise über den Atlantik, seine Ankunft in Chicago, die Wiederbegegnung mit Amerika und Amerikanisch belebten Kerschenbaum. Er fühlte sich befreit und leicht, alleine und dabei, einen magischen Kreis zu durchbrechen. Hier kannte ihn niemand, aber der Officer sprach ihn mit „Sir" an. Eine gute Vorgabe für seine Winterreise, weg vom alten Kontinent seiner Gewohnheiten und Gewöhnlichkeiten. Er fühlte sich willkommen: im Hotel, in der Sprache, im Land. Dieses Gefühl des Willkommenseins, das Kerschenbaum an sich selbst mit Skepsis beobachtete, verstärkte sich in der herzlichen Begegnung mit seinem Neffen Peter Barrington am Flughafen von Billings. Peter begrüßte seinen Onkel mit den Worten: Welcome back to the roots.

In Peters Landrover fuhren sie 400 Meilen von Billings über Bozeman nach Helena. Eine beachtlich lange Strecke, die die Weite und Höhenlage des 380.000 Quadratmeter großen Landes Kerschenbaum anschaulich demonstrierte. Er hatte immer die Weite geliebt und musste in der Enge leben. Er, der wie keiner den Blick hinauf in den Himmel und dessen Sterne liebte, hatte einen krummen Rücken bekommen vom Sitzen über Bankauszügen und Vortragspapieren auf Schreibtischen mit künstlichem Licht. Jetzt aber umfing ihn mit dem Tageslicht das Leuchten von den Bergen her, von den Berghängen mit ihren Nadelwäldern, von breiten Hochtallandschaften voller glitzerndem Schnee. Der Schnee ließ Montanas Erde und Gebirge leuchten, verwandelte das weite Land himmelwärts in ein Wintermärchen voller Licht, Stille und Einsamkeit.

Weites stilles Land, intonierte eine Stimme in Kerschenbaum. Hymnisch wiederholte sie diese klangvollen drei Worte, ließ sie zu Rhythmus und Melodie werden, zum refrainartigen Gesang in ihm. Dieses Land der Felsengebirge, langen Täler und breiten Hochebenen, der Wälder und Wasserläufe zeigte sich ihm so unberührt wie eine Kinderseele, so stark wie ein schlafender Riese, so hell und weitläufig wie die vergessenen Tagträume seiner Kindheit. Jetzt aber überfiel ihn weniger die Erinnerung als die Gewissheit, angekommen zu sein im Land seiner Träume. Dass er wenige Monate nach Helenas plötzlichem Tod und nach einem Flug um die halbe Welt nun ausgerechnet in dem Städtchen Helena ankommen werde, diese Namensgleichheit war für Kerschenbaum kein Zufall. Bis zu Barringtons ominösen Anruf war ihm Montana gleichgültig und der Ort Helena ebenso unbekannt wie die Glaubensgemeinschaft der Mennoniten.

Er befuhr also Neuland. Ganz neue Dimensionen und ungeahnte Zusammenhänge deckten sich ihm auf. Er empfand seine Reise neben Barrington im warmen Landrover als Expedition in sein eigenes Leben. Die ihm unbewusste Seite seiner Familie und Familienbiographie befuhr er jetzt durch leuchtende Schnee- und Berglandschaften. Er hatte dieses Reise nach Westen nicht langfristig geplant, sondern genau organisiert. Er hatte sie sich weder erträumt noch gewünscht, sondern er entschied sich dazu aufgrund der plötzlich aufgetauchten, neuen Verwandtschaftsbeziehungen. Nicht als Tourist kam er, sondern als gerufener Verwandter.

Die ersten Sterne erhellten den fast wolkenlosen Nachthimmel über Helena, als Barrington seinen Onkel samt zwei Koffern im Ressort absetzte, mit ihm das Zimmer inspizierte und sich verabschiedete. Für den morgigen Abend lud er ihn ein zu einem ersten Zusammentreffen mit dem neuen Zweig seiner Familie. Dann ging er mit Händedruck. Kerschenbaum trat auf den Balkon, atmete die klare Kälte ein, sah hinab auf das Städtchen und hinauf zum Himmel über Montana. Beides zusammen gab ihm das Gefühl, seinen Ängsten entflogen und seinem Leben näher gekommen zu sein.

Am nächsten Abend holte ihn Peter wie versprochen um 19.00 Uhr in der Hotelhalle ab. Sie fuhren etwa 30 Meilen weit, weg von Helena, hinüber nach Südwesten, wie Barrington seinem Onkel erklärte. Dann erreichten sie die Farmgebäude und die beiden Wohnhäuser, die Kerschenbaum von Fotos bereits kannte. Zwei langhaarige Hunde liefen bellend auf den Landrover zu, begrüßten Peter und beschnupperten den Gast. Sie entfernten sich schnell wieder in ihre Hütten in der Dunkelheit der kalten Nacht. Kerschenbaum fühlte Erregung und Fremdheit. Er wusste nur, dass er nicht wusste, wo er sich befand: irgendwo in der Nacht in Montana. Barrington schwieg auf dem Hinweg zum Haus, dessen untere Räume erleuchtet waren. Dorthin führte er seinen Onkel. Kerschenbaum fror auf dem kurzen Weg aus Erregung vor der Begegnung. Das massive, zweistöckige Holzhaus, auf das sie zugingen, war mit imposanten Granitblöcken untermauert. Eine solide, materialintensive Architektur, errichtet für Generationen, dachte Kerschenbaum. Er liebte die Kombination von Stein, Glas und Holz, wenn sie großzügig Behaglichkeit verbreitete.

Jetzt führte der mit festgetretenem Schnee bedeckte Weg zu vier Stufen und diese ihrerseits zur hölzernen Veranda. Die Haustüre öffnete sich nach innen. Ein älterer Mann mit grauem Wollhemd und schwarzer Flanellhose erschien. Er stand unbeweglich im wuchtigen Holztürrahmen, bis die beiden Männer direkt vor ihm standen. Peter stellte seinem Vater Lucas mit wenigen Worten Kerschenbaum vor. Lucas sah seinem neuen Schwager mit ruhigen Augen ins Gesicht, reichte ihm die Hand und sagte ihm langsam: Willkommen in unserem Haus. Sie gingen – Lucas voraus – ohne weitere Worte in den großräumigen Living, in dem es angenehm nach brennendem Zirbelholz roch. Dort waren, wie Kerschenbaum schätzte, etwa ein Dutzend Männer, Frauen und Kinder versammelt. Sie standen als Gruppe um das Kaminfeuer mit dem schwarzen Wollteppich und den grünen Ledersesseln davor.

Sie standen ruhig, auch die kleineren Kinder. Wortlos interessiert sahen sie zu den Eintretenden. Lucas hatte die Führung. Barrington stand neben dem Gast mit Blick auf seinen Vater. Der stellte Kerschenbaum der Familie vor als einen Mann, der den weiten Weg von Deutschland bis zu ihnen nach Montana auf sich genommen habe. Dieser Mann, der selbst zwei Töchter mit Familie habe und seit kurzem Witwer sei, gehöre zur Familie. Er sei der Bruder seiner Frau Alexandra, der Onkel seiner drei Söhne und sein Schwager, den er herzlich im Namen der Familie begrüße. Sein Sohn Peter habe ihn ausfindig gemacht und in Frankfurt besucht, wohl weil die Zeit gekommen sei, dass Getrenntes wieder zusammenfinde.

Lucas sprach nur kurz, aber betont. Dann stellte er Kerschenbaum jedes anwesende Familienmitglied vor: Zuerst Alexandra, seine Frau. Dann seinen zweiten Sohn Charles mit dessen Frau Mary und den beiden Kindern. Darauf seinen jüngsten Sohn, den 32jährigen Benjamin mit seiner Frau Christine und ihren zwei Söhnen. Schließlich blieb die schöne, feingliedrige Elizabeth übrig. Peter stellte sich neben sie und stellte sie seinem Onkel als seine Ehefrau und die Mutter von Jacob und Dora vor. Eine kleine, schwarzhaarige Frau legte Brennholz nach und huschte wieder davon. Ihr Gesicht konnte Kerschenbaum kaum sehen. Sie gehöre zum Haus, nicht zur Familie, informierte Lucas. Dann bat er Kerschenbaum laut, ob er seinerseits zur Familie sprechen wolle.

Kerschenbaum begann seine kleine Rede mit den Worten, dass man auch dann finden könne, wenn man nicht sucht. Vielmehr sei er gefunden worden von Peter, wenige Monate nach dem Unfalltod seiner Frau Helena. Umso verwunderter sei er über den nächtlichen Anruf des ihm unbekannten Peter Barrington aus Helena gewesen. Jetzt aber hätte sich der Vorhang gehoben und er würde so gerne jede und jeden von ihnen kennenlernen. Bei diesen Worten kam unerwartet Bewegung in die Gruppe: Die Starre war endgültig gebrochen. Das große, wohlriechende Feuer im breiten Kamin wärmte einladend. Zuerst sprach Kerschenbaum mit Alexandra und Lucas, deren ruhige Art und Sprache ihm das Gefühl vermittelte, angekommen zu sein. Wo? Tausenddreihundert Meter hoch in einer Winternacht mit Harzgeruch, mit Menschen ohne geschminkten Gesichtern, ohne Aperitif in den Gläsern, mit Kindern an der Seite ihrer Eltern und leisen Stimmen im wohltemperierten Living.

Vor dem Abendessen konnte Kerschenbaum mit allen noch im kurzen persönlichen Gespräch Kontakt finden. Die Tischordnung des Abendessens entsprach der Gebetsordnung: Lucas stand, betete und saß vor. Kerschenbaum als Ehrengast wurde rechts neben ihm platziert; Barrington, neben seiner Mutter Alexandra und seiner Ehefrau Elizabeth, saß ihm gegenüber. Links neben ihrem neuen Onkel nahmen Charles mit Frau und Kindern sowie Christine Platz. Benjamin saß seinem Vater Lucas am unteren Tischende gegenüber, seine zwei Söhne rechts im Winkel neben sich. Die Tischgemeinschaft war komplett, die Tischgebete waren in feierlich altenglischer Sprache gehalten, das Essen war frugal mit Quellwasser, von dem Charles sagte, dass es als Gletscherwasser wohl Jahrtausende lang konserviert und eine Spezialität sei. Zwei Mexikanerinnen bedienten wortlos bei Tisch.

Lucas lud alle ein, anschließend gemeinsam am Kamin mit dem Gast das Gespräch fortzusetzen. So geschah es. Kerschenbaum fühlte sich wohl mit dem häuslichen Brauch, dass allen Erwachsenen voran die Kinder dem Gast Fragen stellen durften. Der 8jährige Jacob, Peter Barringtons Sohn, wollte wissen, ob Kerschenbaum mit Helena auf Englisch oder auf Deutsch gesprochen hätte und wie groß die Insel Jersey sei. Dora, die 6-Jährige, erkundigte sich mit ernstem Gesicht, weshalb Kerschenbaum, also Grandma´s Bruder, erst nach so langer Zeit die Familie besuchen würde. Charles Söhne fragten recht praktisch nach Kerschenbaums Reitkunst und Umgang mit Pferden. Was Kerschenbaum für seine neue, so hochgelegene Familie, war, dass sie ihn überhaupt fragten; dass seine Person und sein Leben interessierten.

Aus den kindlichen Fragen wurden Gespräche mit Gesichtern und Gefühlen für das andere Leben in Springfield, Frankfurt, Montana, im Nichtwissen um die Existenz des Anderen; Leben voller alltäglicher Sorgen und doch in dieser Abendstunde aufgehoben in einen ungeahnt weitläufigen Familienzusammenhang. Besonders die Männer der Runde schien dieser Horizont anzuziehen und dessen Aufdeckung zu begeistern. Alexandra erzählte von einer Milchbar in Springfield, die sie als Schülerin um 1940 wöchentlich besuchte. Kerschenbaum kannte diesen Ort ebenfalls, konnte sich sogar an den langarmigen Barkeeper erinnern, nicht aber an Alexandra. So hat eben jede Begegnung ihre Zeit, meinte er, was alle Anwesenden bestätigten. Gegen 23.00 Uhr begaben sie sich zur Nachtruhe.

Kerschenbaum übernachtete in einem komfortablen Gästezimmer, sah zu den Sternen und schlief im weichen Bett mit Lavendelgeruch. Nach dem Frühstück zeigten ihm die Barringtons bei Tageslicht die Schimmel im Schnee, die weißen Berge um ein meilenweites, verschneites Plateau, das das Weideland für Pferde und Rinder war. Sie zeigten ihm die Wohnhäuser der Familien, die Hundehütten der Hirtenhunde, die Koppeln und Stallungen, den großen Steinbrunnen mit dem fließenden Gletscherwasser, die Hallen für die agrartechnischen Geräte, das balkengefügte Wohnhaus für die Arbeiter und den Himmel über Montana. „... und der verlorene Sohn hörte viel und sah viel". Dieser abgebrochene Nebensatz irgendwoher aus Heinrich Heines literarischem Werk, fiel Kerschenbaum plötzlich ein, so wie einem im Frühling ein Blütenblatt zufallen kann. Als ob Lucas es gehört hätte, antwortete er seinem Schwager mitten hinein in Heines Halbsatz: „Wir leben hier vom Land und aus dem Glauben".

Sie gingen zum Landrover, Lucas und Oliver, fuhren nach Helena und zu Kerschenbaums Hotel zurück. Die nächsten Tage und zwei Wochen vergingen Kerschenbaum nicht wie im Flug, sondern in einer anderen persönlichen Verfassung, einer lebendigen Ordnung und vitalen Freiheit, anders als er sie an sich und in seinem Leben bisher kannte. Kein Tag, kein Abend verging ohne Begegnung mit Mitgliedern der Familie, mit deren Freunden aus der Mennonitengemeinde, mit dem hohen Land und seinen einmaligen Pferden auf weißem Grund. Einmal des Nachts, es war noch vor Alexandras Geburtstagsfeier, erschreckte ihn der Gedanke, dass er so rapide alles vergessen hätte, was bis vor 10 Tagen noch sein Leben in Deutschland gewesen war: Nur das Zyperngras im Wintergarten, nur Stevens Frage, ob er, der Großvater mit ihm in die große weite Welt ziehen wolle, fielen ihm noch spontan ein. Alles andere an Erinnerungen und Empfindungen war ihm so abhanden gekommen, wie in seinen Frankfurter Albträumen die Koffer. Nur mit dem Unterschied, dass er in seinen Träumen gehorsam nach dem Entschwundenen suchte, wie Betty unter Helenas Regie nach eingebildeten Staubmilben im Schlafzimmer.

Nun aber fühlte er Erleichterung, Weite und sorglosen Frieden aus dem Verschwinden seiner deutschen Erinnerungen. Weder brauchten sie ihn noch er sie. Sein Leben war jetzt woanders. Sein Leben lang hatte er niemand etwas weggenommen und nicht wenigen von seinem Eigenen gegeben. Er war niemandes Schuldner, niemandes Gönner und auf niemandes Anerkennung oder Pardon angewiesen. Nur noch den Tod als den „absoluten Meister" seines bejahrten Lebens wollte er respektieren. Und seltsam, aus dieser mitternächtlichen Respektanz des Unsichtbaren erwuchs ihm eine kompromisslose Kraft zur Freiheit. Wenn es ein Leben vor dem Tode gibt, so dachte er, dann bin ich ihm Zug um Zug nahe gekommen und hier in Montana, jetzt, alleine in der Winternacht, bin ich ihm am nächsten. Diesen seltsamen „Nächsten", sein Leben vor dem Tode, wollte er lieben wie sich selbst und sich selbst wie das Leben, das aufgehört hatte, anderswo zu sein.

In dieser Nacht begann Kerschenbaum sein Leben zu leben. Das veränderte die Falten seines Gesichtes, die Weite seines Blicks und seine Resterwartungen an die Menschen. Er verzichtete. Gerade deshalb wurde er ein gesuchter

Gast, Onkel, Bruder und Schwager. Die Barringtons zeigten ihm allen Respekt, erwiesen ihm zweckfrei allerlei Gesten der Freundschaft und Familiarität. Elizabeth lud ihn zu ihrer Bibelschule für Kinder ein. Kerschenbaum kam und staunte über Elizabeths umgekehrte Lehrmethode: Die Kinder ließ sie den Erwachsenen die Bibeltexte erklären, bisweilen vorspielen und besingen. So wurden die Erwachsenen zu Hörenden und Fragenden, die Kinder zu gefragten Antwortgebern. „Nur die umgekehrte Welt kann den Himmel vernehmen", flüsterte ihm Elizabeth zu und er verstand sie. In mehreren Begegnungen zu zweit und zu dritt mit Lucas gewann er Alexandra lieb als einen arglosen, stillen Menschen mit kurzen Sätzen und tiefem Glauben. Ihr Geburtstag wurde ihr und Oliver zu einem großen familiaren Fest der Begegnung mit Erinnerung und Gegenwart, zu dem weither, bis aus Batonrouge/ Louisiana Verwandte angereist kamen.

Bei dieser Gelegenheit nahm Lucas seinen Schwager Oliver zur Seite, sah ihm bedeutsam in die blauen Augen und schlug ihm für übermorgen eine Fahrt vor zu Zweit, nach einem Ort in den Bergen namens Lake Crowford. Kerschenbaum erschrak ein wenig, als er Lucas entschlossenen Gesichtsausdruck wahrnahm. Dann willigte er ein.

8. Lake Crowford

Lucas holte Kerschenbaum vom Hotel gegen 08.30 Uhr ab. Die Ausfahrt sollte eine Überraschung sein, sodass Kerschenbaum weder das Fahrtziel kannte noch erraten konnte, was der Ausflug bezwecken sollte. Lucas schwieg sich auch während der Fahrt im Landrover darüber aus. Beide sprachen wenig, was Kerschenbaum die Möglichkeit gab, den klaren Himmel und die verschneite Berglandschaft intensiv wahrzunehmen. Er fühlte sich vital und war gerne bereit, sich überraschen zu lassen.

Nach einer halben Stunde Fahrt fragte Lucas, was Kerschenbaum nach Helenas Tod noch an Frankfurt binden würde. Die Gewohnheit und eine fehlende Alternative, antwortete dieser. Lucas nickte vielsagend und bog ab auf eine geteerte Nebenstraße, die durch einen Föhrenwald verlief. Spätestens von jetzt ab waren sie so allein unterwegs, dass selbst Straßen- und Hinweiszeichen fehlten. Die Straße schien Kerschenbaum neu angelegt zu sein, breit genug für Gegenverkehr und in weit ausholenden Windungen leicht nach oben führend. Nach wenigen Meilen gab der Wald den Rundblick frei auf eine sonnenbeschienene Hochebene, ein Rondo mit einer imposanten Schnee- und Eisfläche im Zentrum: den Lake Crowford, wie Lucas bestätigte. Sie waren angekommen.

Auf den ersten Blick schien Kerschenbaum die Gegend unberührt und menschenleer. Ein Land ideal für Wildpferde, dachte er. Beim genaueren Hinsehen erkannte er, während der Landrover seewärts und abwärts fuhr, einige Häuser oder Gehöfte zum Seeufer hin. Dorthin führte offensichtlich auch die neu angelegte Straße. Dorthin, so erriet Kerschenbaum, fuhr Lucas mit ihm in Schrittgeschwindigkeit. Immer noch war kein Mensch zu sehen, nur das Rauschen des Nordwindes im Bergwald war sogar im Wagen vernehmbar. Beim Näherkommen zeigte sich bei dem ersten Gebäude, dass es ein neu gebautes Wohnhaus war, in Hanglage mit Weg zum See. Auf der festen Schneedecke des Zubringerweges fuhr Lucas bis unter das Haus. Er stellte den Motor ab, wandte sich nach rechts zu Kerschenbaum, sprach ihn mit Oliver an und sagte ihm, dass sie jetzt angekommen seien. Oliver könne aussteigen.

Beide Männer verließen den warmen Wagen, setzten Fellmützen auf, spürten den Nordwind und sahen sich um. Jetzt erst konnte Kerschenbaum die Lage und die Größe des Hauses genauer einschätzen. Wer hier wohnt, hat den

Himmel über, die Berge um und den See vor sich, staunte er. Die Architektur des Hauses, nämlich das Zu- und Ineinander von Holz, Glas und Granitstein mit breiter Sonnenterasse, erinnerte Kerschenbaum an die Familienhäuser der Barringtons. Der fertige Neubau samt hölzernem Nebengebäude und Garage war offenbar unbewohnt. Kerschenbaum war entschieden, nicht in die Rolle des Fragers einzutauchen, sondern sich von Lucas führen zu lassen: in das Haus und in den Sinn des Hausbesuches.

Lucas Barrington blieb zurückhaltend und wurde sogar ein wenig feierlich. Er bat Kerschenbaum, mit ihm das Haus und Grundstück zunächst einmal zu besichtigen ohne Fragen zu stellen. Nach der Besichtigung werde er Oliver eine Erklärung geben und ihm eine Frage stellen. Er könne ihn dann so viel fragen, wie er nur wolle. Er, Lucas, werde ihm gerne antworten so gut er könne, es aber seinerseits bei der einen Frage an Kerschenbaum belassen. Diese Ankündigung, ernst und verbindlich von Lucas vorgebracht, verstärkte in Kerschenbaum eine spannungsvolle Erwartung. Er fühlte sich hell wach, am Rande einer Biegung, die ihn anzog und ihm zugleich unheimlich wurde. Lucas ging mit den Hausschlüsseln voran, zeigte die geräumigen Zimmer, deren Helligkeit und Holzbauweise Kerschenbaum durchatmen ließen, die perfekt eingebaute Küche, den Living mit offenem Kamin und Panoramablick, die Unterkellerung und die technischen Anlagen für Heizung, Storm- und Wasserversorgung.

Eine ganze Familie könnte bequem in Selbstversorgung hier leben, dachte Kerschenbaum, als Lucas ihm die seeseitige Lage und Weitläufigkeit des Grundstücks vor Augen brachte. Zu dem 180 Quadratmeter großen Haus gehörten noch 10 Hektar Land mit Zugang zum See. Der wäre im Sommer tiefblau und ein ergiebiges Fischgewässer. Im Spätsommer und zum Frühjahr hin gäbe der Lake Crowford die Start- und Landefläche für Tausende von Graugänsen. Bei Sonnenauf- und -untergang, so erzählte Lucas, flögen sie derart lauthals zusammen, dass man ihre tausendfachen Rufe viele Meilen weit höre. In den Wäldern wäre viel Rotwild, aber auch scheue Wölfe und lautlose Luchse, Waldbienen und dunkler Honig von samtener Süße; Fichtenzapfen, deren Harz jedes Kaminfeuer um eine Geruchskomponente bereichere und Quellwasser, das keiner chemischen Kontrollanalyse bedürfe.

Dann kam Lucas auf die Umgebung und die Nachbarn zu sprechen. Während dieses Anwesen hier bezugsfertig sei, währen fünf weitere bereits im letzten Sommer verkauft und bezogen worden. Das Land hier sei ursprünglich Weideland, das seit Generationen teils den Barringtons gehöre, teils Mormonenfamilien aus Idaho. Seine Familie konnte zusammen mit anderen Kapitalgebern diese sechs luxuriösen Anwesen bauen, infrastrukturell erschließen und nach risikoreichen Jahren mit gutem Gewinn verkaufen. Nur dieses eine Anwesen, das wohl die beste Lage von allen habe, sei noch nicht verkauft. Der Kaufpreis läge bei exakt 300.000 Dollar. Seine Frage an Kerschenbaum sei, ob er dieses Anwesen, Haus und Land, käuflich erwerben möchte.

Einige Sekunden des Schweigens kamen auf. Beide Männer standen im hellen Living mit Blick zueinander und auf das weitläufige Bergland. Das Einzige, was Kerschenbaum halb fühlen, halb denken konnte, war, dass mit Lucas Angebot ein zweites, unwiderrufliches Ereignis in sein Leben gekommen sei nach Helenas so plötzlichem Tod. Er sah Lucas erschüttert und hilflos an, was diesen zu einer weiteren, vertraulichen Erklärung veranlasste: Die Familie der Barringtons – er, Lucas, seine Frau Alexandra und die drei Söhne mit ihren Frauen – hätten sich miteinander beraten und gemeinsam gebetet, ob und wie sie Kerschenbaum dieses Angebot machen sollten. Einstimmig hätten sie sich dafür entschieden. So sei es an Lucas gekommen, seinem Schwager diese Wohn- und Lebensalternative vor Augen zu führen. Vor Ort, am Lake Crowford, gilt es, ihm das Angebot erlebbar werden zu lassen. Das aber geschehe jetzt: Jetzt könne er, Oliver, das Land schauen, die Wohnstätte befühlen, den Nordwind hören und im Beisein von Lucas die Frage auf sich wirken lassen.

Er brauche sich, wie Lucas betonte, weder gleich noch heute noch übermorgen zu entscheiden. Seiner Meinung nach solle Oliver zunächst wie gebucht nach Frankfurt zurückfliegen. Von dort aus, dem Ort, den der dann womöglich verlassen werde, solle er sich entscheiden. Zeit dafür hätte er exakt bis zum 10. März, aber keinesfalls länger. Den Barringtons, dessen soll er versichert sein, sei er willkommen. Plötzlich trat Lucas mit einem Vorwärtsschritt genau auf Augenhöhe vor Kerschenbaum. Sonnenlicht fiel auf dessen Gesicht, als ihm Lucas sagte: „Oliver, wenn Gott will, steht die Sonne still".

Dieser augenblickliche Satz, präzise ihm zugesagt, traf Kerschenbaum wie eine Gewehrkugel. Er setzte sich auf den Holzboden. Erst als er saß, merkte er, dass er sich hingesetzt hatte. Einmal, im langen letzten Winter des großen Krieges, traf ihn eine Gewehrkugel am linken Oberarm. Ein glatter, unkomplizierter Durchschuss, stellten die Sanitäter fest. An diesen Durchschuss, den einzigen seiner Frontzeit, erinnerte sich Kerschenbaum öfters. Im Moment des Durchschusses empfand er keinen Schmerz, nur einen scharfen Ruck und sofort ein Gefühl der Erlösung. Niemals spürte er sich leichter, erlöster als in diesem Augenblick in den Ardennen im Schnee, bevor er zu bluten begann. Den von Lucas gesprochenen Satz erfuhr er wie einen Durchschuss, der zu Herzen ging, mitten durch das tragische Gehäuse seines Lebens. Jetzt also saß er an der Grenze. Es hatte ihn keine Gewehrkugel niedergestreckt, sondern die Begegnung mit der soeben noch unausdenklichen Alternative zu seinem Leben im Reiheneckhaus.

Lucas setzte sich zu ihm. Peter und Elizabeth, so sprach er weiter, würden Oliver begleiten bei allen Schritten seiner Wiederkehr. Elizabeth sei eine tüchtige Innenarchitektin, der er die gesamte Möblierung und Ausstattung des Hauses überlassen könne und zwar bis zum Schneebesen und zur Bettwäsche. Alle Rechtsangelegenheiten würden Peter und dessen Leute mit ihm in Helena erledigen. Übrigens wären die Stadt und die Anwesen der Barringtons nur etwa 30 Meilen entfernt. Sollte er, Oliver, übersiedeln, würde er nicht mit, sondern nahe bei den Barringtons wohnen. Das Haus wäre nicht zu groß für ihn, sondern böte die räumliche Möglichkeit eine Hausgehilfin bei ihm wohnen zu lassen, falls Oliver dies wünsche. Auch die Nachbarn eine Meile weiter würde er als wertvolle Menschen kennenlernen und einen Geländewagen würde ihm Benjamin besorgen.

Während Kerschenbaum Lucas´ Worte hörte, waren sie ihm wie Tauwetter, das das Eis zum Brechen bringt. Er fühlte sein Herz pochen und alle Gedanken verschwinden. Heiterkeit überkam ihn, dass er nicht in Frankfurt sterben werde; dass ihn ausgerechnet die Vergangenheit seines Vaters so abenteuerlich und generös einholte und heimholen wollte in ein hohes und weites Land nordwestlich dem seiner Kindheit in Illinois. Kerschenbaum erhob sich. Lucas folgte dieser Bewegung. Wieder standen beide einander gegenüber. Kerschenbaum antwortete, dass er sich entschieden habe. Er wisse aber noch nicht, ob er zu seiner Entscheidung stehen und sie durchtragen könne. Die Würfel seien gefallen, aber sie würden noch rollen. Hier und jetzt jedenfalls sei er entschlossen, das Angebot ganz anzunehmen, Haus und Grund zu kaufen, Elizabeth um die Inneneinrichtung und Peter um die Abwicklung des Verkaufes zu ersuchen. Es erleichtere ihn unsagbar, mit Frankfurt auch das wiedervereinigte Deutschland verlassen zu können, ein tragisches Land, derzeit im

Taumel gebrochener Visionen. Deutschland wäre Helenas Land gewesen, Illinois das entschwundene Land seiner einsamen Kindheit, vielleicht werde Montana das Land seiner letzten Lebensjahre und seines Todes sein, das Land seiner Wiederkehr.

Die beiden Männer fuhren zurück nach Helena. Noch am selben Tag zum Mittagessen trafen sie sich mit Peter und Elizabeth, die Kerschenbaums Entscheidung respektvoll aufnahmen und ihm ihre volle Unterstützung zusicherten. Peter Barrington schlug seinem Onkel folgende rechtliche Aktionen vor: Noch während der nächsten Tage und unbedingt vor seinem Abflug sollte Kerschenbaum den Kaufvertrag und weitere Bevollmächtigungen für Peter beim Notar unterschreiben. Bis zum 10. März sollten die Verträge ruhen. Dann erst solle Kerschenbaum definitiv „ja" oder „nein" sagen. Seine jetzige Entscheidung für Umzug und Kauf sei also nur vorläufig und strategisch zur Vorbereitung alles Notwendigen. Im Falle eines „Nein" werde man die Verträge und Vollmachten kostenfrei vernichten. Sollte Kerschenbaum bis zum 10. März von Frankfurt aus ein „Ja" entscheiden, gelten die Verträge. Elizabeth sei derzeit im vierten Monat schwanger und fühle sich gesund. Sie würde nach Kerschenbaums „Ja" sofort mit der Inneneinrichtung beginnen. Ende Mai, wenn die Bergwiesen um den Lake Crowford erblüht seien, könne er einziehen. Die Barringtons würden ihm alles an Personal und Logistik stellen, was sein Einzug erfordere.

Die folgenden, letzten Tage vor Kerschenbaums Abflug gestalteten sich nicht nur geschäftig, sondern zukunftsträchtig. Das Wetter schlug um auf Eisregen mit schneidend kaltem Nordwind von Kanada her. Jede Fortbewegung aus dem Hotel wurde Kerschenbaum zum Risiko, das er vermied. Also ließ er sich im Ressort aufsuchen, besprach sich mit Peter und traf mit Elizabeth Vorauswahlen zur Innenausstattung, wobei er ihr große Freiheit ließ. Zusammen mit Lucas unterzeichnete er vor einem Notar und Freund der Familie Barrington die Kaufverträge. Anschließend ließ er sich zum Mittagessen einladen, wo er wieder auf Alexandra traf. Jeder Tag brachte seine Entwicklung auf die große Wende zu. Niemand stellte ihn hier unter Alzheimerverdacht. Kerschenbaum spürte, dass er lebte. Den Spuren des Lebens wollte er weiter folgen und als nächstes die Schleife drehen von Billings über Chicago nach Frankfurt.

9. Die Krise

Ein defekter Kühlschrank und Betty erwarteten Kerschenbaum zu Hause in Frankfurt. Betty wischte gerade die Wasserlachen um den Kühlschrank auf, als Kerschenbaum gegen 11.00 Uhr vormittags das Haus betrat. Mit eindringlichen Worten schilderte sie ihm das Problem, dass der Kühlschrank in seltsamer Selbstregulation sich selbst immer wieder auftaue, seine Temperatur wechsle und viel zu warm werde. Kerschenbaum erwiderte, der Kühlschrank habe dies mit Nord- und Südpol gemeinsam, auch dort wäre Klimaveränderung, Abschmelzen des Eises und drohende Überschwemmung. Sein Kühlschrank spiegle also in seinem spontanen Enteisungsverhalten das veränderte Weltklima wider. Dieser Vergleich wirkte auf Betty so wenig einleuchtend, dass sie das Thema wechselte und den Rückkehrer auf die sortierten Postsendungen im Wohnzimmer hinwies.

Kerschenbaum wechselte den Raum und bald schon die Gemütslage beim Lesen der Zusendungen: Rechnungen, Mahnungen, Einladungen dem Tierschutzverein und einer Bürgerinitiative als zahlendes Mitglied beizutreten, Reklame und ein Schreiben vom Straßenbaudezernat der Stadtverwaltung mit Einspruchsfrist. Die war mittlerweile abgelaufen. Als Hauseigentümer und Grundstückseigner wurde Kerschenbaum davon in Kenntnis gesetzt, dass man seitens der Stadt Größeres um sein Reiheneckhaus herum vorhabe: Die Straße sollte ab August aufgerissen werden und monatelang Baustelle bleiben, um Kanalbauungsmaßnahmen und Verkabelung von Straße, Grundstücken und Häusern so durchzuführen, dass sich schließlich der Wohnwert des Hauses und der Verkehrswert des Grundstückes erhöhen würden. Deshalb seien 80% der Kosten von den Anwohnern zu tragen, da sie ja auch durch die Maßnahmen langfristig begünstigt und überhaupt dazu verpflichtet seien.

Ein Gefühl von Ohnmacht und Hilflosigkeit überkam Kerschenbaum. Er dachte an den eigenmächtigen Kühlschrank, was ihn beruhigte. War nicht ganz Deutschland in überstürzter Wiedervereinigung eine kostspielige Großbaustelle? Wie sollte es ihn wundern, dass die Baustelle nunmehr sein Grundstück, seinen Keller, womöglich seinen Wintergarten erreicht hat. Jeder Protest seinerseits wäre ebenso sinnlos wie der Glaube daran, dass die Kosten, die Zeitdauer der Baumaßnahme, ihr Staub und Lärm vorab kalkulierbar wären. Was ihn hier noch als Voranmeldung erreichte, war höhere städtische Gewalt. Nach dem langen Flug und seiner noch viel längeren Lebenserfahrung wollte und konnte er keine Energie zum Widerstand aufbringen. Es wurde ihm trotz Müdigkeit dennoch klar, dass er sich zu entscheiden hatte: bleiben und dulden oder weit wegziehen und vielleicht den Umzug als Umbruch nicht überleben.

Bei diesem Gedanken musste er in den unterkühlten Wintergarten wechseln. Einerseits wollte Betty jetzt im Wohnzimmer staubsaugen, andererseits konnte er das Bewusstsein seines hilflosen Alleinseins im Wintergarten besser ertragen. Dort angekommen setzte er sich, hüllte sich in die bereit liegende Wolldecke, hörte im Lärm des Staubsaugers schon den Vordonner der Baumaßnahme und entschied sich, abzuwarten. Es wurde bald Mittag und dank Betty wurden seine Koffer ausgepackt. Es wurde Abend und Nacht. Betty war schon längst gegangen, um in zwei Tagen wieder zu kommen. Kein Anruf kam zu ihm, um ihm seine Heimkehr, seine Existenz und die Realität des bis gestern noch intensiv Erlebten zu bestätigen. Er fühlte sich nicht nur allein, er war allein. Traurig blieb er sich bewusst, dass es zu seinem Alleinsein hier und jetzt auch keine Alternative gab. Hätte er die Barringtons, seine Töchter oder sonst wen anrufen sollen, um zu signalisieren, dass es ihn noch gibt? Hätte er aktivistisch den Kühlschrank auswechseln lassen sollen und der kämpferischen Bürgerinitiative beitreten, hätte er seine Konten und Reiseausgaben überprüfen sollen, um sich Kontrollkompetenz zu beweisen?

Nein, das alles wollte er nicht. Das einzige was er – buchstäblich im Handumdrehen – tat, war die Ölheizung für alle Räume des Hauses voll aufzudrehen. Draußen wirbelte nasses Schneetreiben. Die Wärme überall im Haus zu spüren, tat ihm in Leib und Gemüt gut. Tage vergingen. Außer Betty meldete sich niemand, auch nicht die Stadtverwaltung. Längst schon hatte es sich Kerschenbaum abgewöhnt nachzudenken. Nachdenken, so hatte er für sich bereits vor Jahren erkannt, ist gemachtes Denken. Gemachtes Denken ist wie ein Luftballon, mit dem höchstens Mary Popins im fantastischen Musical davonfliegen kann. Gemachtes Denken ist Realitätsbetrug, den er nicht wollte.

Seinen Einfällen, auch als lebendigen Erinnerungen, öffnete er seinen Innenraum und schenkte ihnen sein Bewusstsein: Lucas und Lake Crowford fielen ihm immer wieder ein: Elizabeth mit ihrer dicken Mappe für Inneneinrichtung; Peters Versprechen und seine Verträge mit ihm; Bernadettes zwei besorgte Anrufe nach Montana. All dieses fiel ihm wiederholt ein als Fragmente seiner großen Reise, die ihn vor eine noch größere Lebensentscheidung zu bringen

schien. Jetzt aber, wieder eingekehrt in die häusliche Realität, musste er anerkennen, dass er niemals zur Totalabwicklung seiner Frankfurter Singleexistenz,
zu Auflösung des Hausstandes, Verkauf und Neueinstand in Montana fähig
sein werde.

Anders als die tragischen Helden bei Kafka oder Camus war er, Kerschenbaum, sehr wohl fähig einen Nagel selbst in die Wand zu schlagen. Auch zwei
oder zwanzig Nägel mit einem Hammer einzuschlagen würde er sich zutrau-
en. Sein Problem war, dass aus den Wänden kafkaresker Zeiten längst schon
Betonwände geworden sind, die nach elektrischem Bohrgerät und passenden Dübeln verlangen, um so, gebohrt und gedübelt, schließlich den Nagel in
die harte Wand nicht zu schlagen, sondern zu stecken. Schon das genauere
Bedenken solch fundamentaler Verrichtungen im Haushalt verursachte Kerschenbaum Schluckbeschwerden. Er fühlte Hoffnungslosigkeit mit säuerlichem
Aufstoßen, als es an seiner Haustür zweimal unangenehm laut klingelte. Er
ging zunächst in die Küche, holte sich ein Glas Leitungswasser und kam mit
diesem exakt beim dritten Klingeln an der Tür an.

Als er öffnete, stand ein hochgewachsener, 30-40jähriger Mann vor ihm, der
ihn sofort auf Amerikanisch ansprach. Es handelte sich um den US-
amerikanischen Konsulatsangestellten Arthur Barnson, der mit den Barringtons
in Beziehung stand. Barnson entschuldigte sich noch an der Tür, dass er nicht –
wie geplant – schon vorgestern bei Dr. Kerschenbaum vorstellig geworden sei.
Dafür sei er heute gleich mit seiner Frau Magda gekommen. Sie säße noch
ums Eck im Auto und er würde sie gerne holen. Arthur und Magda Barnson,
eine stille und etwas pummelige junge Frau, wurden von Kerschenbaum in
das Wohnzimmer geführt.

Was dann geschah, wurde von Kerschenbaum als Wunder und Wende seiner
Frankfurter Existenz erlebt. Alles, was diese beiden liebenswürdigen Menschen
Arthur und Magda ihm sagten und zusagten, wurde Kerschenbaum zur direk-
ten Antwort auf sein Alleinsein, seine Resignation und seine Entscheidung zu
warten, was geschehen würde. Jetzt geschah es: Seine Wiederkehr in die U-
SA, nicht zurück nach Illinois, sondern westwärts weiter nach Lake Crowford in
Montana begann sich praktisch zu realisieren. Aus der Idee wurde – falls er nur
wollte – von jetzt ab ihre Verwirklichung. Und Kerschenbaum wollte.

Barnson erzählte ihm, er hätte Peter Barrington durch das Telefon und auf die Bibel schwören müssen, dass er ihm seinen Onkel Dr. Oliver Kerschenbaum samt dessen Habe ganz und wohlbehalten von Frankfurt nach Montana brächte. Und er, Arthur, habe es Peter geschworen. Das bedeute sehr viel für ihn, denn er und seine Frau Magda seien praktizierende Baptisten aus Wyoming. Wenn er schwört, so gilt sein Schwur in gewisser Weise auch für seine Frau und deren Leben. Deshalb seien sie beide gemeinsam zu ihm gekommen. Ihre Hilfe, die sie ihm antragen würden, sei so umsonst, wie Peter Barringtons Hilfe vor zwei Jahren existenziell und umsonst für die Barnsons gewesen sei. Jetzt sei für die Barnsons die Chance des Ausgleichs mit Barringtons Wohltat gekommen und die wollten sie ergreifen.

Barnson war im Konsulat als Wirtschaftsjurist für Handelsabkommen zuständig. Magda versuchte sich als transkontinentale Maklerin von Immobilien und Grundstücken. Zusammen, so meinte Arthur mit einem Lächeln, seien sie ein unschlagbares Team, dem sich Kerschenbaum beruhigt anvertrauen dürfe. Erleichternd käme hinzu, dass beide ebenfalls in Frankfurt-Nord wohnten, sodass sie ohne lange Wege Kerschenbaum behilflich werden könnten. Peter hätte ihnen mitgeteilt, dass sein Onkel sich bis 10. März, also noch über eine Woche lang, Bedenkzeit ausgebeten hätte. Diese Frist wollten sie selbstverständlich respektieren. Nur würden sie ihm gerne schon im Vorfeld ihr Angebot gesprächsweise konkretisieren, damit Kerschenbaum ermessen könne, worauf er sich einlasse, was konzertiert wie abzuwickeln wäre und was sein Part zur Erledigung sei.

Bis Mitte Mai könnte die Inneneinrichtung in Lake Crowford durch Elizabeth zügig bewerkstelligt werden, sodass in 10-12 Wochen sowohl der Umzug durchgeführt, als auch der Verkauf seines Reihenhauses gut in die Wege kommen könne. Da Kerschenbaum amerikanischer Staatsbürger, vermögend, berentet, unfall- und krankenversichert sei, stünde seiner Heimkehr rechtlich Nichts im Wege. Gerne also würden sie mit ihrem Klienten Dr. Kerschenbaum die Schritte der Abwicklung und dessen Fragen vorbesprechen. Auch nachdem er in Lake Crowford angekommen und wohnhaft sei, würden sie beide noch nicht von seiner Seite weichen. Sein Einverständnis vorausgesetzt, würden sie den Hausverkauf, die Verbindlichkeiten und Konten für ihn in Frankfurt ganz abwickeln. Mit einem Wort gesagt: Er sei frei zu gehen und er werde in Montana gut empfangen werden. Dafür stünden sie beide mit den Barringtons ein, mit denen sie heute Nacht noch telefonieren werden.

Schließlich, es war schon nach 22.00 Uhr geworden, vereinbarten sie sich mit Kerschenbaum für übermorgen abends in dessen Haus zu einem weiteren Sachgespräch. Nachdem er seine Helfer verabschiedet und noch mehrere Glas Wasser getrunken hatte, ging Kerschenbaum zu Bett. Er schlief aber nicht, sondern saß aufrecht auf seiner Seite im Doppelbett. Er lauschte in die Nacht und in sein Leben wie in einen unsichtbaren Bergwald voller Geräusche im Wind. Als ob das Heulen des Windes näher und näher käme, vernahm er es im plötzlichen Umschwung aus seinem Leib, seinen Gedärmen, seinem halb offenen Mund. Ein großes Seufzen stieg in ihm auf bis zu Kehle, Hals und Zunge. Ein Weinen überkam ihn, wie es ihn noch nie in seinem Leben überkommen hatte. Es stöhnte aus den Lungenflügeln seiner Brust, wimmerte aus seinem Hals und schrie aus seinem Mund. Keine Worte, keine Sätze und Gedanken brachte das Weinen nach außen, sondern gebrochene Laute, gepresste Schreie voller Macht verhaltenen Leidens, aufgesplittet in der heimlichen Verzweiflung der Jahrzehnte.

Wie einer reinigenden Naturgewalt gab sich Kerschenbaum dem Weinen hin, den Tränen und seiner Hilflosigkeit. Er weinte ohne zu denken, ohne Widerstand gegen seine Schreie und ohne Genuss daran, solange bis das Weinen erlosch. Der Schlaf nahm ihn mit sich, trug ihn wie ein Adler fort und hinauf über die verschneiten Hochebenen Montanas. Eine Herde weißer Pferde lief im Pulverschnee zur Sonne. Ihre Hufe wirbelten den feinen Schnee auf, der sich in ihren Mähnen verfing, während die muskulösen Leiber der Tiere einander fast berührten im Spiel der Bewegung. Kerschenbaum aber flog über sie hinweg zwischen Schnee, Gebirge und Sonne, solange bis er das Krächzen von Krähen vernahm, die ihn weckten: Mit dem ersten Licht um 06.30 Uhr morgens flogen sie von ihren Schlafplätzen über Straße und Reihenhäuser hin als der flüchtige, kreischende Gegensatz zu seinem Traum.

Beim Aufstehen fühlte sich Kerschenbaum leicht, dankbar und energievoll. Nach dem Duschen zog er einen seiner Nadelstreifenanzüge an, telefonierte nach einem Taxi und ließ sich im Wintermantel zum Hilton-Hotel fahren. Dort frühstückte er ausgiebig, las in der Lobby amerikanische Zeitungen und wartete darauf, Peter Barrington sowie Arthur Barnson anrufen zu dürfen. Weil die

Zeitdifferenz von Frankfurt nach Montana während der Wintermonate minus vier Stunden beträgt, wollte er bis 12.00 Uhr deutsche Zeit warten.

Gleich beim Erwachen hatte er sich entschlossen, nicht umzuziehen, sondern aus- und einzuziehen. Selbst die Barnsons gingen in ihrer Hilfsbereitschaft fälschlich davon aus, dass er mitsamt seinem Hausstand und Inventar nach Lake Crowford umziehen wolle. Genau das aber wollte er nicht. Im Gegenteil! Die einmalige Chance, alles Abgelebte und Alte, alles Abgegriffene und Angesammelte zurück zu lassen, eben diese Chance des radikalen Auszugs erfüllte ihn mit neuer Kraft. Das Leben hatte Kerschenbaum nostalgische Romantik abgewöhnt. Nur das Nötigste an Dokumenten, Unterlagen, symbolischen Erinnerungsstücken, Kleidung und wenigen Büchern wollte er mitnehmen. Alles Andere sollte restlos über entsprechende Frankfurter Firmen billig verkauft und entsorgt werden und zwar dann, wenn er bereits in Crowford eingezogen sein würde. Er freute sich darauf, sich in Montana von der Unterhose bis zu Krawatte, Schuhen und Mäntel neu einzukleiden, das neue Haus von der Fußmatte über die Bettwäsche neu auszustatten.

Punkt 12.00 Uhr am 4. März teilte er Peter, der mit Elizabeth und den Kindern gerade frühstückte, seine Entscheidung telefonisch mit: Die Kaufverträge sollten gelten, das Haus eingerichtet, der Auszug mithilfe der Barnsons begonnen werden, der Einzug in Lake Crowford in weniger als drei Monaten vorbereitet sein. Hinter diesen Anruf gab es für Kerschenbaum kein Zurück mehr. Er begann Deutschland zu verlassen und schöpfte daraus unerwartete Lebenskraft.

10. Die Wiederkehr

Am 25. Mai organisierten die Barringtons in Lake Crowford die Willkommens-party für Kerschenbaum in dessen eigenem Haus. Die ganze Familie Barring-ton, die neuen Nachbarn, Freunde und Helfer sowie Bernadette mit Ker-schenbaums Enkelsöhnen Steven und Eric waren zum Fest erschienen. Susan-na und Frederic schickten Glückwünsche und die Barnsons in Frankfurt waren überglücklich, dass der Auszug ihres Mandanten seinen gelungenen Einzug gefunden hatte. Besonders Elizabeth war der zu verdanken. Mittlerweile im 8. Monat schwanger, hatte sie mit Willenskraft und Feingefühl Unermessliches vollbracht. Nicht nur die vollständige Inneneinrichtung des 180-Quadratmeter-Hauses, sondern den kompletten Hausstand hatte sie geschmackvoll und zweckdienlich herbeigezaubert. Im ganzen Haus verbreitete sich ein Wohlge-ruch von Holz und Lavendel. Im provisorisch angelegten Vorgarten blühten sogar einige Pfingstrosen neben frisch gepflanzten einheimischen Bergge-wächsen.

Lucas und Peter Barrington verdankte es Kerschenbaum, dass sie in Koopera-tion mit den Barnsons und dem Notariat Dr. Holzapfel alle rechtlichen, admi-nistrativen und logistischen Schritte so übereinstimmend vollziehen konnten, dass seine Wiederkehr in die USA nach 47 Jahren schadlos gelang. Die Post-bank überwies bereits ab Mai die monatlichen Rentenzahlungen nach Hele-na. Seine beträchtlichen Kapitalvermögenswerte ließ Kerschenbaum in Deutschland angelegt und durch ein Bankhaus in Billings beaufsichtigen. Das Reiheneckhaus wurde wegen seiner guten Lage als Kaufobjekt so sehr be-gehrt, dass es bereits im April einen liquiden Käufer fand. Für den stattlichen Preis von 540.000 DM wechselte es den Eigentümer. Der Second-Hand-Verkauf der Möbel und des gesamten zurückgelassenen Hausstandes samt den Pflanzen im Wintergarten erbrachten netto nochmals 20.000 DM. Rech-nete Kerschenbaum den gesamten Verkaufserlös auf gegen die Kosten des Einzugs, des Hauskaufes, der Einrichtung und mancher Honorare, so ergab sich ein fast arithmetischer Gleichstand.

Als Sonderausgaben schlug zu Buche das 5.000 DM-Geschenk in bar, mit dem Kerschenbaum sich von Bettys treuen Diensten verabschiedete. Auf ihren be-sonderen Wunsch hin schenkte er ihr den Kühlschrank sowie Restposten von Helenas Wäsche und Kleidung. Der fast neuwertige Geländewagen, den Benjamin Barrington als lebensnotwendiges Gefährt seinem Onkel prompt besorgt hatte, verlangte natürlich auch seinen Preis. Hinzu kamen zahlreiche Geschenke an ebenso zahlreiche Helfer, die dazu verhalfen, Kerschenbaum den Weg nach und in Montana frei zu machen.

Alles in Allem fühlte er sich nicht ärmer, sondern unschätzbar reicher geworden: an Lebensqualität und an Gewissheit, seine späte Chance zur Überfuhr nicht vertan zu haben. Überraschend positiv traf ihn die Reaktion seiner Töchter und Schwiegersöhne auf seine mutige und gelungene Heimkehr in die U-SA. Bernadette, die gerade mit Peter und Elizabeth sprach, fiel von einem Staunen in das andere und bewunderte ihn tief. Die transatlantische Familienerweiterung brachte für alle Dazugehörigen nur Vorteile. Das Dreieck Montana – Jersey – Sydney war schließlich global. Weil nichts anziehender ist als Erfolg, begann selbst Susanna unter Amnesie zu leiden. Sie vergaß völlig ihren hartnäckigen Versuch, ihren vorgeblich alzheimerkranken Vater mithilfe von Hausarzt, Notarzt, Notar und Generalvollmacht zur Selbstentmündigung und Hospitalisierung zu bewegen. Stattdessen sondierte sie mit liebevollen Telefonaten neue Verbindungswege für die Ferien in den Rocky Mountains.

Mit einer groß angelegten Willkommensparty hießen die Barringtons Kerschenbaum nicht nur in dessen eigenem Haus willkommen, sondern feierten seine Ankunft in ihrer Mitte und in ihrem County. Es war sogar lokale Polit- und Wirtschaftsprominenz geladen. Einer der ersten unter den Begrüßungsrednern war der County-Chief selbst, ein sympathischer Mann, dessen Vorfahren aus der Schweiz eingewandert waren. Bei spätem Sonnenuntergang und lang anhaltender Helligkeit über dem See währte die Feier bis in die klare Nacht. Und Kerschenbaum bewährte sich als zurückhaltend freundlicher Hausherr, den der Abend, seine Gäste und deren Gunstbeweise an Shakespeares „Sommernachtstraum" denken ließ.

Als alle Gäste sich verabschiedet hatten, blieben in dem geräumigen Haus mit den zwei Gästezimmern noch fünf Menschen zurück: Kerschenbaum mit seiner Tochter und beiden Enkelsöhnen sowie „Silent Crow", eine Cheyenne-Indianerin. Alexandra und Lucas hatten Wort gehalten und ihm diese etwa 50jährige Frau als feste Hausgehilfin geschickt. Seit einer Woche, seit Kerschenbaums Ankunft in Lake Crowford, besorgte sie ihm das Haus. Es wäre für Kerschenbaum unmöglich gewesen, alleine auf sich gestellt einsam zwischen Berg und See zu wohnen ohne diese Hilfe. „Silent Crow" sollte von nun an diese lebenswichtige Hilfe sein. Im Haus unter dem Dach, im dazu eingerichteten

Appartement sollte sie wohnen und diskret um Kerschenbaum sein. Wenn er sie wirklich brauchte, sei sie sicher da, bestätigte ihm Lucas.

In und außerhalb der Reservate von Montana würden 60.000-70.000 Indianer leben, alles Menschen mit besonderem Schicksal und hoher Sensibilität. „Silent Crow", diese hochgewachsene Frau mit pechschwarzem Haar sei eine von ihnen. Auch ihr Schicksal, so erzählte Lucas, sei ein Besonderes. Sie sei mit einem Mann aus der Northern-Cheyenne-Reservation verheiratet gewesen; einem Mann, der viel trank und viel schlug. Da hätte sie ihn erschlagen und anschließend mit einer Sense ihre Selbsttötung versucht. Sie schnitt sich Hals und Kehle auf, überlebte und verlor ihre Stimme. Seither könne sie nurmehr flüstern, sei extrem scheu in ihrem Verhalten, könne sich in keine geregelte Ordnung einfügen, sei aber dennoch absolut zuverlässig. Ihre Augen, ihr Gehör, überhaupt ihre Wahrnehmung und ihre Loyalität den Barringtons gegenüber sei beispiellos. „Silent Crow" würde ihn beschützen unter der Bedingung, dass er sie weitestgehend ignoriere und nur selten anspräche. Wie die Luchse zu den Bergwäldern würde sie zum Haus gehören. Sie wäre die Wächterin des Hauses, meinte Lucas, als er seinem Schwager die Frau erstmals vorstellte.

Mit „Silent Crow" unter einem Dach zu wohnen, war für Kerschenbaum zunächst aufregend. Er identifizierte sie übrigens als jene Bedienstete, die bei seinem ersten Besuch im Hause der Barringtons das Kaminholz so flink nachlegte, dass er ihr Gesicht nicht erkennen konnte. Bernadette blieb noch einige Tage mit den Kindern, bevor sie sich mit Harald in New York traf, um mit ihm über London nach Jersey zurückzureisen. Zuvor aber bestätigte der 6jährige Steven seinem Großvater, dass er sich die „große, weite Welt" immer so vorgestellt habe, als hohes Gebirgsland und Großvater würde nun mitten in ihr wohnen.

Das Wohnen in seinem gut besorgten Haus am See gefiel Kerschenbaum mit jedem Tag und jeder Nacht mehr und mehr. Durch modernste Technik war er mit den Barringtons, seinen Töchtern, der Zivilisation und der Welt verbunden, ohne von ihr belästigt oder gar vereinnahmt zu werden. Sein Zeit- und Raumgefühl veränderten sich, wurden ruhiger und weiter. Zugleich nahmen sein Puls, sein Herzschlag, seine Wach- und Schlafenszeiten einen anderen Rhythmus an. Er träumte kaum mehr, schlief tief und wachte gut auf. Etwa nach drei Wochen seines Wohnens unter demselben Dach mit „Silent Crow" entwickelte sich in ihm ein intuitives Gespür dafür, ob sie im Haus, in seiner Nähe, oder abwesend sei. Ähnliches erlebte er in seinem Bezug zu seinen Nachbarn und zu den Barringtons. Er spürte ihre entfernte Anwesenheit und ihr Kommen noch bevor er sie hörte oder sah. Dasselbe galt für den Wetterwechsel, wenn der Nordwind drehte, und für den surrenden Flug der Wildgänse.

Er, der Alte, wurde hellhörig und empfänglich für Zeichen. Nicht mit den Ohren allein, sondern aus seiner Präsenz heraus hörte er mit seinem ganzen Leib, nahm die Stille als Rauschen wahr und das Rauschen der Bergwälder als mächtige Energie der Natur. Wenn sie auf sein Haus traf, regte und bewegte sich dessen Holz, gab Laute von sich wie aus dem Leibesinneren. Noch war Hochsommer. Nach und nach erkundete Kerschenbaum sein neues Haus, das mit hohem Gras bewachsene Grundstück, den See und die Umgebung. Er achtete auf die Schlüssel seines Geländewagens, studierte Landkarten und Wege. Sein Hausen nicht mit, sondern in erreichbarer Nähe zu den Barringtons und zur Kleinstadt Helena bewährte sich.

Die Mittsommernacht kam, in der Peter Barringtons drittes Kind und zweiter Sohn von seiner Frau Elizabeth geboren wurde. Die Hausgeburt glückte, Kerschenbaum gratulierte und staunte: Weil die Mennoniten keine Kindertaufe, sondern nur die Erwachsenentaufe praktizierten, geschah die Namensgebung für das Neugeborene zwei Tage nach der Niederkunft am Kindsbett. Die ganze Familie mit Kerschenbaum fand sich um Elizabeth und Peter im Schlafzimmer ein. Die Kinder trugen Kerzen und die Erwachsenen Gesangbücher. Auch Oliver wurde von Alexandra eines überreicht. Peter stand mit seinen beiden Kindern am Bettrand neben Elizabeth, mit dem Säugling im Arm. Alle übrigen platzierten sich hinter der Bettstelle. Als alle ruhig standen und die Kerzen entzündet waren, war es an Lucas, dem Großvater, im Namen aller Anwesenden zu gratulieren und zu fragen, welchen Namen Elizabeth und Peter für ihren neugeborenen Sohn ausgewählt hätten. Peter antwortete, dass er Lucas Oliver Barrington heißen soll. Mit Gebet und Gesang wurde die häusliche Zeremonie beendet und in den Living gewechselt.

Dorthin ging auch Kerschenbaum, tief betroffen von der Zeremonie und der symbolhaften Namensgebung. Im Doppelnamen „Lucas Oliver" verband und verdichtete sich Kerschenbaums Familien- und Lebensgeschichte mit der der Barringtons. Der Name, so war Kerschenbaum bewusst, synthetisiert zwei Hemisphären und ist ein respektvolles Zeichen für seine Person inmitten der Familie. Zudem ist es zutreffend, dass er, Oliver, neben seinem Schwager Lucas die beiden Alten der Barrington-Familie sind. So ergeben sich aus Verbindungen Namen und aus Namen wiederum Verbindungen, dachte er während seiner Rückfahrt nach Lake Crowford.

Aus dem Sommer wurde der kurze, farbenprächtige Herbst. Jeden Morgen, nachdem die Wildgänse ihn erweckt hatten, ging er an den See und beobachtete die Bewegung der Vögel im Schilf. Es kam der Winter mit Sturmwind, Stille und Pulverschnee; das Tauwetter des Frühjahrs zog herauf mit dem Flug der Wildgänse in den kanadischen Norden. Der kleine Lucas Oliver besuchte ihn regelmäßig mit Elizabeth, bisweilen mit Peter. Es vergingen Jahre, die es gut mit Kerschenbaum meinten, der aufmerksam und still die Tage durchlebte, den Wechsel der Jahreszeiten wahrnahm und für sich das Bibelstudium entdeckte.

Zwar wurde er nicht Mennonit, aber die jenseitige Sicht der großen alten Texte auf die diesseitige Welt wurde ihm zur Aussicht auf Sinnzusammenhänge, die ihn staunen ließen. War nicht auch sein eigenes Leben, so voller Mühen, Begehren und Ängsten endlich in ein neues Leben überführt und neu gefügt worden und zwar trotz seines Alters, überraschend und fast ohne sein Zutun? Gegen Ende seines Lebens wuchs in Kerschenbaum, ihm selbst unleugbar, die Einsicht, dass nicht nur der Tod, sondern der große Sinn ein jedes Menschenleben einholen und über die Grenze des Irdischen bringen kann.

„Silent Crow" begleitete ihn aus dem Hintergrund. Die Barringtons ehrten und seine beiden Töchter und Schwiegersöhne verehrten ihn. Seine Gesundheit, sein Vermögen und sein Gedächtnis blieben ihm bis zu seinem Tode unversehrt erhalten. Wie er starb, weiß niemand. Morgens – wenige Wochen nach seinem 80. Geburtstag – fand ihn Silent Crow mit einer Decke über den Beinen sitzend und tot im Lehnstuhl vor. Die Barringtons begruben ihn auf dem Mennonitenfriedhof in einem dazu eigens neu angelegten Grab.

Über dem Grab wächst ein junger Ahornbaum und auf der Grabplatte steht eingraviert zu lesen:

Hier ruht in Gott

Dr. Oliver Kerschenbaum

1921-2001